何以江西

Jiangxi Before Jiangxi

朱虹——著

目錄

Contencs

2

璀璨明珠 104

3

俊采星馳 159

“採菊東籬下，悠然見南山”“不識廬山真面目，只緣身在此山中”“落霞與孤鶩齊飛，秋水共長天一色”，這些我們耳熟能詳的佳句，都是古代大文學家筆下的江西景致，可見江西山水確能觸動人心，讓歷代文豪結合自己當時心境而創作了大量留傳後世的不朽名句。事實上，江西素有“物華天寶”“人傑地靈”的美譽，承載著悠久的歷史和璀璨的文化。

2024 年 4 月，我應江西省文化和旅遊研究推廣協會和南昌大學的邀請，首次踏足江西省，七天的行程，遊歷了省會南昌市、上饒市、景德鎮市和廬山，讓我深刻體會到《千里江山圖》所畫的江西美景和這片土地的深厚人文淵源，真有“相逢恨晚”的感覺。

用一週時間去探索江西，是遠遠不夠的，因此我這次訪贛（江西省簡稱）之行只集中在最為人熟悉的江西獨特景點和利用當地自然、人文資源打造的新旅遊景區。在自然風光方面，有令詩人墨客流連忘返的廬山，有峰林奇觀的三清山，有煙波浩渺的鄱陽湖；在歷史遺產方面，有震驚世界考古界的漢代海昏侯遺址，有以王勃《滕王閣序》而聞名四海的滕王閣，有千年瓷都景德鎮的御窯遺址，有明末清初著名畫家朱耷的八大山人紀念館；在景區建設方面，有以峽谷崖壁為特色的望仙谷，有依山而建的徽派古村篁嶺，有以婺女飛天傳說為文化背景的婺女洲度假區，有活化陶瓷工業遺址打造的陶溪川文創基地。這些商文旅的項目，充分體現了“綠水青山就是金山銀山”的理念，為發展經濟和提升人民生活水平作出了積極貢獻。令我感受特別深刻的是“小平小道”這條約 1500 米連接鄧小平先生在 1969 年 10 月至 1973 年 2 月期間在拖拉機廠工作，每天往返居所的小路。有說這是鄧小平先生設計中國改革開放和中國特色社會主義等重要思想的萌芽地，不知道“一國兩制”這開創性的偉大構想，是否也誕生在這條小道上呢？

要深刻領略江西深厚的歷史文化底蘊，以符合今天遊客追求的深度旅遊，我們需要一部不一樣的旅遊指南。朱虹教授的《何以江西》，就是一部在梳理大量資料的基礎上，創作的集風景、地理、歷史、文化及名人故事於一體的難得作品。朱教授自 2010 年起在江西工作，先後任省政府副省長，省委常委，省委秘書長，省人大常委會副主任、黨組副書記，目前是江西省文化和旅遊研究推廣協會會長和南昌大學的教授及博士生導師。他文學底蘊深厚，博學多思，著作甚豐，並擁有傳媒人的敏感觸覺和適合大眾、深入淺出的表達方式。我有幸在參訪江西期間聆聽他講江西的好故事，我深信《何以江西》一書定能講好“江西故事”！

香港特別行政區第五任行政長官

林鄭月娥

2024 年 4 月

開篇

什麼是江西

江西，簡稱“贛”，因公元 733 年唐玄宗設江南西道而得省名，又因為江西最大河流為贛江而得簡稱。江西作為明確的行政區域建制，始於漢高帝初年，時設豫章郡。由於江西位於江南之右，自唐代開始，往往以“江右”指代江西。

江西區位優勢良好，東鄰浙江、福建，南接廣東，西連湖南，北與湖北、安徽毗鄰，是中國東南大三角的腹地，素有“吳頭楚尾，粵戶閩庭”之稱。江西現有常住總人口數為 4500 餘萬，全國排名第 13 位；總面積 16.69 萬平方千米，全國排名第 17 位。有 11 個設區市，100 個縣（市、區）。

南昌明清時期即為江西省會。西漢為豫章郡治，隋為洪州治，五代南唐及明清為南昌府治。王勃在《滕王閣序》中開篇就稱其為“豫章故郡，洪都新府”。

縱觀中國歷史，在每一個重要時間節點上，江西都有自己獨特的品牌。這裏的時間節點是指“萬千百十”。

“萬”是指萬年縣的仙人洞和吊桶環遺址，這裏發現了 1 萬多年前的人工栽培稻植化石，是現今所知世界上年代最早的栽培稻遺存之一。

“千” 是指 1000 多年前宋真宗用自己的年號賜名的“千年瓷都”景德鎮，相傳它是中國的英文名稱“China”的來源。1000 年前，這裏有堪稱全世界最大的工廠。元明清三朝御窯，代表了世界製瓷業的最高水平。

“百” 是指井岡山的紅色文化，近百年前，中國共產黨人在這裏點燃了中國革命的星星之火，找到了農村包圍城市、武裝奪取政權的中國革命勝利之路。

“十” 指 50 年前，鄧小平在南昌市新建（原為縣，2015 年改設區）拖拉機配件修造廠的一條長約 1500 米的小道上，通過反覆觀察、學習、思考，形成了對什麼是社會主義，怎樣建設社會主義的新認識。從“小平小道”延伸出去的是中國特色社會主義的康莊大道。

江西的“萬千百十”，是改變中華民族的農、工、政、經的重大事件。

江西物華天寶，人傑地靈，有著獨具優勢的綠色生態、融入血脈的紅色基因、博大厚重的古色底蘊，被稱為綠色家園、紅色搖籃、古色厚土。

● 綠色江西　最大亮點

江西森林覆蓋率達 63.35%，位居全國第 2 位。多年平均水資源總量和人均水資源量均居全國第 7 位。山水相濟、水陸相連的自然地理格局孕育了豐富的地形地貌，為江西良好的生態環境奠定了基礎，江西也因此成為眾多動植物物種的理想家園。這裏是候鳥的天堂，每年到鄱陽湖過冬的候鳥多達 60 萬–70 萬隻。其中白鶴數量佔世界總量的 98%，被定為江西的省鳥。

● 紅色江西　挺立潮頭

安源工人運動、南昌起義、井岡山鬥爭、中華蘇維埃共和國的誕生等重大歷史事件均發生在江西。正是在這裏，中國共產黨人找到了中國革命的勝利之路。毛澤東、周恩來、劉少奇、朱德、鄧小平、陳雲等老一輩無產階級革命家在江西留下了光輝足跡。江西有名有姓的烈士有 25 萬餘人，無名烈士更是不計其數。江西也是開國將軍最多的省份，327 位將軍有著同一個故鄉。這裏不僅有中國革命搖籃井岡山、人民軍隊搖籃南昌、共和國搖籃瑞金、中國工人運動搖籃安源，而且是改革開放的策源地。

● 古色江西　久負盛名

江西素稱“文章節義之邦”。以詩而言，陶淵明、黃庭堅、王安石、楊萬里等大家雲集；以詞而言，《全宋詞》收錄江西詞家 174 人，佔全書作者的 12%；以文而言，唐宋八大家，江西有三家；以節義論，“宋之蘇武”洪皓、以身殉國的文天祥、毀家紓難的謝枋得等，“一一垂丹青”。

“江西書院甲天下”，這也推動了科舉的發展。自唐至清，江西進士共 1.05 萬人，文科鼎甲 107 人，其中狀元 48 人。江西籍歷代宰輔有 100 餘人。宋代江西曾“隔河兩宰相，五里三狀元，一門九進士”，明代更是“朝士半江西”。

江西是佛教禪宗的定型地，道教的發祥地，儒教的中興之地。此外，古代江西不僅音樂、戲曲英才（如湯顯祖、蔣士銓）輩出，書法如黃庭堅，繪畫如董源、朱耷，建築如“樣式雷”家族，等等，同樣群星璀璨。

這是江西人獨有的榮耀與驕傲，傳播江西文化，義不容辭，任重道遠。

1

文化長廊

文化江西的歷史脈絡

江西自古就是人文淵源之地，文章節義之邦，素有“物華天寶”“人傑地靈”“雄州霧列，俊采星馳”之美譽。從古至今，這片古老而富饒的土地，孕育著悠久的歷史和璀璨的文化，湧現出一代又一代的傑出人物，留下了豐富而珍貴的人文資源，在中華民族文明史上，具有重要地位和深遠影響。尤其在宋明時期，全盛的江西文化成為中華民族優秀文化的結晶。

文化是一條源遠流長的文明之河，它從遠古浩盪而來，向未來奔騰而去。歷史越是古老悠久，文化便越是深邃悠長。只有對江西文化歷史進行梳理，才能穿起江西文化這串晶瑩的珍珠項鏈。大體而言，江西歷史文化可以分為四個發展階段。

↓ 樟樹市吳城遺址

一、萬年到豫章：江西文化載體的形成

文化根基於地域，一方水土養育一方人，任何文化的發生與生存都必須依託一定的自然環境。王勃在其名篇《滕王閣序》中稱讚江西“人傑地靈”，而“地靈”正是產生“人傑”的重要環境。

在江西這塊美麗的土地上，早就有人類活動的足跡。考古資料顯示，江西最早的原始文化是安義發現的距今約 50 萬年前的舊石器時代早期遺址。從那時開始，江西有了人類活動，江西的歷史也由此開端。而最能代表江西先民發展歷程、反映江西先民生存文化的，當數萬年縣的吊桶環和仙人洞遺址。這一考古發現被評為全球 20 世紀百項重大考古發現之一，並被聯合國列為全球重要農業文化遺產項目。在這裏發現的世界最早種植的人工栽培稻，把世界稻作起源由距今 7000 年前推移至距今 1.2 萬–1.4 萬年前。而在這裏發現的陶片，經過測定，距今已有 2 萬多年。萬年縣的吊桶環和仙人洞遺址的地層堆積就像一本史書，記錄了江西的先民在農業文明和手工業文明中的兩個“世界第一”。

↑ 商活環屈蹲羽人玉佩飾

↑ 商伏鳥雙尾青銅虎

相對於黃河流域而言，江西的土著居民長時間處在原始氏族社會階段，進入文明時代的步伐相對遲緩。直到商周時期，中原文化才與江西本土文化深度融合，而其中的代表，就是樟樹吳城遺址、新幹大洋洲商墓遺址、瑞昌銅嶺遺址等。

位於樟樹市吳城鄉的吳城文化遺址，距今 3500 多年，面積約 61 萬平方米，城內有居住區、祭祀區、製陶區、鑄銅區，城外有墓葬區，出土了石器、陶器、原始瓷、玉器、牙雕等 5000 多件文物，是目前南方地區發現的規模最大、出土文物最豐富的商周文化遺址之一。

1989 年發現的新幹縣大洋洲商代大墓出土的珍貴文物約 1500 件，其中國寶級文物 5 件。文物中以青銅器最為引人注目，其數量之多、造型之奇、紋飾之美、鑄工之精，為全國所罕見，這裏也因此被專家稱為"江南青銅王國"。大洋洲商代大墓的發掘，一舉改寫了一直以來商周時期的江南被認為是"荒蠻之地"的歷史，充分證明 3000 多年前贛江—鄱陽湖流域就有了高度發達的青銅文明。

位於瑞昌市夏畈鄉銅嶺的礦冶遺址，規模龐大，採用了當時最為先進的開採技術、選礦技術和冶煉技術，是目前中國發現的時代最早的礦冶遺址，開採的年代從商代中期一直延續到戰國時期。遺址保存之完整，內涵之豐富，極為罕見。瑞昌礦冶遺址的發現，不僅將中國採銅歷史向前推了 300 多年，還揭示了中國青銅文化的獨立起源，為中國青銅文化圈的概念形成和商周時期銅料的來源提供了新的佐證。

說到江西的地理位置，自然少不了"吳頭楚尾"之稱。南宋祝穆《方輿勝覽》中曾註引北宋洪芻的《豫章職方乘》中的說法："豫章之地為楚尾吳頭。"從這一稱呼可知，江西處在東吳越和西荊楚兩大文化的過渡地帶，無論是"東邊日出"還是"西邊雨"，都會受到影響，更何況同源共本。本是同根生，晴也好，雨也罷，兼收並蓄，你中有我、我中有你，其兼收並蓄的包容性、驚人的同一性和獨具智慧的開創性，使得那時候的江西文化更顯地域特色。

而江西地域文化形成的標誌性事件，就是豫章

郡的設置。西漢初年，朝廷設立豫章郡，下轄南昌、廬陵、彭澤等 18 縣，其所管轄的範圍，大抵就是現在的江西省。此後雖有小的調整，但大的格局一直未變。由於豫章郡的設置，江西被正式納入中央政權的統一控制之下。一方面接受中央文化的熏陶，使這一區域依附而非背離中央，保證了區域文化的完整性；另一方面又依託獨特的地理環境形成具有地域特色的文化習俗，並產生巨大的向心力將周圍尚未納入的地區吸附過來，從而慢慢形成今天江西的政區格局和文化習俗。

二、從邊緣到中心：江西文化的高峰

客觀地說，在宋代以前，江西所出人才並不突出，除陶淵明這座文化孤峰之外幾乎舉不出其他有相似分量的文化名人。但到了北宋中後期，江西文化迅速崛起，並取代了中原文化，佔據了文化中心的位置。從宋至明，江西文化如日中天，進入光輝燦爛的鼎盛時期，600 餘年內，處於全國領先地位，英才薈萃，名家輩出，如群星璀璨，光耀中華。其壯觀景象，至今仍令人們驚歎不已。

↓宜春市百丈寺

江西在宋明時期對中國文化發展的貢獻是巨大的，江西文化名流巨擘的優秀成果不僅是中國古代文化的重要組成部分，而且是江西現代文化的豐富源泉。繁榮發達的江西古代文化，至少可以歸納為幾個方面：一是文章節義之鄉；二是理學的心臟地帶；三是詩人與詞客的沃土；四是禪宗的腹地；五是道教的重鎮；六是經濟與治術之地。

江西文化之所以在宋明時期能夠獨領風騷，主要得益於經濟中心的南移和政治中心的東移。自魏晉南北朝開始，江南地區有了較快的發展。隋唐以後，包括江西在內的整個南方地區經濟更是有了長足的發展，全國經濟中心逐漸南移。加之中原地區長時間戰亂，北方居民的大規模舉族南遷，給江西帶來了眾多的勞動力和先進的中原文化。到兩宋時期，中國的首都先後遷到河南開封和浙江杭州等地；而明初定都在南京，明成祖後依然實行兩都制。江西則成為全國經濟、文化發展的領先地區，其人口之眾、物產之豐，均在全國範圍內名列前茅。

江西文化的繁榮也與交通的發展息息相關。當時由南海入中原的通道，即由大餘梅嶺直下贛江水道的所謂使節之路，這一交通大動脈貫通後，江西得以用更快速度在更大的範圍內與全

↓井岡山　徐夫耕　繪

國交流，這對促進江西文化發展和江西文人成長起到了十分積極的作用。

三、從全盛到低谷：江西文化的衰退

進入清代以後，江西文化在全國的地位急速下降。整個清代，江西只有 3 位狀元，在數量上大大低於江蘇和浙江，甚至落後於地處邊遠的廣西。衰退的趨勢一直持續到 20 世紀 80 年代。那時，江西是全國少有的"三無省"：無學部委員，無重點大學，無博士學位授予點。

是什麼原因促使江西文化從巔峰墜落到低谷呢？究其根源，主要是人口遷移、經濟衰退、交通轉移、戰爭破壞等。這幾個因素又是相互關聯、互為因果的。

興也經濟，衰也經濟。江西經濟在全國地位的低落，是文化衰退的根本原因。經濟衰退又與交通要道轉移有關。從中唐到清前期，運河—長江—贛江—珠江一直是國內主要的南北通道，對於促進江西經濟的發展起了重要作用。但從清後期開始，海運興起，加上京漢、粵漢鐵路修通後，南北運道改走河北、河南和兩湖，江西便利的交通運輸條件不復存在。由於交通格局變化，不僅物資運輸更加困難，從外

部滲入的新思潮、新風尚也繞過江西，致使江西在觀念的更新上不僅落後於沿海，也落後於中原和處在南北交通線上的湖南、湖北等地。

江西文化的衰退，直接的原因還是戰爭的破壞。非常不幸，在中國近代工業興起前夕，江西成為太平天國軍隊與湘軍反覆交戰的主要戰場之一。歷時 10 餘年的戰爭剛過，當近代工業在中國興起之時，形同廢墟的江西城鄉，別說喜迎工商新時代的來臨，就是恢復傳統時代的農耕基礎也需時日。江西商人賴以生存的主要商品（如茶葉、紙張、木材等）的生產則因戰火而受到嚴重破壞，景德鎮的瓷業也一度停產。

當然，江西文化的衰退，也與自身的弱點有關。江西文化長期處在傳統文化的中心區域，"文章節義" 為江西人的傳統美德，但這種美德主要是正統儒家思想熏陶的產物，它有利於

↓南昌起義　黎冰鴻　繪

農業社會的鞏固，卻不利於商品經濟社會的形成。這一文化特性使得江西文化在一定程度上排斥近代文化，這成為江西社會近代化發展的限制因素。

四、從蟄伏到潮頭：江西紅色文化的興起

進入 20 世紀，在以毛澤東、周恩來、劉少奇、朱德、鄧小平、陳雲為代表的中國共產黨人的領導下，江西再一次挺立潮頭，開創了中國紅色文化的新紀元。

紅色文化是馬克思主義與中國國情相結合的產物。波瀾壯闊的歷史賦予了安源、南昌、井岡山、瑞金等地一個個紅色經典稱號，它們不僅成為中國革命史恢宏“交響樂”中的動人“音符”，也造就了獨具魅力的紅色文化品牌。紅色文化是江西近現代以來最具特色、最有代表性的文化之一。

20 世紀以來，江西領紅色文化之先，紅色基因浸透在了江西人的血液和江西的山水之中。全省從南至北，從東到西，一個個人名、一串串足跡，記錄了中國革命和建設多個“第一”或者“之最”，見證著中國共產黨成長的光輝歷程。江西湧現了方志敏等一批傑出的革命家，江西兒女為中國革命的勝利作出了巨大犧牲和重大貢獻。

紅色文化作為植根於中華民族沃土的先進文化，是中國共產黨人政治理想、愛國情懷、價值觀念和道德訴求的集中體現，不僅體現在當時當地，更重要的是可以影響到遙遠的未來。江西紅色文化品牌的興起，不僅可以傳播歷史正能量，而且可以增強江西人民的自豪感，還能讓外界更好地了解江西，從而有力地提升江西文化的知名度和美譽度，增強江西的文化軟實力。江西紅色文化以其資源的豐富性、內容的原創性、分佈的廣泛性和歷史見證價值，正成為江西重要的文化品牌。

江西十大文化符號

文化符號，是指具有某種特殊內涵或者特殊意義的標識，是一個地域、一個民族或一個國家獨特文化的具體體現，是地域文化的重要載體和形式。比如，人們一看到天安門，就想到北京；一看到大本鐘，就想到英國倫敦；一看到埃菲爾鐵塔，就想到法國巴黎；一看到自由女神像，就想到美國紐約；一看到紅場，就想到俄羅斯莫斯科。那麼，作為文化旅遊大省的江西，有沒有一些文化符號代表了江西形象，享譽全國乃至聞名世界？

本文以“獨特的形象、深厚的底蘊、優美的畫面、較高的知名度和美譽度”為基本原則，兼顧紅色、綠色、古色等多種文化類型，選出了能代表江西形象、體現江西特色，哪怕不作任何文字說明，也能讓人一望即知屬於江西的十大文化符號，拋磚引玉，供讀者研討，以使之日臻完善。

↓秋水長天滕王閣　王岩　攝

一、南昌滕王閣

滕王閣是江南三大名樓之首。唐高祖李淵第二十二子、唐太宗李世民之弟李元嬰被封於山東滕州，為滕王。唐永徽四年（653），滕王李元嬰調任江南洪州（今江西省南昌市）都督，因思念故地滕州，修築了著名的"滕王閣"。無數文人墨客在滕王閣留下不朽文章，唐初王勃一篇《滕王閣序》讚頌江西"物華天寶""人傑地靈"，磅礴宇內，被稱為千古絕唱。現在的滕王閣已經是第29次重建的結果，其主閣端莊大方，氣勢雄偉，兩側建有"壓江"和"挹翠"兩亭。從正面看，南北的兩亭與主閣組成一個"山"字；從空中俯瞰，滕王閣則有如一隻平展兩翅、意欲迎波西飛的巨大鯤鵬。站在滕王閣上向西望去，滾滾贛江水向北奔騰，紅谷灘新區的高樓大廈拔地而起，南昌城昔日榮耀與今日繁華隔江相望，預示江西將實現綠色崛起，再創輝煌。

二、廬山含鄱口

廬山三面環水，北依萬里長江，東靠浩渺鄱陽湖，西有廬山西海，以雄、奇、險、秀聞名於世。山巒巍峨峻峭，瀑布飛流直下，雲海變幻莫測。它是人文聖山，李白、白居易、蘇軾等文人墨客留下千古名篇，儒、釋、道三教和伊斯蘭教、基督教等在此融合匯聚。五老峰、錦

廬山含鄱口　李敏　攝

繡谷、望江亭、花徑、仙人洞、三疊泉、牯嶺鎮是廬山的重要觀景地，其標誌性景點為含鄱口。登臨含鄱口，北可望五老峰，東可瞰鄱陽湖，南可眺大漢陽峰，西可觀廬山植物園，湖光山色，盡收眼底。

三、井岡山黃洋界

井岡山是中國革命的搖籃，毛澤東在這裏領導創建了第一個農村革命根據地，中國革命由此找到了農村包圍城市、武裝奪取政權的正確道路。這裏有八角樓的燈光、朱毛會師地、紅軍挑糧小道、黃洋界、五指峰、杜鵑山、井岡山革命博物館等紅色景點，其中黃洋界是標誌性的紅色景點之一，也是井岡山五大哨口之一，有“一夫當關，萬夫莫開”之險。1928 年，這裏發生了著名的黃洋界保衛戰，以紅軍的勝利而聞名海內外，毛澤東為此留下了“黃洋界上炮聲隆，報道敵軍宵遁”的名句。這裏還可以看到日出、峰巒、雲海、杜鵑等自然景觀。

四、景德鎮御窯

景德鎮是聞名世界的千年瓷都。北宋時，宋真宗以年號“景德”賜名，此後景德鎮瓷器之名益著，千年窯火盛燒不衰，湧現了大量代表中國最高水平的陶瓷藝術經典作品，其代表作“元青花鬼谷子下山圖罐”“明成化鬥彩雞缸杯”先後創造了當時陶瓷拍賣史上的紀錄。特別是為元、明、清三代專門燒製宮廷用瓷的御窯，與長城、故宮一樣，地位特殊，價值非凡。它不僅是江西的文化符號，更是中華民族的文化符號。

↓御窯廠　萬建明　攝

五、白鹿洞書院

江西是儒學的中興之地。婺源人朱熹、金溪人陸九淵為理學雙峰；王陽明長期在江西為官，“陽明一生精神，俱在江右”。“江右書院甲天下”，在 1000 多年的古代書院歷史中，江西一直是全國書院發展的中心地區，並且數度獨領風騷，成為中國的文化重地，擁有獨特的歷史地位。白鹿洞書院是江西書院文化的代表，享有“海內第一書院”之譽，被評為“中國四大書院之首”。理學大師朱熹制訂的《白鹿洞書院揭示》是中國古代“大學”最早的章程，成為後世書院遵行的準繩。

六、禪宗聖地百丈寺

早在魏晉時期，江西就成為南方佛學研究和活動的中心，東晉高僧慧遠在東林寺結白蓮社，首創淨土宗，佛教中國化進程在江西逐漸完成。唐代高僧馬祖道一在江西創立“叢林”，解

↓鄱湖候鳥

決了佛教發展史上的“硬件”問題，使僧人住有所居；其弟子懷海在奉新百丈山制訂清規戒律，解決了佛教發展中的“軟件”問題，確保了佛教的神秘性、莊嚴性與崇高性，使其能持續、穩定地發展。江西是禪宗定型之地，“一花開五葉，結果自然成”。佛教禪宗“五家七宗”，其中三家五宗源於江西，並遠播海外。百丈寺是江西佛教文化的代表，是中國佛教禪宗具有代表性的古寺廟、“天下清規”的發祥地，在中外佛教界享有盛名。

七、龍虎山天師府

龍虎山虎踞龍盤，丹山碧水。東漢中葉，正一道創始人張道陵曾在此煉丹，傳說“丹成而龍虎現”，山因此而得名。龍虎山是道教四大名山之一、道教正一派發祥地。張道陵四代孫張盛，將傳教的地區遷至龍虎山，此後張天師後裔世居龍虎山，直至今日。天師府位於鷹潭市上清古鎮，為歷代張天師講道、居住的府邸，選址極其鄭重。其門臨瀘溪河，背依西華山，左右青山懷抱，府內香樟成林，古木參天，仙樂縹緲，綠樹紅牆交相輝映，是道教祖庭，與山東孔府並稱為“中國兩大府第”，有“北孔南張”之說。

八、候鳥天堂鄱陽湖

鄱陽湖是中國最大的淡水湖，也是國際重要的候鳥越冬地。鄱陽湖上承贛、撫、信、饒、修五河之水，下接長江。豐水季節浪湧波騰，浩瀚萬頃，水天相連；枯水季節水落灘出，野草豐茂，蘆葦叢叢。湖畔峰嶺綿延，沙山起伏，沃野千里，候鳥翩飛，牛羊徜徉。“鄱湖鳥，知多少？飛時遮盡雲和月，落時不見湖邊草。”數據顯示，鄱陽湖有鳥類 300 餘種，其中國家一級保護鳥類 10 餘種、國家二級保護鳥類 40 多種，全球 98% 以上的白鶴、95% 以上的東方白鸛、70% 以上的白枕鶴在此越冬棲息。每年 9 月至翌年 3 月，超過 60 萬隻來自全球各地的珍稀候鳥飛臨江西鄱陽湖，在草洲、灘塗落戶安家、繁育後代，形成令人歎為觀止的“天鵝湖”和“白鶴長城”。

↑篁嶺　付志勇　攝

九、婺源篁嶺曬秋

婺源被譽為“中國最美鄉村”。春來變暖，油菜花開，小橋流水，山花爛漫，間以粉牆黛瓦、翹角飛簷的古建築群和濃鬱的鄉風民情，是眾多中華兒女的夢裏老家。秋季到來，婺源篁嶺的農民以大地為畫板，拿支架做畫筆，讓南瓜、豆角、辣椒、玉米成為作畫的素材，使整個山間村落飽經滄桑的徽式民居土磚外牆，與曬架上、圓圓曬匾裏五彩繽紛的豐收果實相組合，繪就世界上獨一無二的“曬秋”農俗景觀、最美的鄉村符號。

十、贛南圍屋

客家圍屋是中國富有特色的傳統建築形式之一，是客家文化的重要載體和象徵。方圍是贛南圍屋區別於其他圍屋的一個主要特色，從平面上可分為“口”字形和“國”字形，是古代集祠、家、堡於一體，具有鮮明的防衛功能的堅固民居。2012 年，贛南圍屋被國家文物局列入《中國世界文化遺產預備名單》。它們點綴於青山綠水間，散落於古老的贛南村落中。燕翼圍、關西新圍、東生圍等 500 多座圍屋見證了北方漢人客居他鄉的艱辛和不易，是客家人心中的精神家園。

千年瓷都景德鎮

陶瓷是中國人的重大發明，是中華文化的重要載體，是中華文明對世界的巨大貢獻。早在歐洲人掌握瓷器製造技術 1000 多年前，中國人就已經製造出了精美的陶瓷。中國和瓷器的英文譯名都是“china”，相傳就是因當年陶瓷銷往海外，成為中國的象徵，很多外國人不知道這種東西叫什麼，只知道來自昌南（景德鎮舊名昌南鎮），於是將這種器物叫作“china”，單詞的第一個字母大寫後的“China”就成了中國的英文名稱。

景德鎮是聞名世界的千年瓷都，素以“匯天下良工之精華，集天下名窯之大成”“工匠來八方，器成天下走”而著稱。郭沫若詩曰：“中華向號瓷之國，瓷業高峰是此都。”景德鎮以瓷業主撐一城，歷千年而不衰，引舉世之矚目，迄今仍是全球最具影響力的陶瓷歷史文化名城，擁有無與倫比的文化象徵性與影響力。

一、景德鎮陶瓷的發展歷史

景德鎮生產陶瓷歷史悠久：肇始於漢唐，崛起於宋元，鼎盛於明清，綿延至當代。

1. 初露鋒芒——漢至五代

景德鎮地區的陶瓷業距今已有 1700 多年歷史。史料記載，“新平冶陶，始於漢世”。此時的陶瓷“質甚粗，體甚厚，釉色淡黃而糙”，“只供同俗粗用”，不遠銷。

唐代時，景德鎮的瓷器已在國內有較大的影響。《景德鎮陶錄》記載：“唐武德中，鎮民陶玉者載瓷入關中，稱為假玉器，且貢於朝，於是昌南鎮瓷名天下。”

五代時的景德鎮瓷器生產已具有相當的規模。主要產品有青瓷和白瓷，它們是目前所能見到的早期較為成熟的瓷器。

2. 強勢崛起——宋元時期

北宋時期，真宗趙恆命昌南鎮燒造御器，器底書“景德年製”款，因瓷器質地優良，皇帝賜名昌南鎮為景德鎮，沿用至今。宋室南遷是一個影響深遠的歷史轉折點，大量文人雅士、能工巧匠隨之移居江南，景德鎮由此吸納融匯天下名窯之良工絕技，博採異地乃至異國文化之精華，兼收並蓄，鋭意創新，與時俱進，強勢崛起，超越了“汝、官、哥、定、鈞”五大名窯，逐步獲得在全國製瓷業的優勢地位。

宋代以前景德鎮以生產白瓷為主，瓷器上沒有什麼裝飾圖案和繪畫。在宋代，景德鎮瓷器以輕巧、典雅、秀麗的影青瓷而著稱於世。這種瓷器，胎質細膩、緻密、潔白，釉層較厚，釉色瑩潤青翠，青中閃白，白中透青，近似玻璃透明狀，為元、明、清景德鎮瓷業的發展奠定了堅實基礎。

元代是景德鎮陶瓷的創新時期。在元代，景德

↑元青花纏枝牡丹紋梅瓶

鎮成功燒造了青花瓷，開闢了由素瓷轉向彩瓷的新時代。景德鎮的製瓷工藝取得了劃時代的進步。由單一的瓷石到瓷石加高嶺土的“二元配方”，增加了瓷器的燒成溫度，減少了瓷器的變形率，增強了瓷器的硬度，增加了瓷器的白度和透明度。朝廷在景德鎮設立的專門燒造官府用瓷的全國唯一的瓷業行政管理機構——浮梁瓷局，專門對景德鎮製瓷業實行管理，成為延續了630餘年的中國皇家瓷廠的開端，為景德鎮成為全國瓷業中心發揮了重要作用。

3. 達到巔峰——明清時期

明清兩朝，景德鎮依然是皇家瓷廠所在地。明洪武二年（1369），朝廷在景德鎮設御器廠，專門燒造宮廷、皇家用瓷，清順治十一年（1654）改稱御窯廠。御窯廠一枝獨秀，成為燒造時間最長、規模最大、工藝最精湛的官辦瓷廠。

明代，景德鎮真正成為“天下窯器之所聚”之地。除了繼承前代技術並加以發揚光大的重要燒造技術，景德鎮在明代還消化和吸收了各大日益沒落的著名窯場的優秀技藝並廣採博收外來文化的精華，不拘一格，燒造出許多新的品種、新的裝飾，造就了明代景德鎮在全國製瓷業的中心地位。

清代前期的景德鎮陶瓷，無論是官窯還是民窯，無論是產品造型、裝飾技法還是裝飾題材、裝飾風格，都達到了“參古之式，運以新意，備諸巧妙，於彩繪人物、山水、花鳥尤各極其勝”的極度繁榮境界，製瓷技術幾乎達到了爐火純青、出神入化的地步，景德鎮瓷業在康雍乾時期達到巔峰。這不僅是因為當時社會穩定、經濟復甦、皇帝重視，還因為有一位著名的督陶官——唐英。從乾隆中期開始，景德鎮瓷業開始走下坡路，到晚清日趨衰落，道光以後至中華人民共和國成立前，景德鎮瓷業一直處於蕭條狀態。

4. 瓷脈相傳——現當代時期

民國時期“珠山八友”主要代表人物為王大凡、王琦、汪野亭、鄧碧珊、劉雨岑、程意亭等，他們以傳統書畫用筆技法，將詩、書、畫、印融入陶瓷粉彩瓷畫中，並改革粉彩工藝，產生了巨大的影響。中華人民共和國成立後，景德鎮在原有的小作坊基礎上重新組建成立了建國、人民、新華、宇宙、東風、藝術、光明、紅星、紅旗、為民等大型瓷廠，人們習慣性地稱它們為“十大瓷廠”。景德鎮陶瓷產業結構發生了歷史性的變革，從過去的皇家用瓷和工藝瓷生產，發展成為日用瓷、工藝美術瓷、建築

揀選青料

青料煉出後尤須揀選有料户一行專司其事料之黑綠潤澤光色俱全者為上選於仿古霽青青花細瓷用之色雖黑綠而鮮潤澤者為市賣粗瓷之用若光色全無者性薄煉枯悉應選棄至用料之法畫於生坯罩以釉水過窯燒出俱成青翠若不罩釉仍是黑色如窯火稍過則所畫青花多致散湯惟青料中有韭菜邊一種獨為清楚入窯不改故細描必用之圖內筐盛匣砵乃屬點綴非選料正意

印坯乳料

大小圓器拉成水坯候其潮乾用備就模子套坯其上以手拍按務使泥坯周正勻結始褪下陰乾以備鏇削其濕坯不宜日晒晒即坼裂至畫瓷所需之料研乳宜細粗則起刺不鮮每料十兩為一砵專工乳研經月之後始堪應用乳用研砵貯於矮凳凳頭裝有直木上横一板鏤孔以裝乳槌之柄人坐於凳握槌乳之工價每月三錢亦有雙手乳兩砵夜至二鼓者工值倍之老幼殘疾多藉此資生焉

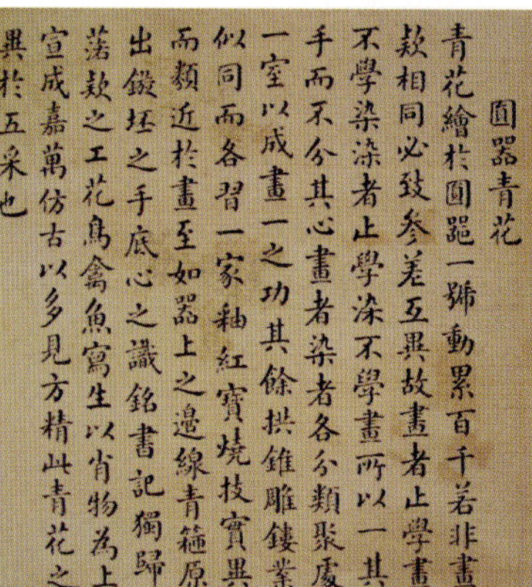

圓器青花

青花繪於圓器一號動累百千若非畫款相同必致參差互異故畫者止學畫不學染染者止學染不學畫所以一其手而不分其心畫者染者各分類聚處一室以成畫一之功其餘拱錐雕鏤業似同而各習一家釉紅寶燒技實異而類近於畫至如器上之邊線青箍原出鏇坯之手底心之識銘書記獨歸落款之工花鳥禽魚寫生以肖物為上宣成嘉萬仿古以多見方精此青花之異於五采也

製畫琢器

琢器之式有方圓稜角之殊製畫之方別采繪鏤雕之異仿舊須宗其典雅肇新務審其淵源器自陶成規矩悉遵古制花同錦簇采色勝上春臺官哥汝定均抔汙之儀則非遠水火木金土洪鈞之調劑維神或相物以賦形亦範質而施采功必藉夫埏埴出自林泉制不越夫罇罍重均彝鼎爐烟煥色雖瓦缶亦參橐籥之權彩筆生花即窰瓷可驗文明之象

↑ 陶冶圖說　唐英　著

圓琢洋采

圓琢白器五采繪畫摹倣西洋故曰洋采須選素習繪事高手將各種顏料研細調合以白瓷片畫塗燒試必熟諳顏料火候之性始可由粗及細熟中生巧総以眼明心細手准為佳所用顏料與法瑯色同其調色之法有三一用芸香油一用膠水一用清水蓋油色便於渲染膠水所調便於搨抹而清水之色便於堆填也畫時有就案者有手持者亦有眠側於低處者各因器之大小以就運筆之便

蘸釉吹釉

圓琢各器凡青花與官哥汝等均須上釉入窯上釉之法古制將琢器之方長稜角者用毛筆搨釉弊每失於不勻至大小圓器及渾圓之琢器俱在缸内蘸釉其弊又失於體重多破故全器倍為難得今惟圓器之小者仍於缸内蘸釉其琢器與圓器大件俱用吹釉法以徑寸竹筒截長七寸頭蒙細紗蘸釉以吹俱視坯之大小與釉之等類別其吹之遍數有自三四遍至十七八遍者此吹

明爐暗爐

白胎瓷器於窯内燒成始施采畫采畫後復須燒煉以固顏色爰有明暗爐之設小件則用明爐爐類法瑯所用口門向外週圍炭火器置鐵輪其下托以鐵叉將瓷器送入爐中傍以鐵鉤撥輪令其轉旋以勻火氣以畫料光亮為度大件則用暗爐爐高三尺徑二尺六七寸週圍夾層以貯炭火下留風眼將瓷器貯於爐膛人執圓板以避火氣爐頂蓋板黃泥封固燒一晝夜為度凡燒浇黃綠紫等器法亦相同

鏇坯定足

圓器尺寸既定於模而光平必需於鏇故復有鏇坯之作作内設有鏇坯之車形與拉坯車相等惟中心立一木樁樁視坯為粗細其頂渾圓包以絲綿恐損坯裏也將坯扣合樁上撥輪轉旋用刀削鏇則器之裏外皆得光平其式款粗細關乎鏇手之高下故鏇匠為緊要之工至定足一行因拉坯之時下足留一泥靶長二三寸便於把握以畫坯吹釉係吹畫工竣始鏇去其柄定足寫款圖

束草裝桶

瓷器出窯每分類揀選以別上色二色三色腳貨等名次定價值高下所有三色腳貨即在本地貨賣其上色之圓器與上色二色之琢器俱用紙包裝桶有裝桶匠以專其事至二色之圓器每十件為一筒用草包紮裝桶以便遠載其各省行用之粗瓷則不用紙包裝桶止用茭草包紮或三四十件為一仔或五六十件為一仔茭草直縛於内竹篾橫纏於外水陸搬移便易結實其匠衆多以茭草為名目

成坯入窯

窯制長圓形如覆瓮高寬皆丈許深長倍之上罩大瓦屋名為窯棚其烟突圍圓高二丈餘在後窯棚之外瓷坯既成裝以匣鉢送至窯戶家入窯時以匣鉢疊累罩套分行排列中間疏散以通火路其窯火有前中後之分前火烈中火緩後火微凡安放坯胎者量釉之軟硬以配合窯位俟坯器滿足始為發火隨將窯門磚砌止留一方孔將松柴投入片刻不停俟窯内匣鉢作銀紅色時止

祀神酧願

景德一鎮僻處浮梁邑境週袤十餘里山環水繞中央一洲緣瓷產其地商販畢集民窯二三百區終歲烟火相望工匠人夫不下數十餘萬靡不藉瓷資生窯火得失皆尚禱祀有神童姓為本地窯民前明製造龍缸連歲弗成中使嚴督窯民苦累神躍身窯突中捐生而缸成司事者憐而奇之於廠署内建祠祀焉號曰風火仙迄今屢著靈異窯民奉祀維謹酧獻無虛日甚至俳優奏技數部簇於一塲

臣 戴臨 敬書

燒坯開窯

瓷器之成窯火是賴計入窯至出窯類以三日為率至第四日清晨開窯其窯中套裝瓷器之匣鉢尚帶紫紅色人不能近惟開窯之匠用布十數層製成手套蘸以冷水護手復用濕布包裹頭面肩背方能入窯搬取瓷器瓷器既出乘熱窯以安放新坯因新坯潮濕就熱窯烘焙可免火後坼裂穿漏之病圖内搽棠包紮者為出窯瓷器肩運柴片者為現在燒窯其搬運

瓷、衛生瓷、工業用瓷、電子陶瓷、特種陶瓷和高技術陶瓷等多門類的瓷業生產。改革開放以後，景德鎮陶瓷生產步入一個嶄新的時代，煥發出新的活力。人們發明和創造了色釉彩、綜合彩、現代陶藝、現代青花、釉中彩等諸多新彩類、新形式、新技法以及新工藝、新材料，傳統陶瓷藝術重新煥發了青春。當代中國優秀的陶瓷藝術家大多都來到景德鎮，他們為陶瓷藝術和陶瓷工藝貢獻了大量精力，創作了大量精美的陶瓷藝術品。

二、景德鎮及其陶瓷在世界陶瓷史上的地位

1. 景德鎮是世界瓷都

從世界範圍看，景德鎮千年的製瓷歷史、最高的製瓷水平、陶瓷產業的興旺和陶瓷人才的匯聚，讓她成為一座當之無愧的"世界瓷都"。

（1）製瓷歷史悠久。"景德鎮千年窯火旺"，鑄就了她深厚的文化底蘊，鑄就了千年瓷都的歷史地位。景德鎮有冶陶史 2000 多年、官窯史 1000 多年、御窯史 600 多年。景德鎮是世界"高嶺石""高嶺土"的發現地和命名地，從此兩個地質術語名揚天下。

（2）世界瓷藝高峰。景德鎮長期代表了所處時代製瓷技術與工藝的最高水平，成就了世界陶瓷技藝的高峰。歷史上的主要陶瓷生產國和當代陶瓷大國都曾經借鑒和學習過她的製瓷工藝。自唐五代景德鎮青瓷、白瓷達到相當水準後，一些伊斯蘭國家首先開始模仿景德鎮瓷器；其後東亞的朝鮮和日本，西亞、歐洲均走上學習景德鎮製瓷技藝的漫漫長路。她生產的瓷器成為世人追捧的器物，歷史上遠銷世界 120 多個國家和地區，幾乎傳遍了世界每一個角落。據不完全統計，景德鎮行銷外洋的瓷器總數當在 3 億件以上。如今，御窯廠不同時期生產的精美瓷器，被珍藏在世界各大博物館，成為無價之寶。

（3）陶瓷產業立市。景德鎮以陶瓷立市、以陶瓷興市、以陶瓷榮市，是唯一一個因陶瓷而繁榮千年的城市。據史載，宋代以來，景德鎮即"村村窯火，戶戶陶埏"，昌江兩岸都是陶窯作坊，整條昌江裏都是運送瓷器或製瓷原料的舟船。她是一座在全城生產瓷器的城市，是中國乃至世界較早實現工業化的城市之一。

（4）瓷業人才之都。古今中外，無數的製瓷人到景德鎮來學習製瓷技藝，尋找自己的夢想，陶瓷文化瀰漫在這座老城的每個角落，構成了瓷都獨特、珍貴而完整的文化遺產體系。世界主要產瓷國的人們，都有到景德鎮來學習製瓷技藝的經歷。至今還有"景漂"的現象，數以萬計的國內外陶瓷從業者在景德鎮尋找著自己的夢想，努力實現自己的人生價值。

2. 景德鎮陶瓷是中國符號

景德鎮陶瓷已經成為世界認識中國文化的一個代表，是中國走向世界和世界認識中國的文化符號。

（1）中國實力的象徵。16 世紀以前以中國為主導的海上陶瓷之路，打通了太平洋—印度洋航線，建立了以中國為中心的東南亞和東北亞貿

易區。16 世紀以後以歐洲列強為主導的海上陶瓷之路，打通了太平洋—印度洋—大西洋的全球航線，建立了完整的世界貿易圈。海上陶瓷之路使中國走上了世界經濟強國之路，景德鎮瓷器則充當了人類貿易史上第一件全球化商品的角色。亨利·基辛格在《論中國》中說："直至 1820 年，中國在世界國內生產總值的比例仍大於 30%，超過了西歐、東歐和美國國內生產總值的總和。"

（2）絲綢之路最主要的見證。絲綢、茶葉、瓷器，是中國通過絲綢之路向域外輸出的三大主要商品。但是絲綢和茶葉都被消耗掉了，只有瓷器因為其材質的堅硬而大量保存下來，成為絲綢之路最主要的物證，是絲綢之路上的活化石。

（3）中華文化傳播的載體。通過"海上陶瓷之路"，中國瓷器連帶著附於其上的文化，被"搬運"到世界各地。中國瓷器所到之地，就是中國文化影響所到之地。這些中國外銷瓷，清晰地勾畫出了中國文化影響力的世界版圖，哪裏出現了中國瓷器，中國文化就已然抵達哪裏。瓷器不僅以其物理屬性的堅硬而獲得了時間上的長久存在，更重要的是"中國瓷對世界史研究的最大價值，在於它反映了一項規模最為龐大的文化轉型活動"。中國瓷器，其在"文化轉型活動"中所發揮的作用，超越了絲棉紡織品、茶葉、香料，而成了核心角色。中國瓷器的輸入改變了世界許多地方的生活方式、衛生習慣和文化禮儀。中國瓷器結束了東南亞、西亞國家用植物葉子做飲食用具的時代，使這些國家的飲食文化得到豐富和提升，進而文明化。中國瓷器進入歐洲之前，歐洲人的飲食文化和餐桌禮儀還是相對"簡陋"的。當地普通人用粗陶或木製器皿做食器，上流社會則往往採用金屬器皿。當中國瓷器傳入歐洲之後，歐洲各國紛紛改用中國瓷器，形成了全新的飲食文化，引發了"飲食革命"。

3. 景德鎮陶瓷是藝術瑰寶

千餘年來，景德鎮製瓷業集歷代名窯之大成，匯各地技藝之精華，形成了獨樹一幟的手工製瓷工藝生產體系。在歲月的演進中，景德鎮瓷器歷久彌新，閃爍出誘人的光芒。

（1）"白色的金子"。中國瓷器在唐代就外銷到了埃及等紅海沿岸國家和地區，對當地的釉陶產生了影響。多數歐洲人則到 16 世紀末才知道中國瓷器。他們非常驚訝於瓷器竟會比水晶還要美麗。中國瓷器那種無滲透性、潔白光滑、非常實用的特點，以及相對於水晶器和銀器的低廉價格，使它一現身歐洲，就贏得當地人民深深的喜愛。

（2）尊貴的象徵。在歐洲，景德鎮瓷器成為皇宮的珍品，成為上流社會珍愛的奇物，成為人們身份尊貴的象徵。尤其在英國瑪麗二世女王的影響下，17–18 世紀的英國社會，從上到下都興起中國瓷器熱：貴族在家裏建造瓷屋，皇室在宮廷建造瓷宮。此風席捲整個歐羅巴，在一些歐洲宮廷裏面，紛紛造出所謂的"瓷屋"，擺設很多精美的中國瓷器（尤其是景德鎮瓷器）。1670 年，法國國王路易十四在凡爾賽宮修建了一座瓷宮，重金收購景德鎮生產的青花和五彩瓷；1717 年，德國薩克森公國國王奧古斯都二世與普魯士國王威廉一世達成以 600 名精銳騎兵與對方交換 127 件中國瓷器的交易；1740–1786 年在位的德國普魯士王國腓特烈二世，在其無憂宮內陳列著以景德鎮青花瓷為代表的各種中國瓷器。

三、景德鎮陶瓷的特點與種類

1. 四大特點

“白如玉、明如鏡、薄如紙、聲如磬”是景德鎮陶瓷的四大特點。

白如玉：景德鎮白瓷呈乳白色，色澤柔和，溫潤如玉，在唐代就有“假玉器”之稱。

明如鏡：景德鎮瓷器釉面光滑，晶瑩剔透，宛若明鏡，光彩照人。

薄如紙：景德鎮瓷器胎質輕薄，滋潤透影，宛若蛋殼，薄如蟬翼，輕若綢紗，正所謂“只恐風吹去，還愁日炙銷”。明代昊十九創燒“流霞盞”“卵幕杯”。流霞盞明如朱砂，猶如晚霞飛渡，光彩照人；卵幕杯薄如蟬翼，瑩白可愛，一枚才重半銖（約合 1.1 克），四方不惜重價求之。

聲如磬：景德鎮瓷器胎質清脆，用指輕叩，能聽到“咚”的脆響，宛若樂器奏出的優美磬聲，扣人心弦。

↓靜物　莫奈（法國）　繪

2. 四大名瓷

景德鎮瓷器種類繁多，但以青花、粉彩、顏色釉與玲瓏最負盛名，被譽為"景德鎮四大名瓷"。四大名瓷各擅勝場：青花古樸淡雅、意境悠遠，粉彩五顏六色、明麗柔美，顏色釉巧奪天工、異彩紛呈，玲瓏靈巧明澈、剔透動人。

（1）青花瓷。又稱白地青花瓷，常簡稱青花，是中國瓷器的主流品種之一，屬釉下彩瓷。青花瓷是用含氧化鈷的鈷礦，在陶瓷坯體上描繪紋飾，再上一層透明釉，經高溫還原焰一次燒成。鈷料燒成後呈藍色，具有著色力強、發色鮮豔、燒成率高、呈色穩定、不易磨損等特點，而且沒有鉛溶出等弊病。原始青花瓷於唐宋已見端倪，成熟的青花瓷則出現在元代景德鎮的湖田窯。青花於明代成為瓷器的主流，於清康熙時發展到頂峰。明清時期，還創燒了青花五彩、孔雀綠釉青花、豆青釉青花、青花紅彩、黃地青花、哥釉青花等衍生品種。代表作：元青花蕭何月下追韓信圖梅瓶。

（2）粉彩瓷。又叫軟彩瓷，是以粉彩為主要裝飾手法的瓷器品種。粉彩瓷器是清康熙晚期，受琺琅彩瓷製作工藝的影響，在五彩瓷基礎上創造的一種新品種，從康熙晚期創燒，到雍正、乾隆年代，日臻完善，後歷朝流行不衰。雍正皇帝對粉彩情有獨鍾，因此當時的工匠對粉彩瓷的造型、色彩、線條的製作都非常講究，從而成就了"雍正粉彩"的輝煌。代表作：清雍正粉彩蝠桃紋橄欖瓶。

（3）色釉瓷。色釉瓷有很多種類型：通體一色者稱單色釉，多色相間者稱花色釉；燒成溫度在 1200 攝氏度以上的叫高溫顏色釉，在 1000 攝氏度以下叫低溫顏色釉。色釉瓷的製作工藝是在釉料裏加上某種氧化金屬，經過焙燒以後，釉就會顯現出某種固有的色澤，這就是顏色釉，可以用"萬紫千紅"來形容。瓷上色釉，源於商代陶器黃釉。漢末晉初，出現了青釉瓷器。到唐代，人們又創造了以黃、紫、綠為主的三彩。宋代又出現了天青釉、粉青釉、紅寶釉、紫寶釉和黑釉。到了明代，便有了鈞紅、祭紅、郎窯紅、胭脂紅、美人醉等名貴色釉。代表作：清乾隆茶葉末釉綬帶耳葫蘆瓶。

（4）玲瓏瓷。在瓷器坯體上通過鏤雕工藝，雕鏤出許多有規則的"玲瓏眼"，以釉燒成後，這些洞眼成為半透明的亮孔，十分美觀。玲瓏瓷往往配以青花圖案，叫青花玲瓏瓷。這種瓷

↑ 清代綠地粉彩八寶紋賁巴瓶

器既有鏤雕藝術又有青花特色，既呈古樸又顯清新，集高超的燒造技藝和精湛的雕刻藝術於一身，充分體現了古代陶瓷藝人的聰明才智和藝術創造力。主要器物有玲瓏爐、玲瓏蓋碗、玲瓏筆架和玲瓏香奩等。代表作：民國青花玲瓏瓷。

四、景德鎮陶瓷十大傳世精品

在千年的製瓷歷史上，景德鎮湧現出無數件經典作品。有了它們的存在，才有了景德鎮瓷都的千年輝煌。時至今日，一些作品雖歷經歲月變遷，但仍然光彩奪目，讓人驚歎不已。

1. 元青花雲龍紋象耳大瓶

至正十一年（1351）景德鎮出品的青花雲龍紋象耳大瓶，此瓶成對，均有傷殘且器形歪斜。一隻高 63.3 厘米，直徑 21 厘米；另一隻高 63.6 厘米，直徑 22 厘米。器形複雜，體形又大。除頸部兩側的耳飾外，瓶身有八層紋飾，自上至下依次為纏枝扁菊、蕉葉、飛鳳靈芝、纏枝蓮、四爪雲龍、海濤、纏枝牡丹、覆蓮雜寶，幾乎囊括元青花繪畫內容的全部。它的發現顛覆了此前“元代無青花”的認識，它也成為鑒定元青花的標準器，影響極為深遠。此後凡是層次多、繪製內容與其相仿的元青花，都被稱為“至正型”。

2. 元青花鬼谷子下山圖罐

元代青花瓷器，主體紋飾為“鬼谷子下山圖”，描述了孫臏的師父鬼谷子在齊國使節蘇代的再三請求下，答應下山搭救陷入燕國陣中的齊國名將孫臏和獨孤陳的故事。罐高 27.5 厘米，口徑 21 厘米，腹徑 33 厘米，足徑 20 厘米。素底寬圈足，直口短頸，唇口稍厚，溜肩圓腹，肩以下漸廣，至腹部下漸收，至底微撇。該器物於 2005 年 7 月在英國倫敦佳士得舉行的“中國陶瓷、工藝精品及外銷工藝品”拍賣會上，以折合人民幣約 2.3 億元的價格，創下了當時中國藝術品在世界上的最高拍賣紀錄。

↑ 元青花雲龍紋象耳大瓶

↑ 元青花鬼谷子下山圖罐

3. 明永樂青花如意垂肩折枝花果紋梅瓶

該瓶高 36.5 厘米，紋樣細膩柔美，形制比例得當，是永樂瓷器中的傑作。明代官窯瓷器中青花瓷的藝術成就極高，而永樂、宣德兩朝可謂青花瓷器的全盛時期。該瓶即為永樂瓷器中的珍品。此梅瓶器形優美，釉如凝脂，撫若柔絲，青花發色濃淡相宜，是明代瓷器的代表作，展現了永窯的典雅秀美。2011 年香港蘇富比拍賣成交價約 1.68 億港元。

4. 明宣德青花魚藻紋十棱菱口大碗

陶瓷界素有"青花貴宣德，彩瓷貴成化"之說。宣德青花瓷在中國陶瓷發展史上具有重要地位，歷來是收藏界的寵兒。此碗侈口，深壁，矮圈足。青花發色濃鬱豔麗，帶黑褐色結晶斑，釉面滿佈晶瑩氣泡，胎骨質堅細膩。器身通體呈十棱。外壁繪蓮花塘水藻，游魚四尾，碗心青花雙圈內繪蓮花、水藻及游魚二尾，口沿內外各飾青線一道，圈足三道，底部青花雙圈內書"大明宣德年製"六字雙行楷書款。

此碗繪鯖、魴、鱖三種游魚，與蓮花相組合，寓意"清廉""廉潔"，代表儒家思想中正直君子的完美形象。蓮花出淤泥而不染，也是清白、純淨的象徵。又"魚"與"餘"同音，為"富貴有餘"的象徵，與蓮塘組合含"連年有餘"之吉祥寓意，體現了中國自古以來特有的吉祥文化。明宣德青花魚藻紋十棱菱口大碗在 2017 年 4 月香港蘇富比拍賣會上以 2.29 億港元拍賣成交。

↑ 明成化鬥彩雞缸杯

5. 明成化鬥彩雞缸杯

鬥彩工藝創燒於明代成化年間，用青花勾廓、五彩填色，有青花與彩瓷競豔之意。雞缸杯是明成化鬥彩杯的品種之一，即飾子母雞圖之盛酒小杯，外壁環繪兩組公雞偕母雞領幼雛覓食的畫面。雞缸杯色彩繽紛鮮明，撫之柔潤如玉，繪畫率真可人。

史書上說，成化帝朱見深自幼在危機四伏的深宮裏，有位年長他 17 歲的宮女萬氏終年陪伴其左右。屢次經歷重大變故，成化帝對萬氏產生了深深的依戀。成化帝熱衷書畫，有一次他欣賞宋代人畫的《子母雞圖》，看到母雞帶著幾隻小雞覓食的溫馨場景，繼而聯想到自己與萬氏（當時已是萬貴妃）早逝的孩兒，以及自己現無子繼位，心裏感觸良多，所以命燒製雞缸杯送給萬貴妃。2014 年，此杯在香港蘇富比拍賣時成交價為 2.81 億港元。

6. 清康熙郎窯紅釉觀音尊

清康熙四十四年至五十一年（1705–1712），江西巡撫郎廷極奉派前往景德鎮御窯廠管理燒造事宜，生產的瓷器中有一種遙仿自宣德的紅釉器，色澤鮮豔，特別引人注目。因是郎廷極監造之下的產物，所以稱為“郎窯紅”。此瓶形制和觀音手持之淨瓶相似，故又有觀音尊之稱。瓶口不規則的脫釉，則是郎窯紅作品的典型風格。觀音尊器形優美匀稱，釉色鮮紅，光彩奪目。此瓶釉質純淨肥潤，玻璃質感極強。口沿及底足處有一圈白色邊緣，俗稱“燈草邊”。瓶的內壁施白釉，白色純正，類雪似銀，與器表的鮮紅色相映成趣，形成強烈的對比，是一件成功的紅釉之作。

7. 清雍正瓷胎畫琺琅柳燕圖碗

共兩隻。一隻高 7.7 厘米，口徑 15.8 厘米，底徑 6.5 厘米；另一隻高 7.4 厘米，口徑 16.0 厘米，底徑 6.7 厘米。中國台北故宮博物院藏。兩件作品紋樣具有左右對稱的特色。在碗面上，以琺琅彩畫出一幅花紅柳綠、春燕雙棲（一碗兩燕雙棲，另一碗一燕雖棲卻喜望另一燕來棲）的生動景象。兩碗的柳枝，一向左，一向右，合體構圖，色彩協調，動靜暗合，清麗悅目。畫的對面，配以節自明朝大學士申時行《應製題扇》中的詩句“玉剪穿花過，霓裳帶月歸”，點出雙燕穿飛柳蔭花紅的畫意。這對碗雖造型簡約，卻是雍正“內廷恭造之式”的一個典範。

8. 清乾隆各種釉彩大瓶

清乾隆各種釉彩大瓶，清代乾隆年間燒製，高 86.4 厘米，口徑 27.4 厘米，足徑 33 厘米。器身自上而下裝飾的釉、彩達 17 層之多。該瓶標誌著中國古代製瓷工藝達到頂峰，現藏故宮博物院。

該瓶所使用的釉上彩裝飾品種有金彩、琺琅彩、粉彩等，釉下彩裝飾品種有青花，還有釉上彩與釉下彩相結合的鬥彩。所使用的釉有仿哥釉、松石綠釉、窯變釉、粉青釉、霽藍釉、仿汝釉、仿官釉、醬釉等。主題紋飾在瓶的腹部，為霽藍釉描金開光粉彩吉祥圖案，共 12 個開光，其中 6 幅為寫實圖畫，另 6 幅分別為蝙蝠、如意、蟠螭、靈芝、花卉等。如此複雜的工藝只有在全面掌握各種釉、彩性能的情況下才能順利完成。

清代乾隆時期歷時 60 年，是封建社會發展的高峰時期。此時，由於乾隆皇帝嗜古成癖，對瓷器情有所鍾，加之督陶官唐英對景德鎮御窯廠的苦心經營，御窯廠的瓷器生產無論是數量還是質量都達到了前所未有的境界。特別是各

↑ 清雍正瓷胎畫琺琅柳燕圖碗

種巧奪天工的製品層出不窮，其工藝技術之高可謂鬼斧神工。這件各種釉彩大瓶，集各種高溫、低溫釉、彩於一身，素有“瓷母”之美稱，集中體現了當時高超的製瓷技藝，傳世僅此一件，彌足珍貴。

↑清乾隆各種釉彩大瓶

9. 清乾隆粉彩鏤空“吉慶有餘”轉心瓶

分為內外兩瓶。內外於瓶頸相連，內瓶底部與外瓶內心連接，外瓶瓶身鯉魚圖案栩栩如生，配以鏤空水波紋雕花設計，顯得雍容華貴，瓶頸上紅色“吉”字蘊含吉祥如意之寓意，由外部可以看到內瓶繪製的青花圖案。該瓶內繪青花，外畫洋彩、琺琅彩、粉彩，運用描金、鏤空、轉心、浮雕、淺刻等多種工藝，極盡奢華，令人歎為觀止，屬於清三代瓷器中的巔峰之作。清乾隆粉彩鏤空“吉慶有餘”轉心瓶在 2010 年 11 月的倫敦拍賣會上以折合人民幣 5.541 億元的價格成交。

10. 清乾隆粉彩“萬壽連延”葫蘆瓶

清代，當景德鎮御瓷工匠採納及熟習乾隆初年開創的繪畫技藝後，一種奢華繁縟的裝飾工藝——“軋道錦地”備受推崇。這種以細針狀物在釉面上刻劃卷草紋、鳳尾紋和花卉紋以表現“錦地”效果的工藝，於景德鎮日臻完善。這隻長頸葫蘆瓶就是這一時期的傑作。瓶上所繪紋飾色澤豔麗多變，重疊交錯，構圖精巧，五彩繽紛。該瓶在 2010 年 10 月香港蘇富比舉行的中國瓷器及工藝品拍賣會上以折合人民幣 2.19 億元的價格成交。

↑清乾隆粉彩鏤空“吉慶有餘”轉心瓶

江右書院冠華夏

書院，是中華文化史上一個醒目的亮點，是中國教育史上一種獨特的文化現象。書院，記錄了詩書中國。

書院的鼎盛，反映的是中華民族對於文化傳播與學術自由交流的強烈追求。在古代中國，書院就是一個象徵文化的符號，代表的是有著一定文化水準的話語圈。那些執著於傳道的儒家士人滿懷學術獨立與思想自由的精神向度，在書院的形式助推下探尋著自我思想與現實意識的完美融合。正因為如此，書院往往被儒家士人看成獨立研究學問的安身立命之所，承載著其“獨善其身”的生活道路。書院的創建目的之一就是滿足士人超世脫俗的精神追求。這就是為什麼我們今天看到的書院，大都建立在僻靜優美的地方。

江西書院甲於他省鹿洞鵝湖鷺洲豫章或剏于唐或剏于
宋元明以來增置不一
昭代崇儒規模宏遠分類特編用著文教之盛
田賦戶口漕運軍屯所宜略古詳今悉因藩閫糧道開列款
項以備考覈榷關置驛鹽引歲銷亦依新額
地大尊生叛據非一戡亂之功班班可考今仿大事記作武
事志見逆天者之自取滅亡也

↑《西江志》中關於江西古代書院的記載

“江右書院甲天下。”在 1000 多年的古代書院歷史中，江西一直是全國書院發展的中心地區，並且數度獨領風騷，成為中國的文化重地，擁有獨特的歷史地位。20 世紀 80 年代，季嘯風先生率領全國百餘名學者普查古代書院，發現全國有書院 7300 餘所，其中江西有 990 所，居全國各省之首。而根據江西省地方誌編纂委員會辦公室編纂的《江西書院》最新統計，江西有書院近 2000 所，比過去統計的數量多了一倍有餘，超過全國書院總數的 1/4。

江西之美，美在山水；江右之盛，盛在人文。美景看不盡，人文道不完。在浩浩蒼穹之下、莽莽林野之中，那一座座散落的古樸書院，像是一尊尊歷史的雕塑，守望在山野間或溪河畔。在讀書人眼裏，在文化人心裏，這些書院都是矗立的豐碑，是神聖高雅的殿堂，是不可磨滅的印記。

在廬山五老峰下，枕流溪的溪水從這裏穿山越谷，流向遠方。高聳入雲的松柏和翠竹掩映下的白牆灰瓦，訴說著白鹿洞的故事，揭示了先賢的哲理。與其說白鹿洞書院供奉著朱子的雕塑，不如說是朱子的《白鹿洞書院揭示》昭告天下，初次確立了中國“大學”辦學的準繩。

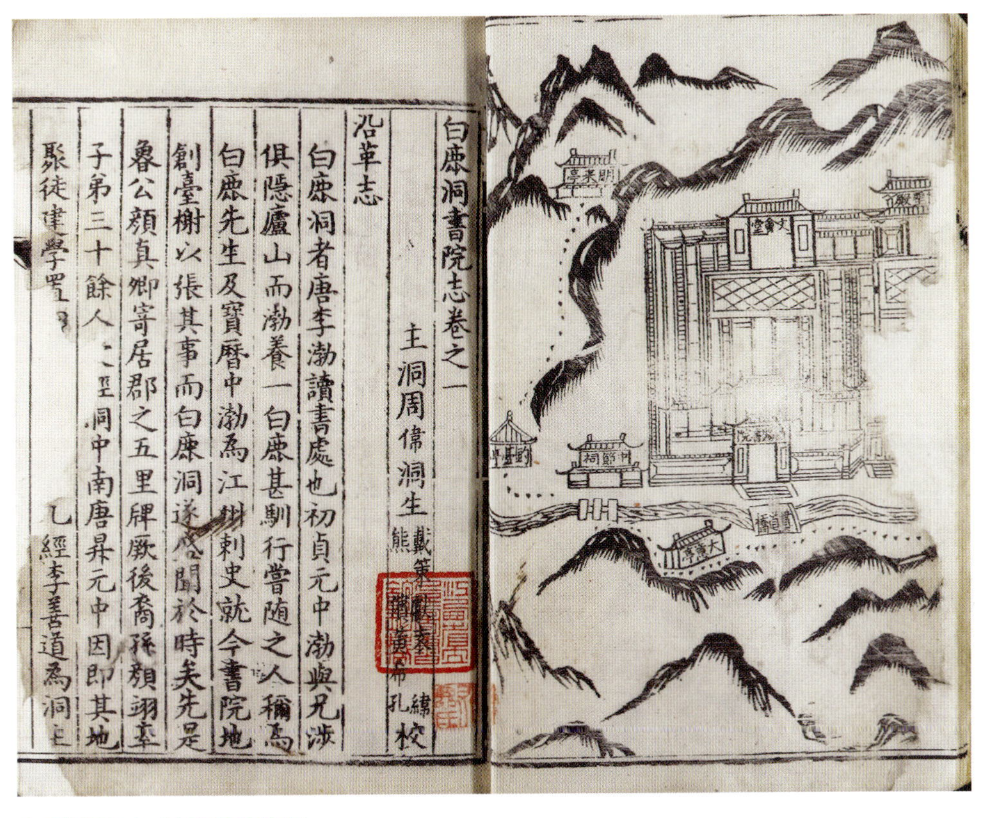

白鹿洞書院志卷之一

主洞周偉　洞生 戴策[illegible]編 熊[illegible]孔校

沿革志

白鹿洞者唐李渤讀書處也初貞元中渤與兄涉俱隱廬山而渤養一白鹿甚馴行嘗隨之人稱為白鹿先生及寶曆中渤為江州刺史就今書院地創臺榭以張其事而白鹿洞遂名聞於時矣先是魯公顏真卿寄居郡之五里牌厥後裔孫顏翊率子弟三十餘人□至洞中南唐昇元中因即其地聚徒建學置田以經李善道為洞主

↑ 明萬曆刻本《白鹿洞書院志》

在徐岩的丹霞三峰山下，"象山書院"醒目的摩崖石刻讓無數的造訪者為之震撼，讓人彷彿看見陸九淵"登而樂之，乃建精舍"，宣揚"宇宙便是吾心，吾心即是宇宙"，研學求道，不捨晝夜的場景。在這片遍佈茂林修竹的地方，莘莘學子從四方來聚，相與講習的讀書之聲遠播信江兩岸。

來到鵝湖書院，才明了原來鵝湖不是湖而是山，而這似乎昭示了"智者樂水，仁者樂山"的哲理。一如當年"鵝湖之會"，學以聚之，問以辯之，行以仁之，開書院會講先河。從此，百家爭鳴成為中國書院的學術發展道路。"尊德性""道問學"與"無極而太極"，這些千年話題，一直延展。後來辛棄疾與陳亮亦在此"長歌相答，極論世事"，縱談十日，共商恢復中原之大計。

贛江之畔，白鷺洲依水而居，章貢合贛，一江贛水滔滔北去，多少故事從這裏演繹成經典，多少人物從這裏成長為聖賢。"載色載笑，從容水竹間"，從白鷺洲書院走出去的文天祥，寫下了"人生自古誰無死，留取丹心照汗青"的千古絕唱，其一身壯士義膽、一腔報國情懷、一代文章節義，乃白鷺洲書院文化之寫照。

已經遠去的是輝煌，不曾離開的是記憶。遠去的歷史如同人的記憶，會散落許多的碎片，需要重新被拾起、還原。一座座書院就像一個個封存的古代書院制度標本。標本便

←吉安市白鷺洲書院

於記憶，歷史不能忘記。江右書院雖已封存在歷史記憶裏，但其思想、教化的傳承卻一直延續至今。

江西自古人文薈萃，一個很重要的原因就是江西私學自古就十分發達。從孔子開私學之風起，孔子弟子澹台滅明就遊學南昌，結草為堂，授徒講學。唐宋以後，江西的書院更是蓬勃興起：德安東佳書院和高安桂岩書院是中國古代創辦最早的一批私家招徒授業書院；廬山白鹿洞書院的學規成為後世書院準繩；上饒的鵝湖書院首開學術自由辯論之風；吉安的白鷺洲書院綿延近 800 年，演變至今，仍有 3000 學子求學其間，琅琅書聲不斷。而到近代，一批優秀的私立學校脫穎而出。尤其是經過改革開放數十年努力，江西的民辦教育從無到有，從

↓鵝湖書院"斯文宗主"門頭

小到大，從弱到強，成為全國民辦高等教育三強，進入了民辦教育大省的行列。書院文化就這樣薪火相傳，浸潤著一代又一代學子，滲入學子魂靈，化作基因。那一片源於韓愈、周敦頤，飄自陸九淵、朱熹、王陽明的琅琅書聲，在新時代繼續聲聲入耳、句句傳情，讓下一代依然優雅如瓷、堅韌如絲。

雖然書院是一種古老的辦學模式，但古老並不代表落後，“老樹春深更著花”。如今，風靡全國的國學傳統教育，足以說明書院的魅力與積極作用。雖然書院作為教育主體的地位已不復存在，但它不僅僅是一個供人們參觀欣賞的旅遊景觀，它的精神血脈仍在不間斷地傳承著。在江西師範大學的簡介中，“學校緣起於廬山白鹿洞書院”的表述就訴說了江西書院的源遠流長。江右書院締造的“理學”“心學”，以及由它而衍生的大學堂和現今的高等學府，正迎著朝陽前行，成為贛鄱大地上一道亮麗的風景線。

作為江西傳統文化的瑰寶，書院文化滋養了一代又一代的江西人，為中國的文化教育事業的發展作出了不可磨滅的貢獻。書院絕不能消失，也不會完全廢止。但歲月的流逝、歷史的變遷，使江西古代書院飽經滄桑，許多書院已經變成廢墟，再也難覓蹤跡。據江西省第三次全國不可移動文物普查統計，全省書院現僅存170多所。

江西古代書院在中國書院史上獨領風騷，書院文化是贛文化的典型代表。不斷加強對書院文化的保護、研究、利用工作，發掘其當代作用，是促進江西文化強省建設的題中應有之義，也是保護中華文脈、保護民族文化基因的重要舉措。唯有以敬畏之心禮敬書院，保護好現存的書院建築，深入研究書院的內在價值，合理利用書院文化資源，方能守護好書院文化之根，再現江右文化的光芒。

紅色文旅

江西這片土地上承載著太多的紅色記憶，山水中凝結著太深的革命傳奇，可謂縣縣有紅色故事，市市有紅色景區，全省猶如一個沒有圍牆的革命歷史博物館。在江西眾多的紅色文旅資源中，最佳代表當數“四大搖籃（中國革命的搖籃——井岡山、人民軍隊的搖籃——南昌、共和國的搖籃——瑞金、中國工人運動的搖籃——安源），四處勝地（偉人化險地——銅鼓、中央紅軍長征集結出發地——于都、改革開放策源地——小平小道、耀邦陵園地——共青城富華山），一營——上饒集中營，一人——方志敏”這十大紅色文旅基因庫。

↓ 井岡山火炬廣場

一、中國革命的搖籃：井岡山

井岡山，地處江西省西南部、湘贛兩省交界的羅霄山脈中段，古有“郴衡湘贛之交，千里羅霄之腹”之稱。井岡山山勢雄偉、地形複雜，20 世紀 20 年代末處於國民黨統治的薄弱地帶，為中國共產黨人建立革命根據地提供了天然屏障。1927 年 10 月，毛澤東率領經三灣改編後的秋收起義部隊到達寧岡，先後在寧岡、永新、茶陵、遂川等縣恢復和建立黨組織，實行工農武裝割據，開始創建中國共產黨領導下的第一個農村革命根據地。

井岡山鬥爭時期，以毛澤東、朱德為代表的中國共產黨人把馬克思主義普遍真理同中國革命具體實際相結合，先後打破了敵軍的多次“進剿”和“圍剿”，取得了黃洋界保衛戰等大捷，有效地保存並發展壯大了革命力量，開闢了農村包圍城市、武裝奪取政權的革命道路，留下《西江月·井岡山》《中國的紅色政權為什麼能夠存在？》《星星之火，可以燎原》等著名詩文，錘煉出跨越時空的井岡山精神，即堅定執著追理想、實事求是闖新路、艱苦奮鬥攻難關、依靠群眾求勝利。朱德稱讚井岡山為“天下第一山”，彭真稱之為“中華人民共和國的奠基石”，董必武稱其為“革命山”“旅遊山”“文化山”。

井岡山風景名勝區以革命人文景觀為主體，現有 11 處景區、76 個景點、460 多個景物景觀。其中，著名的有井岡山革命博物館、井岡山革命烈士陵園、紅四軍軍部舊址、黃洋界紅軍哨口遺址、八角樓、龍江書院、井岡山會師紀念碑、三灣改編舊址和毛澤東舊居等。

二、人民軍隊的搖籃：南昌

南昌，意為“南方昌盛之地”，又名豫章、洪城，江西省省會，地處江西省中北部，始建於西漢，迄今已有 2200 多年歷史。江南三大名樓之首滕王閣屹立在南昌贛江之畔，唐初詩人王勃在此留下了千古名篇《滕王閣序》。南昌，是國家歷史文化名城，亦是一座具有光榮革命傳統的英雄城市。

1927 年 8 月 1 日，周恩來、賀龍、葉挺、朱德、劉伯承等率領黨所掌握和影響的軍隊，在南昌發動起義，打響了武裝反抗國民黨反動派的第一槍。開國十大元帥中，有 7 位元帥直接或間接參加了南昌起義。南昌起義是中國共產黨獨立領導革命戰爭、開始創建人民軍隊和武裝奪取政權的標誌，南昌也因此成為人民解放軍的誕生地，被譽為“英雄城”。1938 年 1 月 6 日，新四軍軍部、中共中央東南分局在南昌成立，南昌也成為新四軍的主要誕生地。

在長期的革命鬥爭中，南昌見證了無數革命先輩追求真理的奮鬥歷程，留下了許多重要的革命文物和革命舊址。南昌著名紅色旅遊景點是八一起義舊址和新四軍軍部舊址，包括八一起義總指揮部舊址（南昌八一起義紀念館）、賀龍指揮部舊址、朱德軍官教育團舊址、葉挺指揮部舊址、朱德舊居、新四軍軍部舊址陳列館等。此外，為了紀念南昌起義，南昌還有許多以“八一”命名的景點，如八一廣場、八一起義紀念塔、八一公園等。

三、共和國的搖籃：瑞金

瑞金，地處江西省東南邊陲、武夷山脈西麓，與江西寧都、于都、會昌和福建長汀等地相鄰。瑞金，是土地革命戰爭時期中央革命根據地的核心地區，是中華蘇維埃第一次、第二次全國代表大會召開地，被譽為紅色故都、共和國搖籃、人民代表大會制度的發祥地。共和國從這裏走來，“毛主席”的稱謂從這裏起始，“吃水不忘挖井人，時刻想念毛主席”的故事在這裏誕生。

1929 年 1 月，毛澤東、朱德等率領紅四軍主力下井岡山，轉戰贛南、閩西。1931 年 11 月 7 日至 20 日，中華蘇維埃第一次全國代表大會在瑞金葉坪村召開，大會選舉了中華蘇維埃共和國中央執行委員會，作為大會閉幕後的最高政權機關，毛澤東當選為中央執行委員會主席；大會宣告成立中華蘇維埃共和國臨時中央政府，

並將瑞金改名為“瑞京”，定為首都。中華蘇維埃共和國臨時中央政府宣告成立，革命中產生的工農民主政權首次以國家形態登上中國政治舞台，其三年的治國理政實踐，也為後來建立的中華人民共和國進行了偉大預演。

瑞金現有紅色景區景點 180 多處，如紅軍廣場、“一蘇大會”會址、沙洲壩革命舊址群、紅井、中華蘇維埃紀念園等。自 1995 年新華通訊社率先在瑞金“尋根問祖”、修復革命舊址以來，目前已有 50 多家中央機關和國家部委來瑞金重續“紅色家譜”，建立了愛國主義和革命傳統教育基地。

↓毛主席與安源礦工　侯一民　繪

四、中國工人運動的搖籃：安源

安源，地處江西省西部的萍鄉市。萍鄉位於湘贛邊界，有“吳楚咽喉”之稱，是近代工業崛起地之一，以產煤為主。安源煤礦是當時江南第一大煤礦，是當時全國最大工業公司——漢冶萍公司的主要廠礦之一。為反對帝國主義、封建主義的壓榨剝削，在中國共產黨成立前，安源路礦工人曾自發地進行了 7 次較大規模的鬥爭，但均以失敗告終。

1921 年秋至 1930 年，毛澤東先後 9 次來到安源組織工人運動和開展武裝鬥爭。1922 年 9 月，在毛澤東、劉少奇、李立三的組織領導下，安源路礦工人舉行大罷工。大罷工歷時 5 天，由於準備充分、行動統一，並且注意鬥爭策略，因此秩序極好、組織極嚴、未傷一人、未敗一事，是中國共產黨第一次獨立領導並取得完全勝利的工人鬥爭，開創了早期中國工人運動“絕無而僅有”的成功範例。安源工人運動是中國共產黨早期領導工人運動的光輝典範，安源也被譽為中國的“小莫斯科”“無產階級的大本營”。

安源工人運動的蓬勃發展，為後來中國共產黨領導武裝鬥爭積累了重要力量。1927 年 9 月，毛澤東、盧德銘等中國共產黨人在安源、銅鼓、修水等地策劃發動了湘贛邊界秋收起義，留下了許多革命遺跡。目前，安源的紅色教育基地主要有安源路礦工人運動紀念館、秋收起義廣場、總平巷、萍瀏醴起義舊址等。

五、偉人化險地：銅鼓

銅鼓，地處江西省西北邊陲，因城東有一巨石色如銅，形似鼓，擊之有聲，故名銅鼓。銅鼓是秋收起義的主要爆發地之一和前敵委員會所在地，是秋收起義的領導指揮中心所在地，也是毛澤東走上統帥之路的第一站。彭德懷、滕代遠、蕭克等老一輩無產階級革命家創建的湘鄂贛革命根據地，也一度把軍政首腦機關設在銅鼓。1927 年 9 月 9 日，毛澤東在前往銅鼓領導和指揮秋收起義過程中，陷入了人生中的一次險境，他憑著機智，並在當地農民陳九興的幫助下轉危為安。這段傳奇經歷為後人景仰並津津樂道。經多方考證，偉人化險地位於銅鼓縣排埠鎮的月形灣。

1936 年，毛澤東在延安接受美國記者斯諾採訪時，曾詳細講述這段化險為夷的經歷。斯諾的《西行漫記》以毛澤東親自講述的口吻生動再現了當時的場景：“當我正在組織軍隊、奔走於漢陽礦工和農民赤衛隊之間的時候，我被一些同國民黨勾結的民團抓到了。”在被押往民團總部的途中，毛澤東說服了普通士兵，他們同意釋放毛澤東，但隊長卻不允許。“於是我決定逃跑。但是，直到離民團總部大約二百碼的地方，我才得到了機會。我在那地方掙脫出來，跑到田野裏去。”“我跑到一個高地，下面是一個水塘，周圍長了很高的草，我在那裏躲到太陽落山。士兵們追捕我，還強迫一些農民幫助他們搜尋。有好多次他們走得很近，有一兩次我幾乎可以碰到他們……最後，天黑了，他們放棄了搜尋。我馬上翻山越嶺，連夜趕路。我沒有鞋，我的腳損傷得很厲害。路上我遇到一個農民，他同我交了朋友，給我地方住，又領我到了下一鄉。我身邊有七塊錢，買了一雙鞋、一把傘和一些吃的。我最後安全地走到農民赤衛隊那裏的時候，我的口袋裏只剩下兩個銅板了。”中央文獻出版社 1996 年出版的《毛澤東傳》對此事也有大致相同的介紹。

為紀念秋收起義和緬懷偉人這段傳奇的經歷，銅鼓縣不僅修繕了秋收起義紀念館、秋收起義閱兵廣場、湘贛邊界秋收起義前敵委員會舊址等紅色景點，還興建了偉人化險地景區，內有毛澤東舊居——吳家祠、毛澤東脱險陳列館、毛澤東脱險藏身處、毛澤東銅像廣場等。

六、中央紅軍長征集結出發地：于都

于都，地處江西省東南部，東鄰瑞金市，南連會昌縣和安遠縣，西接贛縣區，北毗興國縣和寧都縣，素有“六縣之母”之稱，是閩、粵、湘三省往來的要衝。于都，是中央紅軍長征集結出發地、南方三年遊擊戰爭起源地、長征精神的發祥地、中央蘇區全紅縣和蘇區精神的形成地之一。這片紅色土地承載著中國共產黨的初心和使命，見證了中國共產黨的理想信念和革命意志，成為鑄就中國共產黨人偉大鬥爭精神的重要地區之一。

←中央紅軍長征出發紀念碑

由於第五次反"圍剿"的失敗，1934 年 10 月，中央機關、中革軍委和中央紅軍主力 8.6 萬人不得不離開中央革命根據地，在于都集結並開始戰略轉移，即長征。為了保證紅軍順利渡河，于都人民無私奉獻，大力支援紅軍。當時沿河所有的民船全部停運，共匯集了 800 多條大小船隻，有的用作架設浮橋，有的用作擺渡。為避免國民黨的飛機轟炸，也為了隱藏紅軍的戰略意圖，架設浮橋都在夜間進行。一到傍晚，有組織的群眾擁向架橋工地，有的打火把，有的送茶送飯，還有的送門板木材，僅 4 天時間，就在于都縣 30 千米長的河段上架設了 5 座浮橋，佈設了眾多擺渡和涉河點。當時一位 70 多歲的曾大爺執意要把自己的壽材也捐去搭浮橋，周恩來知道這件事後，感動地說："于都人民真好，蘇區人民真親！"

2019 年 5 月 20 日，習近平總書記在于都縣考察時強調："我們不能忘記黨的初心和使命，不能忘記革命理想和革命宗旨，要繼續高舉革命的旗幟，弘揚偉大的長征精神，朝著中華民族偉大復興的目標奮勇前進。"

于都紅色旅遊景點主要有長征第一渡口、中央紅軍長征出發地紀念園、中央紅軍長征出發地紀念館、贛南省蘇維埃政府舊址等。

七、改革開放策源地：小平小道

小平小道，地處江西省中北部的南昌市新建縣（今江西省南昌市新建區）。1969 年 10 月至 1973 年 2 月，受到錯誤批判的鄧小平被下放到江西省新建縣拖拉機修配廠勞動。為方便鄧小平上下班，工人師傅們在工廠後牆開了個小門，並用爐灰渣鋪了一條 1500 多米長的小路，直通鄧小平在陸軍步兵學校的住所。鄧小平夫婦風雨無阻來來回回在這條小道上走了 3 年零 4 個月。人們把這條小道稱為"小平小道"。

小平小道是一條蜿蜒曲折、長滿雜草的田間小道。路不寬，也不是很平，兩旁就是莊稼地。這是一條特殊的小道，從小平小道延伸出去的，是一條通往國家富強、人民幸福的中國特色社會主義康莊大道。事實證明，小平小道是中國改革開放的策源地，這裏是鄧小平的蟄伏等待之地，是他改革開放思想的孕育之地和他領導全面整頓及改革開放的行動起源之地。鄧

小平的夫人卓琳說："通過三年的觀察，鄧小平更加憂思國家的命運前途。通過三年的思考，他的思想更加明確、思路更加清晰、信念更加堅定。這些，對於他復出不久即領導進行全面整頓，以及在黨的十一屆三中全會後制定新時期路線方針政策產生了直接影響。"

2002 年，江西開始對小平小道及原拖拉機修配廠周圍進行保護性開發，除保留修繕了小平住宅樓、小平小道和小平勞動的車間等舊址外，還興建了小平小道紀念館區、革命史跡瀏覽區等多處建築。

八、耀邦陵園地：共青城富華山

共青城，地處江西省北部、廬山南麓、鄱陽湖西岸，素有"鄱陽湖畔的明珠，京九線上的名城"之美譽，這是全國唯一一座以"共青團"命名的城市。1955 年，98 位上海知青響應黨中央的號召來到德安縣八里鄉九仙嶺（今屬共青城市）墾荒創業。幾代共青人經過努力，將其建設成為一座新城，即共青城。胡耀邦逝世後，經黨中央批准，他的骨灰被安葬在共青城的富華山上。

↓胡耀邦陵園紀念碑　蔡濤　攝

胡耀邦曾任中共中央主席、中央委員會總書記。他是久經考驗的忠誠的共產主義戰士，偉大的無產階級革命家、政治家，中國人民解放軍傑出的政治工作者，長期擔任中國共產黨重要領導職務的卓越領導人。他 14 歲加入中國共產主義青年團，18 歲轉為中國共產黨黨員。在長達 60 年的革命生涯中，從蘇區的“紅小鬼”到黨和國家領導人，從衝鋒陷陣的革命戰士到改革開放的開拓者，他為中華民族獨立和解放、為社會主義革命和建設、為中國特色社會主義探索和開創建立了不朽功勳。胡耀邦對共青城建設與發展非常關注並寄予熱切希望，他先後兩次親臨共青、三次為共青題詞，在共青城留下了風塵僕僕的身影和熱情爽朗的笑聲，給這裏的人們留下了永久的記憶。

胡耀邦陵園坐落在富華山巔，墓碑坐西朝東，正前方是浩瀚的鄱陽湖。兩翼有石階曲徑上富華山，間有大塊斜坡草坪，墓地四周丘陵起伏，鬱鬱蔥蔥、鍾靈毓秀。墓主碑由三塊芝麻白花崗岩拼接成直角三角形，斜邊著地，直角向上。整個墓體呈火炬形狀，天鵝絨草皮覆蓋墓碑的四周，瞻仰坪、活動坪、花壇、台階均用花崗岩砌成，墓地背面呈半月形，有高大挺拔的龍柏襯托，顯得莊嚴肅穆。陵園內建有“胡耀邦紀念館”，陳列著 260 餘件珍貴史料，真實記錄了胡耀邦的革命生涯、生平事跡、治國思想、人格魅力和工作風範。

九、上饒集中營

上饒集中營，地處江西省東部上饒市城區南郊。上饒集中營由七峰岩、周田村、茅家嶺、李村等處集中營組成，它是皖南事變的歷史產物。在集中營內，國民黨頑固派曾先後羈押皖南事變中前往談判的新四軍軍長葉挺以及被俘的新四軍排以上幸存將士和從東南各省搜捕來的共產黨員、抗日愛國進步人士共 900 餘人。被俘期間，他們以高度的政治覺悟和組織紀律，與國民黨頑固派進行了各種頑強抗爭，表現了捍衛真理、不怕犧牲、英勇抗爭的堅定信念和偉大的愛國主義精神，樹立了一座不朽的革命豐碑。

上饒集中營是革命先輩與敵人鬥爭的歷史教材，也是先烈留給後人的一筆寶貴的革命遺產和精神財富。上饒集中營舊址由中心景區、周田監獄舊址區、李村監獄舊址區、七峰岩監獄舊址區等參觀遊覽區組成，內有紀念館、紀念碑、紀念亭、革命公墓等。

十、偉大的無產階級革命家：方志敏

1928 年至 1933 年，方志敏領導起義的農民開展遊擊戰爭，實行土地革命，組建了中國工農紅軍第十軍，創建了贛東北革命根據地（後擴大為閩浙贛革命根據地）。他把馬克思主義普遍真理同贛東北革命具體實際相結合，探索創造了一整套建黨、建軍和建設紅色政權的經驗，毛澤東將贛東北革命根據地稱為“方志敏式”根據地。1934 年 11 月，他奉命率紅軍北上抗日先遣隊北上，在皖南遭國民黨重兵圍追堵截，終因寡不敵眾，於 1935 年 1 月在江西省玉山縣隴首村被俘。1935 年 8 月 6 日，方志敏在南昌市下沙窩英勇就義，時年 36 歲。

在獄中，方志敏將對黨、對祖國、對人民的愛化成了一篇篇精神力作，先後寫下了《我從事革命鬥爭的略述》《可愛的中國》《清貧》《獄中紀實》等重要文章。《可愛的中國》被稱為愛國主義的千古絕唱，至今仍被人們當作經典的精神食糧和文化瑰寶。清貧，是方志敏一生最鮮明的品格風範，是中國共產黨人世代相傳的紅色基因。他在《清貧》裏寫道："經手的款項，總在數百萬元，但為革命而籌集的金錢，是一點一滴地用之於革命事業。"習近平總書記說："我多次讀方志敏烈士在獄中寫下的《清貧》。那裏面表達了老一輩共產黨人的愛和憎，回答了什麼是真正的窮和富，什麼是人生最大的快樂，什麼是革命者的偉大信仰，人到底怎樣活著才有價值，每次讀都受到啟示、受到教育、受到鼓舞。"

今天，當我們循著方志敏烈士一生奮鬥的足跡前行，可以看到眾多的革命舊址，如弋陽縣方志敏故居、橫峰縣閩浙皖贛革命根據地舊址群、玉山縣中國工農紅軍北上抗日先遣隊紀念館、南昌市下沙窩方志敏烈士事跡陳列館、南昌市梅嶺方志敏烈士紀念園等。

江西之“道”

一、道、道家與道教

“道”首先由春秋時期著名思想家老子所提出，他在僅有 5000 言的《道德經》中說：“道生一，一生二，二生三，三生萬物。”由此可以看出，老子認為“道”是宇宙萬物的本體、本原，是世界的最高真理，世上的一切都由道而生。“道”又是萬事萬物運行之軌道，一切事物產生、發展、變化的總規律。

道家作為一種思想流派，最早可追溯到上古時期，由老子在繼承並系統總結古聖先賢之大智慧的基礎上創立。道家思想崇尚自然，有辯證法因素和無神論傾向，提倡人與自然和諧相

處，博大包容，主張清靜無為，反對爭鬥。

而道教區別於道與道家，是中國的一種重要宗教，由東漢張道陵創立。入道者須出五斗米，故又稱“五斗米道”。道教徒尊稱張道陵為天師，因而又叫“天師道”。道教奉老子為教祖，尊稱他為“太上老君”，以其《道德經》為修仙境界的主要經典。儒釋道三家是中國文化重要的組成部分，其中道教既是以中國本土思想為指導，又是在本土生長出來的宗教，在中國發揮著特殊作用。其對中國哲學、政治學、文學及在音樂、醫藥、健康養生等領域都產生過較大影響。

二、江西之“道”的傳說

自古以來，江西的名山大川、風景名勝眾多，為道教的存在與生發提供了良好的條件和環境，留下了許多美好傳說。

據傳，黃帝的樂臣伶倫曾隱居南昌西山養身修道，因伶倫稱洪崖先生，西山又稱洪崖山。他

一鷹潭嗣漢天師府頭門

在此鑿井煉丹，取竹燒火，竹節爆裂，發出聲響。伶倫受此啟發，“斬竹做笛，恰五鳳飛鳴，合其音而定律”，由此他也成為中華音樂的鼻祖和樂器製作的開創者。

據《廬山志》記載，周威烈王時，匡俗兄弟七人結廬隱居於南漳山，學道成仙。“匡廬奇秀甲天下”，廬山由此得名。

流傳很廣、影響巨大的還有麻姑的傳說。相傳三月三日西王母壽辰，麻姑於絳珠河邊以靈芝釀酒祝壽。由此中國民間女性祝壽多贈麻姑

↓鷹潭市龍虎山

像。麻姑十八九歲已得道，自言曾三次見到東海變桑田。她雖多經磨難，但屢用道法救人，而且青春永駐，三次現身都是十八九歲的少女形象，遂留下了"滄海桑田""麻姑獻壽""擲米成珠"等典故。她修身養性、得道成仙之地就在江西省南城縣的麻姑山。

三、江西道教的主要代表人物與派別

江西是道教產生、發展、繁盛的"福"地。從源頭論，東漢張道陵在龍虎山創立天師（正一）道，江西成為中國道教的發祥地。從發展看，江西是道教繁盛之地。早期道教主要分為三

派，即龍虎山正一派、閣皂山靈寶派、茅山上清派，其中正一、靈寶兩派均位於江西；宋元以後，龍虎山主領三山符箓，靈寶派、上清派逐漸合併為正一派，全國道教分為江南正一和北方全真兩大道派，一直流傳至今。江西在道教發展過程中，出現了一些著名道教人物，出版了許多道教著作，為道教的發展作出了巨大貢獻。

1. 張道陵與天師道

江西道教雖然源遠流長，教派林立，高道輩出，但從當下看，影響最大的，非張道陵在江西鷹潭創立的正一派莫屬。東漢和帝永元初年（89），張道陵為尋找修道寶地，來到江西雲錦山煉九天神丹，“丹成而龍虎現，山因得名”，遂將此山改名為龍虎山。江西有組織的道教由此開啟，張道陵成為中國道教第一人。此後在歷代封建政權的大力扶植和利用下，江西道教各門派逐步得到發展。漢末第四代天師張盛，繼承祖業，開創天師道龍虎宗。龍虎宗經魏晉南北朝、隋唐成長壯大，到宋時張天師已由一教之主，發展至主領三山符箓，元代進一步被封主領江南道教。明初，天師道進入最鼎盛時期，發展到掌管天下道教事，民間廣為流傳“北有孔夫子，南有張天師”之諺，反映了其尊貴地位。儘管改朝換代不斷，天師道卻世代相傳，延續了1900餘年。

2. 葛玄與靈寶道派

東漢建安七年（202），著名道士葛玄來到江西閣皂山悟道修真。葛玄既是靈寶派的始祖，又是樟樹醫藥業的奠基人。他在煉丹過程中發現、採集和製作了大量中草藥，形成了中藥中的“樟幫”，閣皂山也因此而成為樟樹藥幫的祖山。葛玄之後又有許多道人來此採藥煉丹，其中葛洪貢獻最大，他撰寫的《金匱藥方》是中國早期醫書和藥材炮製的典範。葛玄在閣皂山收弟子 500 人，傳授《靈寶經》。經其後人葛洪至葛巢甫，正式創立靈寶道派。直至明代逐漸衰落，大約傳承了 55 代。靈寶派與其他道派不同的一大特點是，大量吸收佛教教義，把道教歷來以自己修煉功成得道為主的教義，發展為必須擔負行善積德、普度眾生的責任，更能為一般民眾所接受。靈寶派至今在江西仍有影響，如鉛山縣的葛仙山至今香火旺盛，方圓上百里的許多鄉民都供奉葛玄。

3. 許遜與淨明道派

許遜，吳赤烏二年（239）出生於江西南昌益塘坡。從小博聞強記，一目十行。雖有學問，但不求功名，專事修道，希望用仙法道術，濟世救人，革除時政弊端。朝廷聞其賢名，屢加禮命。許遜不得已任蜀旌陽令，上任伊始，提出了“忠、孝、廉、謹、寬、裕、容、忍”八字方針，作為吏民共同的行為準則。從此，縣吏廉潔從政，百姓民風淳樸。離任時大量百姓自願背井離鄉跟隨。許遜還是 1700 年前治理鄱陽湖水患、保護生態環境的水利專家。他不僅深入災區誅巨蟒，還教人植樹造林，涵養水源，抗禦洪災。為不與貪官污吏同流合污，他決心棄儒從道，收 11 位弟子，連許遜共 12 人，號為“西山十二真君”。許遜率眾人設壇傳教，發揚淨明忠孝之道。他的後代在其舊居建起許仙祠；南北朝時，改許仙祠為遊帷觀；

北宋時，徽宗崇道，改觀為宮，號玉隆萬壽宮，封許遜為"神功妙濟真君"。元朝時，道士劉玉用"淨明"作為教派名稱，創立"淨明道派"，作為靈寶派的一支，奉許遜為教祖。每年八月初一至八月十五，百姓都會來到萬壽宮朝拜，紀念許真君。萬壽宮在國內和東南亞共建有1500多座，宮內立許真君塑像，成為江西商人聚居的會館，被認為是江西的象徵之一。

四、江西道教的仙山瓊閣

江西道緣深遠，道教文化深厚。在全國道教"36洞天72福地"中，江西有5處洞天、12處福地，位居全國第二。這些洞天福地，既是道修之地，又是旅遊養生的好地方。

龍虎山位於鷹潭市，方圓200平方千米，境內峰巒疊嶂，樹木蔥蘢，碧水長流，並以24岩、99峰、108景著稱，陰陽相對，和諧共生，自然風光十分優美。國內一流團隊打造的實景節目《尋夢龍虎山》，精彩紛呈，美不勝收。在道教興盛之時，先後有十大道宮、八十一座道觀、五十座道院、十個道庵。現保存完好的宏大的天師府，是人們觀道的好地方。這裏至今被公認為"道教祖庭""中華道都"。

三清山位於上饒市玉山縣與德興市交界處，為懷玉山主峰和信江源頭，自古享有"江南第一仙峰，天下無雙福地"之殊譽。三清山中有玉京峰、玉華峰、玉虛峰三座高峰，因三峰峻拔，如道教所奉的三位天尊玉清、上清、太清列坐其巔，故而得名。三清山北山現存完好的道教古建築，共有宮觀、亭閣、石刻、石雕、山門、橋樑200餘處，道教建築遍佈全山，有"露天道教博物館"之稱。三清山還是世界自然遺產、世界地質公園、國家5A級景區。

葛仙山位於上饒市鉛山縣，是國家風景名勝區。站在山峰上眺望四周，九條支脈如九條蒼龍，盤旋騰躍，氣勢雄偉，人稱"九龍窟頂"。該山相傳因葛玄在此修道成仙而得名。至今，試劍石、道人石、龍舌池、七星井等仙人足跡猶存。

靈山位於上饒市西北部，距上饒中心城區僅20千米，被譽為"奇石海洋、心靈之山"。靈山擁有世上罕見的環狀花崗岩峰林地貌、中國最具特色的高山靈石梯田、江南最優的造型石地貌等，共有108處景點。靈山又稱靈應山，是"有求必應"的"信之鎮山"，是著名的道教名山。自唐至今，每年靈山各宮觀朝山進香大會鼎盛，以石人殿最為隆重。特別是上山索道開通後，進香者每年達40餘萬人次。

麻姑山位於撫州市南城縣，這裏風光秀麗，不僅有奇特壯觀的飛瀑"玉練雙飛"，千古流芳的"魯公碑"，還有"半山亭""仙都冠""神功泉""龍門橋""丹霞洞"等古跡仙境，是著名的洞天福地。麻姑廟是一座典雅、古樸的建築群，主要建築有三清殿、元君殿，保存著唐代著名書法家顏真卿的楷書代表作《麻姑仙壇記》。

玉笥山位於吉安市峽江縣，風光綺麗，氣象萬千，蒙上了神秘道家色彩，產生過許多神話傳說。武帝南巡時，路過此山，天降玉笥，遂稱玉笥山。其山方圓40平方千米，峰巒連綿不絕，自北向南有覆箱、太白、元陽、送仙等 32 峰。玉笥山自秦代以來，歷為方士、道士修真煉丹之所，成為江西道教名山。

以上所述，只是江西之“道”的滄海一粟。我們挖掘江西道教，是為了人們正確認識、研究和宣傳“道”文化，說明江西是中國道教的發

↓靈山晨曦　李國武　攝

祥地，江西鷹潭是“中華道都”，使江西成為“道”文化研究成果的展示高地、道教健康養生的新型福地、“道”文化產品的創意基地、海內外遊客道文化旅遊體驗的目的地；使江西之“道”為更多人所了解，成為江西文化旅遊的一道亮麗風景。

禪宗聖地

宜春以其泉水“夏冷冬暖，瑩媚如春，飲之宜人”而得名。這裏名勝眾多，除溫湯富硒溫泉外，還有美麗的明月山與月亮文化、靖安的三爪侖、樟樹的閣皂山、豐城的洪州窯、高安的元青花、銅鼓的偉人化險福地等。大文豪韓愈在唐代就寫下了“莫以宜春遠，江山多勝遊”的詩句。與其他地方相比，江西宜春的自然和人文還多了一重宗教文化的底蘊，這就是禪宗。

禪宗，始於印度，由初祖菩提達摩傳入中國，經六祖慧能創立頓悟成佛的禪宗教義，完成了禪宗中國化改造，在青原行思、南嶽懷讓、馬祖道一、百丈懷海等人的大力弘揚下，終於一花五葉，盛開秘苑，成為流傳最廣的中國佛教宗派。禪宗並非發祥於宜春，但禪宗的成形及繁榮卻主要在宜春。唐宋以來，佛教禪宗文化在宜春這片土地上播種、生根、開花、結果，

↓百丈勝境　聶晉生　攝

一派梵天佛國、禪宗聖地的景象。2011 年，禪宗臨濟宗第 48 代傳人，台灣佛光山開山宗長星雲法師到江西宜春尋根訪祖，揮毫寫下“禪都宜春”四個大字。中國佛教協會原會長一誠法師也曾欣然題詞：“宜春是禪宗聖地。”海峽兩岸兩位禪宗大家都肯定了宜春在中國禪宗發展史上的特殊地位。

宜春是禪都，因為禪宗發展過程中最重要的三位高僧都在這裏有過重大貢獻。一般認為，確定禪宗教義的是六祖慧能，大興禪宗道場的是馬祖道一，始創禪宗戒律的是百丈懷海。宜春是慧能弘道傳法之地；靖安寶峰寺是馬祖道一所建重要道場，也是其圓寂之地；奉新百丈寺是懷海法師的住持修行之所，也是立下“天下清規”之地。佛教史上兩大重要改革創新均發生在宜春，史稱“馬祖建叢林，百丈立清規”。

叢林禪修解決了禪宗發展的“硬件”問題。

早期禪宗從初祖達摩到三祖僧璨皆四處雲遊，以乞討為食，居無定所。從四祖道信開始，禪宗開始嘗試解決禪僧的吃住問題，但沒有形成制度性安排，少數大禪師至多是寄名於合法寺

院，其人則離寺別居，或岩洞，或茅廬，大部分禪僧更是無度牒、無寺籍、動無彰記、隨其所止。居無定所帶來兩方面問題：從外部來說，大量禪僧行無蹤跡，遊化為務，已經成為一些地方的不穩定因素；從內部來說，沒有固定的傳教場所，就沒有交流學習的氛圍，不利於禪宗傳教。為解決這些問題，馬祖道一開始廣建叢林，聚眾授徒，建立集體勞作、共同參修的制度，“合眾以成叢林，清規以安禪”。馬祖道一在江西建有 48 座道場，其中絕大部分在宜春。從此以後，禪僧得以安頓，有了參禪悟道之所，從源頭上改變了禪僧流動不居的生活習性；馬祖提倡農禪並重，改變了禪僧不事生產、以乞食為主的生活方式，從物質上保證了禪僧生活的自給自足。禪宗六祖慧能曾預言：“向後佛法從汝邊去，馬駒踏殺天下人。”這一“馬駒”，便是後來的馬祖道一。馬祖建叢林為禪宗在中國乃至世界的輝煌與延續提供了堅實的物質基礎，馬祖也因此成為中國禪宗史上影響巨大的人物之一。

清規戒律解決了禪宗發展的“軟件”問題。

叢林越建越多，道場越來越大，出家人越來越多，為僧人管理帶來新的問題。一方面，禪宗的實際生活、生產狀況與舊的戒律發生衝突，傳統戒律是不允許出家僧侶從事農作物生產的，若違反則視為犯戒。另一方面，居有定所、物產日增，百姓景仰、饋贈豐盛，產生了各種問題。寺廟如何管理？集體生活如何約束？生產勞動如何組織？物品怎樣分配？在這樣的背景下，馬祖道一的弟子百丈懷海禪師決心實行改革，他移居奉新縣百丈寺潛心研究，依據中國國情、地理、民間風俗等，博採大小乘戒律中適合中國佛教發展的合理部分，制定出一部新的管理制度，這就是中國佛教第一部管理法典《百丈清規》。懷海在清規中提出“一日不作，一日不食”的口號，並親力親為，將許多重要規矩制度化。到了宋朝初年，《百丈清規》被定為天下禪林必須奉行的管理條例，一直沿用至今。《百丈清規》是懷海對禪宗的重大貢獻，它保證了佛教的莊嚴性、崇高性、權威性和神秘性，使禪宗完成了中國化改造，從制度層面推動了佛教禪宗的可持續發展。

宜春是禪都，因為禪宗在宜春得以定型和繁榮。

禪宗始祖達摩傳法給二祖慧可時，曾有一偈語：“吾本來茲土，傳法救迷情。一花開五葉，結果自然成。”“一花”即達摩，所謂“五葉”，即溈仰、臨濟、曹洞、雲門、法眼五大宗派。一花開五葉後，禪宗才成為中國佛教第一大宗。後來臨濟宗下派生出楊岐、黃龍兩宗，故曰“五家七宗”。禪宗發展到“五家七宗”時，進入了極盛期，驗證了達摩祖師“一花開五葉，結果自然成”的預言。縱觀從慧能到五宗並立這 200 年間的禪宗史，可以說禪宗的全部繁榮過程，其根源都離不開宜春。宜春為禪宗各家的孕育繁衍、成長壯大提供了一塊充滿生機的沃土。

一花開五葉，三葉在宜春。禪宗五家中，就有溈仰、臨濟、曹洞三家發祥於宜春。臨濟宗萌芽於宜豐黃檗，曹洞宗揚穗於宜豐洞山，溈仰宗結果於袁州仰山。馬祖道一、百丈懷海一系發展出溈仰、臨濟二宗，溈仰宗、臨濟宗的開創者都是百丈懷海的徒弟。溈山靈祐先於奉新百丈山師從懷海，後遷湖南溈山，其弟子慧寂徙居宜春仰山，別創禪宗一派，是為“溈仰宗”，仰山棲隱禪寺也成為禪宗溈仰宗祖庭。黃檗希運亦於百丈山師從懷海，後居宜豐黃檗。其弟子義玄遠赴河北臨濟院，又創禪宗一派，是為“臨濟宗”，其宗派的最初產生地黃檗禪寺被公認為臨濟宗祖庭。曹洞宗創始人良價，係雲岩曇晟的弟子，曇晟亦師從懷海 20 年。良價雲遊至宜豐洞山，創建廣福寺，名聲顯赫。其弟子本寂後在江西宜黃弘揚旨義。後人將其師徒創立的宗法稱為曹洞宗。禪宗五家中，雲門、法眼二宗出現於五代。兩宗雖不發祥於宜春，但其法嗣們卻都相中了宜春這塊風水寶地以振宗風。楊岐宗創始人方會是袁州人，出家於上高九峰山，黃龍宗宗師慧南也是宜春的禪林學子。由此可見，禪宗“五家七宗”均與宜春有著直接或間接的聯繫。近些年來，韓國、日本、越南的禪僧到中國來尋根問祖，很多都要到宜春的祖庭來朝拜。宜春市的對外文化交流和旅遊活動，就目下而言，以宗教文化最頻。

宜春是禪都，因為宜春至今仍保留著許多重要禪宗文化遺存和文化傳說。

馬祖道一歸真處靖安寶峰寺，有宋代建築馬祖塔亭歷經千年風雨至今保存完好。懷海創建的奉新百丈寺一直祖燈相傳，佛光普照；唐代大書法家柳公權手書、鐫刻於百丈山巨石上的“天下清規”四個大字蒼勁有力，至今猶存。溈仰宗祖庭棲隱禪寺，宋元之際馳名於世，元仁宗

↓ 棲隱禪寺內刻有“方圓默契”的照壁

敕寺額“大仰山太平興國禪寺”，並令程鉅夫撰文、趙孟頫書寫，作“大仰山重建太平興國寺碑”，碑文後被作為書法藝術珍品被清朝乾隆皇帝收入“三希堂法帖”，流傳至今。臨濟宗祖庭黃檗禪寺，歷來為僧眾朝拜的聖土，現存宗師、住持級的佛塔就有 69 座之多。宜豐洞山不僅是曹洞宗的發祥地，而且是著名的風景名勝區，古木參天、小溪潺潺，不僅有“逢渠橋”“夜合石”以及摩崖石刻等古跡，而且有“價祖塔”和夜合山塔林，吸引著眾多的日本僧人遠渡重洋來此參拜。這裏還留下了許多美好的故事。相傳當年落難時的唐宣宗在百丈寺當沙彌時，遇上一位清純秀麗、樸實可愛的姑娘，因受到寺規約束，不敢越雷池半步。後來唐宣宗回宮即位後即下旨到百丈山接姑娘進宮，姑娘被皇帝尋人的隊伍嚇壞，就在吊樓上用一根繩子尋了短見。宣宗得知後悲痛不已，命人按照皇妃的殯儀，將姑娘埋在了百丈寺左側的山坡上，並建了一座皇娘廟。

縱觀中國禪宗發展的歷史，宜春可謂風雲際會、璀璨紛紜。諸多禪宗祖庭集中於宜春這方淨土，無數法門龍象開堂說法於宜春的群山峻嶺之間。分佈在各個縣區的近二十處禪宗寺廟，構成宜春五百里禪宗長廊，雲蒸霞蔚，異彩紛呈。歷史上，黃檗希運、仰山慧寂、洞山良價、黃龍慧南、楊岐方會、末山了然等大德高僧在宜春弘道傳法，韓愈、柳公權、裴休、陸希聲、黃庭堅、范成大等歷史名人因禪宗在宜春留下蹤跡。這些禪宗法師、文化名人薈萃宜春，交流甚多，佳話連篇，使得宜春成為禪宗定型、繁榮之地。

↓靖安寶峰寺山門

贛菜飄香

一、什麼是贛菜

贛菜，又叫江西菜，是江南地區的代表菜，也是中國飲食文化的重要組成部分。縱觀全貌，贛菜注重選材，刀工精細，調味多變，講究火功，技法多樣。風味特點是用料鮮廣、口味濃厚、鮮亮鹹辣，多以山珍水產為原料，輔之以辣椒、生薑、大蒜，講究食補養生，重視材料搭配，滋味相互滲透。

江西菜有著多元結構，由於受地區產物，民風習俗和自然條件等諸多因素影響，贛菜逐步形成了以鄱陽湖流域、羅霄山區和武功山區為中心的三種主要地方風味。一是鄱陽湖風味。以南昌、九江、上饒為代表，素以烹製河鮮、家禽見長，擅長紅燒、清蒸和煸炒技藝，其菜餚具有酥嫩、鮮辣、濃醇的特色。代表菜有南昌瓦罐湯、餘干辣椒炒肉、鄱陽三色魚、清蒸荷包紅鯉魚、新雅四寶等。二是羅霄山風味。以贛州、吉安為代表，包括贛南客家菜和廬陵菜，注重刀工火候，尤以蒸、炒、燴、焖、燒、燉為考究，突出本地食材的鮮、香、脆、酸、鹹、辣。其代表菜有四星望月、粉蒸肉、三杯雞、贛南小炒魚、永新狗肉、萬安魚頭等。三是武功山風味。以萍鄉、宜春為代表，取材多用本地的山珍、農家土特產品，並根據不同季節巧用辣味原料，是贛菜中最辣的一個支派。其代表菜有萍鄉小炒肉、蓮花血鴨、煙燻肉、粉皮羊肉、武功冬筍、老表土雞湯等。三種地方風味，各具特色、彼此交融、相互依存，構成了贛菜千奇百味的格局。

二、贛菜的起源

江西地處長江中下游南岸，素有“物華天寶”“人傑地靈”的美譽，氣候溫和，雨水充沛，土地肥沃，森林覆蓋率位居全國前列。還有中國第一大淡水湖鄱陽湖，與贛江、撫河、信江、饒河、修河五大河流構成江西水系。得天獨厚的自然條件，令山珍河鮮，雞鴨豬牛、四時果蔬，富甲東南一隅。明清時，全國四大米市、五大茶市、四大名鎮，江西均佔一席。贛東北是贛撫平原，有著“天下糧倉”“魚米之鄉”的美譽，漁業發達，盛產稻米；贛中南是吉泰平原，多為丘陵與盆地，農牧副漁發達；贛西多山，盛產山珍野味。豐富的物產，為千奇百味的贛菜在選材上提供了源源不斷的物質條件。江西著名特產有鄱湖銀魚、軍山湖大閘蟹、樂平豬、玉山黑豬、寧都三黃雞、崇仁麻雞、泰和烏雞、南安板鴨、弋陽雷竹、蓮花麻鴨、高安黃牛、鄱湖藜蒿等等。

贛菜歷史悠久。漢《史記·貨殖列傳》描述豫章等地“飯稻羹魚，或火耕而水耨，果隋蠃蛤，不待賈而足”。南昌西漢海昏侯墓室中發現了最早的火鍋和裝有芋頭的蒸餾器，這說明早在西漢時期，江西餐飲就較為發達。通過各類典籍考證，贛菜在漢代就有煎、炒、煨、蒸、燉、燻等多種烹飪手法，與現在沒有很大的差別，只是現在燒、炒、燜的技藝更加成熟一些。東晉時期，雷次宗《豫章記》描述江西"嘉蔬精稻，擅味於八方"，說明了當時江西地方的飲食文化之盛行。

宋明時期，江西經濟、文化均位居全國各道（路、省）前列，此時贛菜的形成與江右商幫的興起、發展密切相關。江西商幫最早興於北宋時期，元代時發展壯大。在明清時，江右商幫以其人數之眾、操業之廣、實力和滲透力之強稱雄中華工商業，對當時的社會經濟產生了巨大影響。1500 多座江西會館和萬壽宮遍佈全國，當時江西流傳著"一個包袱一把傘，走南闖北當老闆"的說法。江右商幫講究厚德誠信，注重團結合作，經常在一起聚會用餐，又偏愛家鄉風味，可以說哪裏有贛商，哪裏就有贛菜館，這對贛菜的發展推廣起到了積極作用。

經過漫長的歲月，在歷代名廚的創新創造、兼容並蓄下，如今贛菜已集中了江西各地的風味特色、名饌佳餚，逐步形成了雅俗共賞、老少咸宜、獨具一格、自成一體的菜系。

三、贛菜的發展

1. 從農家菜演變為文人菜

江西自古傳統農業發達，農耕文化歷史悠久，餐飲方面也傾向於農家菜風味。但江西自古文人眾多，特別是隨著書院教育的昌盛，讀書求仕之風盛行。宋明時期，江西文化鉅子噴薄而出，開宗立派，引領潮流，晏殊、歐陽修、曾鞏、王安石、黃庭堅、楊萬里、陸九淵、文天祥、解縉、湯顯祖等就是其中最傑出的代表。加上江西山清水秀、風景獨好，不管是慕名而來的帝王將相、文人墨客，還是本地成長起來的文人才子，都影響了贛菜的飲食文化，也留下了許多千古佳話。比如朱元璋餓吃"流浪雞"，乾隆野遊難忘"銀魚肉絲"，范仲淹讚賞"鄱湖魚米"，張天師釀製"上清豆腐"，陶淵明醉燒"菊花火鍋"，許遜熱衷"藜蒿炒臘肉"，周瑜疾補"柴桑鴨"，王勃智擒"雙層肉"，白居易感懷"思鄉魚"，湯顯祖鍾愛"凍米肉丸"，歐陽修聯想"海參眉毛丸"，文天祥義獻"文山雞丁"，等等。正是諸多贛菜與歷史名人的佳話，讓江西菜又叫"文人菜"。

2. 從地方風味升級為國宴佳品

儘管贛菜被稱為"文人菜"，但與其他著名菜系相比，贛菜長期以來名聲不顯。1983 年，江西派出由 20 餘位一流廚師組成的代表團進京開展江西名菜展銷活動，30 道贛菜隨團首次亮相北京，受到老一代中央領導人的青睞和稱讚。黨和國家領導人接見了代表團全體同志。在品嚐江西菜後，王震題詞"鄱陽湖水產、井岡山山珍、景德鎮瓷具、江西廚師，稱譽全球"。會後，代表團又應邀請前往釣魚台國賓館進行烹飪表演，收穫如潮好評。"三杯雞"和"海參眉毛丸"被列入國宴菜譜，為烹製"三杯雞"，國賓館還特地在撫州南豐定製了專用的瓦缽泥爐。

3. 從傳統技藝轉變為多味融合

隨著經濟社會的發展，人流、物流、商流迅速增長，餐飲業競爭越來越激烈。從 20 世紀 90 年代初開始，贛菜餐飲開始在生存中不斷探索

↑南昌糊羹　汪湧　攝

創新，吸納外來菜系的優勢特色、飲食文化、營銷策略，開發出更多調味的技法、技巧和新型口味，在注重不失傳統特色的基礎上，一改過去菜餚中的偏鹹、尖辣、重色、多油、濃芡的特點，更加注重突出菜餚的本味和複合美味，朝著符合現代餐飲消費潮流、符合人們消費需求、適合本地風俗習慣的口味發展，進一步豐富了贛菜的內涵，提升了贛菜的檔次。

←井岡山糍粑

←瑞州燒賣

←南昌瓦罐湯

4. 從零碎傳承走向系統集成

贛菜的概念提出較晚，直到 1983 年贛菜進京會演後才稱江西菜為贛菜。但經過多年的發展，在廣大贛菜師傅的努力下，贛菜形成了眾多菜品和獨特的風格。贛菜介紹最早見於清代袁枚的《隨園食單》，其中記載了江西名菜“粉蒸肉”。1980 年，南昌市飲食服務公司出版了《南昌菜譜》，贛菜第一次有了系統歸納。1986 年，江西省商務廳編寫了《江西名菜譜》，收錄了 209 道名菜。2006 年，江西省烹飪協會出版了《中國贛菜》一書，選入 461 道菜點，對每一道菜的文化典故、原料選取、製作方法、菜品特點作了詳細介紹，是目前關於贛菜的最具分量的作品之一。除此之外，贛菜師傅積極參加國際國內各類活動賽事，2003 年在南昌舉辦的第十三屆中國廚師節期間，贛菜一舉獲得大會 288 個中國名菜名點、名宴金牌獎，得到了海內外烹飪大師的高度讚賞。2011 年，江西評選出“遊客最喜歡的十大贛菜”。2020 年評選的“十大名菜”“十大小吃”，進一步提升了贛菜的知名度。

近年來，贛菜餐飲規模不斷擴大，品牌影響力逐步提升。2010 年“贛菜品牌四百工程”，培育與打造了一批具有鮮明地方特色的贛菜名菜、名點、名師、名店。“首屆中國贛菜美食節暨第二屆饒幫菜美食文化節”“第二十屆中國美食節暨第二屆贛菜美食文化節”等系列贛菜宣傳推廣活動，進一步提升了贛菜在全國的知名度、美譽度和影響力。同時，企業“走出去”初見成效，多個贛菜品牌已經走出江西，開拓全國市場。同時江西米粉出口額和出口量居全國第二，南昌瓦罐湯也已走向海內外。2019 年，中國飯店協會和美團點評聯合發佈數字美食榜單，“消費者喜愛的前十大中國菜系榜單”中贛菜榜上有名。

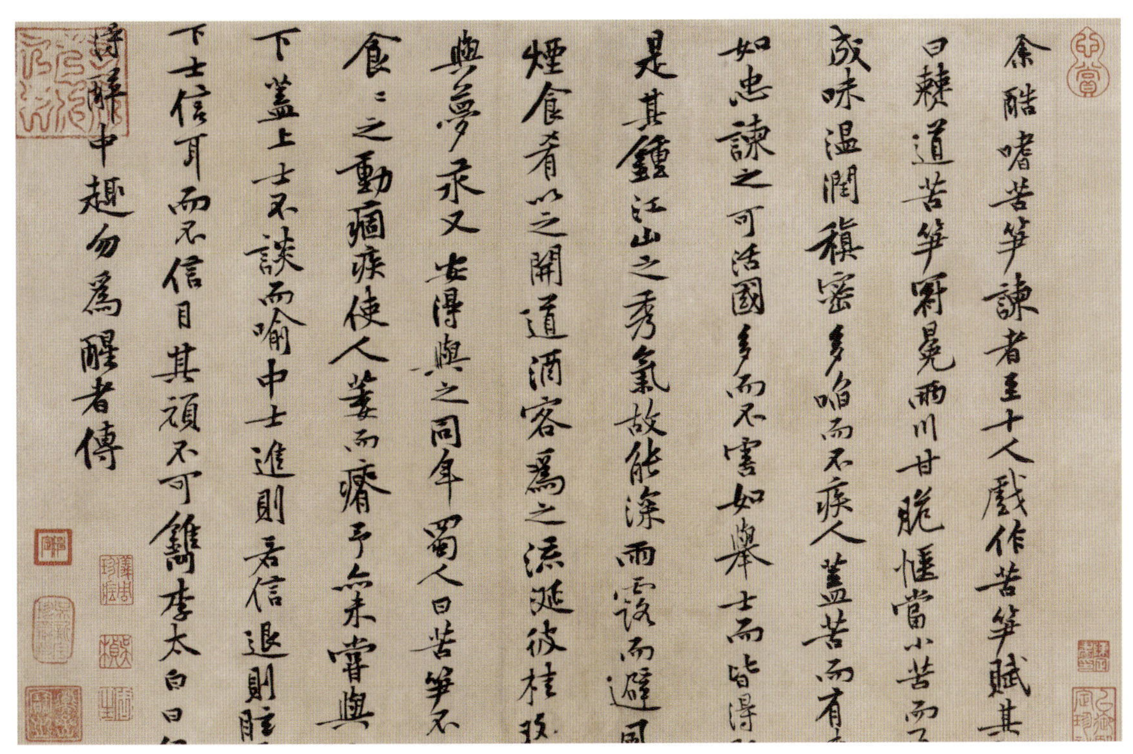

↑苦筍賦　黃庭堅　書

海昏侯驚天問世

“城漫移昌邑，侯空據海昏。繁華都已矣，博陸可今存？”（黃正澄《慨口》）滄海桑田，人們不曾料到，在江西省南昌市新建區這塊豐腴的土地中，安睡 2000 多年的南昌漢代海昏侯國遺址耀世而出，震驚了文物界，震驚了世人。這是中華人民共和國成立以來一項重大考古發現，帶給江西人民一筆寶貴的歷史文化財富，也讓人們可以憑藉這些考古發現和歷史文獻，進行一次精神穿越，從而觸摸到這塊古老大地的歷史脈搏。

2011 年 3 月 23 日夜晚，家住新建大塘坪鄉觀西村的村支書裘德杏又一次聽到墎墩山西側離他家約半里的地方有狗的異常叫聲。在聽老伴許雪英說近段時間一連數晚有人在墎墩山上挖著什麼之後，裘德杏馬上就想到了盜墓賊。第二天剛一天亮，裘德杏就帶著熊菊生等幾位村民在墎墩山的一個山包上，發現了一個新挖的大洞，以及大量的木炭、膠泥和鋸斷的槨板木頭。他們及時到當地派出所報案，並給江西電視台新聞熱線打了電話。

接到報案，江西省文物考古研究所的工作人員第一時間趕到案發現場，發現了一個長 1.2 米、寬 0.6 米、深 14.8 米的洞，外圓內方。考古所工作人員的第一感覺是：這是一個大型的土坑木

↓ 位於墓室中心的盜洞

↑金銀車馬器

撐墓，而且等級較高。於是連夜上報，引起了國家文物局、省文物局的高度關注，並批准江西省文物考古研究所從 2011 年 4 月開始對南昌漢代海昏侯國遺址方圓 5 平方千米區域進行全面考古調查和搶救發掘。歷時 5 年，隨著南昌西漢劉賀墓門的打開，人們得以窺見那悠久時光中曾經存在的海昏侯國，描繪出當年海昏侯國都城裏曾經有過的歡笑、沮喪與悲傷……這是一項獨一無二的考古發現，前所未有。

遺址的完整性居全國之首。遺址中以漢代紫金城為代表的海昏侯國都和以劉賀墓園為代表的墓葬區，是中國目前發現的面積最大、內涵最豐富的漢代侯國聚落遺址。墓園中以海昏侯和侯夫人、侯子墓為中心的祠堂、寢殿、廂房、門闕、墓園牆及道路和排水系統等多處地面建築基址，構成了中國迄今發現的文物保存最好、佈局最完整、擁有最完備祭祀體系的西漢列侯墓園。主墓內規模宏大的覆斗狀封土、甲字形墓穴、回字形槨室以及迴廊形藏閣內清晰的功能區劃，是迄今中國發掘的結構最完整、功能佈局最清晰的西漢列侯等級墓葬，呈現了中國漢代“事死如事生”的喪葬習俗。如此完整的王侯墓葬，2000 多年來居然沒有被盜墓賊毀壞，真是不幸中的萬幸。據了解，考古工作者曾在發掘過程中發現兩個盜洞。一個就是

2011 年被當地村民發現的這個深 14.8 米的盜洞。這個盜洞直通主槨室槨板的中心位置，離隨葬品僅差 5 厘米。另一個在墓室的西北角，考古專家據洞內一盞五代時期的燈具判斷其為五代時的盜洞。這個盜墓賊也沒進入主槨室，僅僅損壞了幾個漆箱。

文物的豐富性居全國之首。南昌漢代海昏侯國遺址已經出土了 2 萬餘件各種珍貴文物，特別是海昏侯劉賀墓及其車馬坑出土的萬餘件文物，如百家錦衲，五色繽紛，光彩奪目。眾多物品涵蓋衣食住行、吃喝玩樂各個方面，形象地再現了西漢時期高等級貴族的豪奢生活，具有極高的歷史文化和科學研究價值。那數以千計的竹簡和近百版木牘，目前發現的最早翔實記錄孔子生平和眾弟子畫像的穿衣鏡，以及印有文字圖案的漆笥、耳杯等，可謂無價之寶，極大地豐富了人們對漢代歷史、文化、藝術和科技的認知；那製作精良、組合清晰的錯金銀編鐘、鐵製編磬，還有完整的琴、瑟、排簫、笙和眾多的伎樂俑等，在中國考古史上第一次再現了西漢列侯的音樂雅好和用樂制度；那木質彩繪的高等級安車、軺車和真馬痕跡，以及偶樂車，鎏金錯銀、製作考究的蓋弓帽、龍虎首軛飾等車具和銜鑣、當盧等馬具，真實體現了西漢列侯的車輿、出行制度；那精美絕倫的各色青銅器燈具、爐具、酒具、餐具，堆積如山的五銖錢，整盒整版的馬蹄金、麟趾金、金餅、金板，以及巧奪天工的玉器、漆木器、陶器等，可謂金玉滿堂、琳琅滿目，折射出一個王朝的繁榮壯闊。僅金器一項，就超過了中華人民共和國成立以來考古發掘所有墓葬的總和，而這只是海昏侯墓眾多珍貴文物的一部分。

時光已矣。當一輪明月清輝傾瀉在鄱湖之濱這方富饒的土地上時，寂靜中，鎏金車馬的豪壯、笙簫編磬的淒美和漢代海昏侯劉賀的悲歡交集如在眼前。劉賀貴為皇胄帝孫，先當王，再做皇帝，隨即被貶為平民，終為侯，直至抑鬱而終。他跌宕起伏的人生經歷，有待後人破解和總結。

5 歲封王。劉賀生於公元前 92 年，沒有兄弟，只有 4 個姐妹。其父劉髆，在漢武帝劉徹的 6 個兒子中排行第五。公元前 97 年，劉髆受封昌邑王，昌邑國位於如今的山東省境內。然而公元前 91 年的“巫蠱之禍”意外地殃及了國家的權力核心，35 歲的太子劉據不堪忍受誣陷，憤而自盡。王儲的空缺讓封國異地的皇子們坐立不安，當時，劉髆的舅舅、貳師將軍李廣利在最後一次出征西域時，與他的親家、時任朝廷丞相的劉屈氂合謀，欲立劉髆為太子。同盟敗露後，劉屈氂被腰斬，李廣利兵敗後投降匈奴，宗族盡誅。所幸的是，漢武帝斷定兒子劉髆沒有參與這次陰謀，所以他沒有受到牽連。但不到兩年，公元前 88 年，劉髆便鬱鬱而終，死後謚號為“昌邑哀王”。1970 年，劉髆墓在山東巨野被發掘，主槨室亦未遭到破壞，大小文物不過 1056 件，可見其當時所處淒楚景況。劉髆死後，其 5 歲的獨子劉賀成為第二代昌邑王。如果他能安分守已，理應一輩子享盡榮華富貴。

19 歲稱帝。公元前 87 年，劉賀 6 歲時，漢武帝將皇位交予年僅 8 歲的幼子劉弗陵，史稱漢昭帝。霍光受遺詔輔佐少主，此時的西漢“百姓充實，四夷賓服”，一切又回到了應有的秩序之中。公元前 74 年夏，21 歲的劉弗陵突然英年

↑金餅

↑ 劉賀私印

早逝，因為沒有來得及留下後代，導致帝位空懸。而始終遊離於權力之巔的武帝四子廣陵王劉胥，從未停止過對帝位的覬覦。時值壯年的劉胥生猛孔武，顯然非霍光的心頭之好，議立新君之事持續月餘不決。最後，他接納廢長立幼的建議，將劉髆的兒子劉賀過繼給漢昭帝劉弗陵為嗣，並派人日夜兼程去山東召昌邑王劉賀來長安主持漢昭帝的葬禮，繼而繼承大統。接到朝廷“詔書”，劉賀喜出望外，帶著 100 多位昌邑隨臣，急奔長安。公元前 74 年 7 月 18 日，劉賀正式接過了象徵至高皇權的傳國玉璽和綬帶，成為漢朝的第九位皇帝，抵達了他人生的巔峰，史稱“漢廢帝”。

在位 27 天。入主長安後，年輕氣盛的劉賀，顯然過高估計了“皇帝”的威嚴，大力改革，大肆賞賜昌邑舊臣，攪亂了朝廷。而對於太僕丞張敞、昌邑中尉王吉的勸諫，劉賀根本聽不進去，依舊我行我素。於是，霍光策動群臣聯名上奏皇太后廢黜劉賀，為劉賀羅列了 1127 件“荒唐事”，平均每天大約 42 件。欲加之罪，何患無辭。在霍光的操縱下，他 16 歲的外孫女上官皇太后下旨廢了在位 27 天的劉賀的帝位，尊立已被貶為“庶人”的戾太子劉據之孫劉病已（劉詢）為皇帝，是為漢宣帝。劉賀被廢，回到昌邑，從昌邑追隨他赴長安的 100 餘人，除龔遂、王吉、王式外，均遭殺害，昌邑國也遭廢除改為山陽郡。此時的廢帝劉賀已經沒有了任何爵位與官銜，只是個有點特殊情況的庶民，被人稱作“故昌邑王”，簡稱“故王”。只是昌邑王府的財產仍歸劉賀所有，另被賜予湯沐邑二千戶。從此，劉賀深居簡出，生活在地方官員的監視之中。

29 歲為侯。公元前 68 年，霍光病死，漢宣帝終於得以親政。但漢宣帝仍對劉賀心存顧慮，命大臣張敞暗中監視劉賀。公元前 63 年春，漢宣帝覺得劉賀已不足忌憚，便下詔封劉賀為海昏侯，食邑四千戶。是年，劉賀 29 歲。海昏侯國在鄱陽湖西邊的一片廣袤土地上，因為水面的起落，鄱陽湖在歷史上地理位置有較大變化。現經考古工作者的探索，歷史的目光鎖定了這片特殊的土地：方圓約 5 平方千米，背靠南昌九嶺山脈和西山山脈，東臨贛江，北依鄱陽湖，距南昌城約 60 千米。據史料記載以及考古發現，劉賀被封侯，帶上家人，帶上他的巨額財富和心愛之物，來到海昏，最初的落腳地應在如今的南昌市新建區昌邑鄉。由於昌邑鄉位於贛江下游，水患嚴重，匪患頻繁，劉賀便另覓安身之所，最終將海昏侯國都城紫金城選定在如今的南昌市新建區鐵河鄉陶家村。這裏雖經 2000 多年的風雲變幻，猶能見到高達 3 米的土城牆。

33 歲鬱鬱而終。劉賀在豫章，衣食無憂。作為“天之所棄之人”，朝廷仍不放心，令揚州刺史和豫章太守等地方官員對他嚴密監視。禍從口出，有一天，豫章太守手下有個叫孫萬世的小吏，試探著問劉賀：“前見廢時，何不堅守毋出

↑馬蹄金

宮，斬大將軍，而聽人奪璽綬乎？”劉賀則答曰：“然。失之。”意思是說“是這樣的，我失算了”。孫萬世又安慰劉賀，大意是，“估計不久後你就不再是‘侯’，應當會晉升為‘豫章王’”。劉賀道：“且然，非所宜言。”意思是“即將如此，但這話說不得”。明知不該說的話既已說出口，便是覆水難收。很快，這話傳到了揚州刺史的耳朵裏，他上奏朝廷，建議逮捕劉賀。漢宣帝分析劉賀已無能力造反，未允准逮捕劉賀，但削去了他的三千戶食邑，只剩一千戶，讓其艱難度日，給予警示。此時滿懷鬱悶的劉賀，更是心灰意冷，感到絕望，常常在鄱陽湖上往返棹舟浮江，至贛水口憤恨感慨地大發牢騷，後人稱此地為“慨口”。公元前 59 年，劉賀在極度鬱悶悲憤中逝去，結束了自己大起大落的一生。

考古人員在劉賀墓中找到一塊精緻的蟲珀，這本是很稀奇很難得的寶物，因松脂滴中蠅蟲，牠終身受縛，經千萬年自然演化才成珀，得以永恆。這似乎與劉賀的命運殊途同歸。時隔 2000 多年之後，劉賀終有機會自己來講述這段無聲的歷史。

劉賀雖然只活了短短的 33 年，但是他集帝、王、侯和平民四重身份於一身，在歷史舞台上演繹了一場從輕狂放縱的青蔥少年到攀上至尊帝位，從輝煌的巔峰走向憤慨早逝的傳奇人生悲劇，其中許多歷史細節不禁引人深思。

劉賀是史上在位時間最短的皇帝之一。他不是一個合格的皇帝，但也算不上是一個歷史罪人，因為他既沒有陰險狡詐地篡奪皇位，也沒有足夠的時間去禍國殃民。《漢書》沒有將其列入皇帝本紀，但對他的故事有很多記載，讓人唏噓不已。歷史往往是勝利者的清單，失敗者劉賀確犯有許多錯誤，但目前在世上找不到他自己的文字辯解，真相或許已經湮滅於時間長河中。透過劉賀墓園的文物印記，去思考海昏侯的人生軌跡，人們不禁發出“千古悲催‘帝王侯’”的慨歎。

文化江西的巔峰

江西在中國十大文化大省中排名第三，是因為它在中華文化的極盛時期——宋明時期取得了最高成就，一批文化巨人叱咤風雲，為華夏文明的發展進程作出了無與倫比的貢獻。

江西，春秋屬吳地，戰國屬楚地，秦為九江郡，漢為豫章郡。漢代的豫章轄區與後來的江西省大致相當。歷南北朝至唐代，江西人文一直在深蘊厚蓄之中。宋代以來，江西人文蔚起、名人輩出。

就文學而言，正如近代學者梁啟超所說："中國裏頭四川和江西，向來是產生大文學家的所在。"從宋至明，江西文學如日中天，進入光輝燦爛的鼎盛時期，600餘年內，處於全國領先地位，英才薈萃，名家輩出，如群星璀璨，光耀中華。

一鵝湖之辯

縱觀宋明文壇，在作家數量上，江西籍的最多；從作家隊伍素質上看，江西作家中既不乏眾體皆備、聲名顯赫的大家巨擘，也不乏獨擅一體、技壓群芳的名家高手；從宋明文學的歷程看，由首開風氣到蔚為大觀，由中興再起到傲然殿後，皆有江西作家之卓著勳績；從宋明文學詩、詞、散文、戲曲四個主要領域看，江西作家都大有可書之筆。唐宋八大家有三家在江西，其中歐陽修列宋代六家之首，被尊為文壇領袖。王安石品高學博，不僅是歷史上著名的改革家，而且是詩文大家。曾鞏的散文，公認一流；黃庭堅開創"江西詩派"；楊萬里創造誠齋詩體；"宋詞四大開祖"，晏殊、晏幾道父子居其二。"元詩四大家"中，江西有虞集、范梈、揭傒斯三家。明代湯顯祖被譽為"東方的莎士比亞"，提出"情至說"，創作出"臨川四夢"，特別是《牡丹亭》，被評價為描寫愛情的千古絕唱，代表了中國古典戲劇的最高成就。此外還有千古忠臣文天祥、集中國古代典籍之大成的百科全書式類書《永樂大典》總編纂解縉等均是賢才大德。但總的來說，清代以後江西文學的影響不如宋明，江西文學的高峰漸次退潮。

就思想文化而言，宋元明三朝江西學者對中國思想文化的貢獻，他省少見其比。以宋代而論，歐陽修直承韓愈，著《本論》發道學之端；劉敞經學獨步一時。李覯著《周禮致太平論》於先，王安石得君行道於後。周敦頤長期在江西為官，晚年寓居九江，其學術流傳自廬山濂溪而始。南宋朱熹依時而進，集歷代學術思想之大成，形成的儒學思想文化的傑出代表——朱子理學，成為宋以後統治中國封建社會的主導意識形態。鵝湖之辯，陸九淵與朱熹二分天下。元代吳澄是一代思想大家。而明代江西思想學術之盛，人物之多，更超越宋代。明代吳與弼、胡居仁學術之精，舉世公認。而王陽明倡“致良知”後，江右王門成為陽明學的主流。黃宗羲《明儒學案》裏，王門學案部分江西獨佔 9 卷，人數達 32 人，浙中才佔 5 卷，江西學術在全國的地位，由此可見一斑。

唐宋以來，江西佛、道繁榮發展，宗師輩出，宗派眾多。江西是禪宗的定型之地。從淨土宗慧遠法師到青原行思、溈仰宗、曹洞宗和臨濟下楊岐、黃龍二系的列列龍象大德，可謂精光奇彩，美不勝收。縱觀從行思、懷讓到五宗並立的 200 年禪宗史，可以說禪宗的全部繁榮過程，其根源都離不開江西。作為宗派，洪州宗、溈仰宗、臨濟宗、曹洞宗、黃龍派、楊岐派，都有祖庭祖塔在江西。特別是禪宗發展史上的兩大改革，“馬祖建叢林，百丈立清規”，標誌著佛教發展的“硬件”和“軟件”建設都在江西完成。

江西是道教的發祥之地。江西道教源遠流長，教派林立，高道輩出，影響很大，在中國道教之中佔有重要地位，尤其是在江南佔有主導地位。現存道教分為正一派與全真派兩大派別。正一派之源即在江西龍虎山，此為世人所公認。從中國道教創始人張道陵在東漢永元二年（90）到江西龍虎山等地從事創教活動之後，江西有組織的道教開始發端，龍虎山遂成為道教發祥地。江西還有伶倫、葛玄、葛洪、淨明宗許遜、麻姑壽仙等人的傳說，他們修道煉丹、擲米成珠、救民水火、雞犬升天的故事長久地被人津津樂道。在歷代封建統治者的大力扶植和利用下，江西道教各門派不斷得到發展，特別是在唐、宋、元、明時期達到了鼎盛。

在典章制度和科技務實層面，江西也作出了突出貢獻。前者如馬端臨撰《文獻通考》348 卷，舉凡田賦、鹽鐵、國用、選舉、學校、職官、郊社、禮樂、名刑、經籍、封建、天文、物異、輿地、四夷等有關定國安邦之事，都一一通考，以備治國之用。後者如宋應星的《天工開物》，為知識技能之便利，是事關“利民用、厚民生”獨樹一幟的科技史書。

宋代以後，封建經濟持續發展，活字印刷等發明極大推動了文化進步，知識分子的讀書量超過唐以前的士大夫，政府也相應調整了文化管理政策。元朝建立了比任何朝代都要遼闊的疆域，加強了與亞、非、歐的交往，促進了國際文化交流。明朝採取休養生息政策，後期商品經濟空前發展，開始出現資本主義萌芽，這些都為文化高峰時期的到來創造了條件。

為什麼在這一重要時期，江西文化能夠獨領風騷、創造最高成就？江西文化發展有其歷史源流。早在先秦時代，江西文化的傳播及與全國先進地區的交流就已經展開。江西文化雖燦爛於宋明，但肇始於春秋。孔子的弟子澹台滅明當時就來到江西，在今進賢縣的棲賢山設壇講學，一時求學者絡繹不絕，人滿為患。東漢“下陳蕃之榻”的徐孺子，是豫章高士，名顯一時。而東晉陶淵明，則是田園詩祖，他創造了人們

↑桃源仙境圖（局部）　仇英　繪

心中的生活夢想——桃花源，成為中國古代文化的一座奇峰。唐代李白、白居易、王勃等人都對江西文化發展作出過巨大貢獻。

江西宋明時期的文化繁榮得益於經濟中心南移和政治中心東移。自南北朝開始，江南地區有了較快的發展。隋唐以後，包括江西在內的整個南方地區經濟更是長足發展，全國經濟中心出現南移。全國政治中心也逐漸向經濟中心靠攏，逐步從關中地區東移到洛陽、開封、南京、杭州、北京等地，江西與政治中心的距離大大縮短。中原地區先後發生"五胡亂華"、"安史之亂"、宋金戰爭等三次大的長時期戰亂，北方居民的大規模舉族南遷，給江西帶來了勞動力和先進的中原文化。到兩宋時期，江西已經成為全國經濟發展的先進地區，其人口之眾、物產之豐，均名列前茅。宋徽宗崇寧元年（1102），全國在冊戶口數為2026萬戶，4532萬口，其中江西地區為201萬戶，446萬口，約佔全國的十分之一，居各地之首。

江西這一時期的文化繁榮與這一歷史時期江西交通的發展相關。當時由南海入中原的通道，即由大餘梅嶺而直下贛江水道的所謂使節之路，這一交通大動脈貫通後，觸發了贛江流域的地氣、人氣和文氣。隨著國家的統一、社會的安定、經濟的發展和交通的進步，江西得以用更快速度在更大的範圍內與全國交流，眾多的達官顯要和文化名流頻繁地進出江西，而江西學子們也紛紛走出江西，遊學遊宦，對促進江西文化發展和江西文人成長起到了十分積極的作用。

江西文化的繁榮，也與江西的風土人情、歷史傳統、教育環境相關。江西人歷來崇尚耕讀為本、詩書持家。政府設置學田，保障教育經費，"江右書院冠華夏"。教育的興盛推動了科舉的發達，江西進士佔全國十分之一，宋代江西曾出現"隔河兩宰相，五里三狀元，一門九進士"的情形，明代更曾經"朝士半江西"。而古代眾多的官員恰恰是文學大家的主力。

朱熹曾經論及江西人、江西文化，歸納為這樣幾點：第一是"志大"，即志向高遠，有建立體系的氣魄；第二是"恥與人同"，即江西的文化不喜歡依附他人，勇於建立有創新意義的新說；第三是"堅執"，即敢於堅持自己的學說，不輕易隨時風而變，也不因有人批評而動搖；第四是"秀而能文"，就是文采飛揚，富於雄辯，文章出色。朱子所言，對今天江西的文化建設、對江西文化人的追求仍具有強大的激勵作用。

贛鄱文化歷史悠久、底蘊深厚。江西在宋明時期對中國文化發展的貢獻是巨大的，江西文化名流巨擘的優秀成果不僅是中國古代文化的重要組成部分，更是江西現代文化的豐富源泉。

↑朱熹像

走遍江西 100 縣

江西地處長江中下游交界處南岸，古稱“吳頭楚尾，粵戶閩庭”。它東鄰福建、浙江，南連廣東，西毗湖南，北接湖北和安徽，全省面積 16.69 萬平方千米。古人說，“讀萬卷書，行萬里路”。深切了解一個地方，最好的方法莫過於親身實地走一走、看一看。筆者到江西工作後，為儘快摸清旅遊資源情況，用了一年的時間走遍了全省 100 個縣（含市轄區、縣級市、縣）。此後，又因工作需要，兩次、三次到同一個縣，最多的達 10 餘次。隨著對江西歷史人文、自然資源了解逐步深入，筆者越來越感慨“物華天寶”“人傑地靈”並非虛言，越來越驚歎造化神奇、風物獨絕非此莫屬，也越來越覺得江西發展旅遊的條件得天獨厚，江西旅遊事業大有可為。

江西，是中華傳統文化的引領之地。

說到走遍江西，不能不提起古已有之的“走江湖”，這裏的“江”指的其實就是江西。據記載，唐宋之際，禪風日盛，尤以江西和湖南禪僧修為最高。禪門行者尋師參方，必來往於江西和湖南，否則不能得禪宗之要。掀開“走江湖”塵封的歷史面紗，人們今天彷彿還能看到唐宋年間江西“萬僧來朝”的盛景，感知江西多次在中國文化史上的引領地位。

弋陽腔《牡丹亭．遊園》劇照

儒釋道三家是中國傳統主流文化的主要組成部分，歷史上三家相互融合、相互滲透，造就了中華文化的博大精深、源遠流長。而自漢以後，尤其是唐宋時期，儒釋道三家多次在此開宗立派，江西儼然成了當時社會的文化中心。論佛教，早在魏晉時期，江西廬山就成為南方佛學研究和活動的中心，東晉高僧慧遠在東林寺結白蓮社開創淨土宗，佛教中國化進程在江西逐漸完成。唐代“馬祖建叢林，百丈立清規”，讓佛教能持續、穩定地發展。佛教禪宗“五家七宗”，其中三家五宗源於江西，並遠播海外。近現代永修雲居山影響廣大，產生了多位一流高僧。論道教，其正一派天師道起源於江西龍虎山上清宮，以畫符唸咒、請神驅鬼為特色，持續傳播於民間。元世祖命張天師“主領江南道教”，使之成為江南道教首領。論儒學，宋代江西，大哲繼起，理學肇興，以理學昌明為標誌的儒家思想哲學化進程在江西完成。婺源人朱熹、金溪人陸九淵為理學雙峰，他們的鵝湖之辯，首創學術自由爭辯之風，產生了深遠的歷史影響。與此相關聯，江西古代書院蓬勃發展，歷代書院數量位居華夏之冠。白鹿洞書院名列中國四大書院之首。

江西，是華夏名賢的薈萃之地。

“區區彼江西，所產多材賢。”歷史上江西人才輩出、群星璀璨。晉代陶淵明一改玄學清談文風，寄情田園景物，被尊為“古今隱逸詩人之宗”、田園詩之祖。唐宋八大家有三家在江西，其中歐陽修列宋代六家之首，是“天下翕然師尊之”的文壇領袖。北宋王安石品高學博，堅持政治改革，被列寧稱為“中國 11 世紀的改革家”。黃庭堅開創“江西詩派”，其書法成就更是令人高山仰止，書法《砥柱銘》卷曾創中國藝術品拍賣價世界紀錄，總成交價達 4.368 億元。明代湯顯祖被譽為“東方的莎士比亞”，他創作的“臨川四夢”代表了中國古典戲劇的最高成就。此外還有千古忠臣文天祥、《永樂大典》總編纂解縉、一代畫聖八大山人和科學家宋應星等，這些江西先賢均是名家巨擘、賢才大德。德安義門陳累世義聚 300 餘年不分家，是中國空想社會主義的實踐先驅，比英國思想家莫爾提出的“烏托邦”設想還早 600 多年。據統計，自唐至清，江西有進士 1.05 萬人，佔全國的 10.67%；文科鼎甲（狀元、榜眼、探花）107 人，其中狀元 48 人。江西籍歷代宰輔 100 餘人。江西實際上成為宋明兩朝中央政府的主要人才庫。此外，江西還吸引許多外地文化名人輻輳而至，在此成就功業，留下千古名篇。理學先驅周敦頤、宋明心學集大成者王陽明一生主要活動和重要思想形成均在江西；南昌滕王閣，王勃驚歎“落霞與孤鶩齊飛，秋水共長天一色”；贛州鬱孤台，辛棄疾寫下“青山遮不住，畢竟東流去”；廬山，李白吟“飛流直下三千尺，疑是銀河落九天”，蘇軾感“不識廬山真面目，只緣身在此山中”。

江西，是民族藝術的扛鼎之地。

瓷藝方面，江西素有“瓷國明珠”之譽，古窯址、古陶瓷遍及全省。景德鎮瓷以“白如玉、明如鏡、薄如紙、聲如磬”蜚聲四海，景德鎮享有“千年瓷都”的美譽。戲曲方面，元末明初產生於弋陽的南戲“弋陽腔”是中國高腔戲曲的鼻祖，位居中國四大聲腔之首，對京劇、川劇等 44 個劇種的形成產生了巨大影響。江西的採茶戲同樣聞名遐邇。舞蹈方面，江西是中國古代舞蹈藝術活化石——儺舞的發祥地之一，萍鄉、南豐、臨川、樂安、宜黃、萬載、德安儺尤為突出。建築方面，書寫半部中國古建史的永修八代"樣式雷"是創造世界文化遺產最多的家族。

江西，是中國工農業生產的濫觴之地。

江西以水稻為核心的農耕文明已有 1 萬多年歷史。萬年縣仙人洞、吊桶環兩處遺址發現的 1.2 萬年前的栽培水稻植化石，實際解決了水稻從野生到人類種植的轉變，把世界栽培水稻的歷史前推了 5000 年，成為現今世界上年代最早的水稻栽培稻遺存。銅開採和冶煉是中國工業的最早表現之一。瑞昌市銅嶺銅礦採冶遺址距今約 3300 年，是中國發現的礦冶遺址中年代最早、保存最完整、內涵最豐富的一處大型銅礦遺存，也是迄今發現的最早用木支護技術採礦的遺址。新干大洋洲商代大墓，出土青銅器數量之多、造型之美、鑄式之精，為中國東南地區所僅見，與殷墟青銅器群、廣漢三星堆青銅器群並稱為中國青銅文明的三大發現。到現在，江西仍然保持著糧食生產和銅工業的領先地位，江西銅業集團公司是中國最大的銅產品生產基地，德興銅礦是亞洲最大的露天銅礦之一。

清代以後，江西的地位逐漸下降。

一方面因為海洋文明的興起，江西失去了交通要衝之利，偏離了政治經濟中心；另一方面因為數次大的戰爭，尤其是太平軍與清軍在江西激戰經年，江西飽受摧殘，耗盡實力。江西在土地革命戰爭期間經歷多次軍事"圍剿"，抗日戰爭全面爆發後又遭遇侵略屠殺，因此人口銳減，元氣大傷。但與此同時，江西人民在中國共產黨的領導下，再一次挺立潮頭，開創了中國社會發展的新紀元，成為著名的"紅色搖籃"，為民族獨立以及中華民族的偉大復興，作出了不可磨滅的貢獻。

穿行在江西省域，從南至北，從東到西，一個個地名，一串串光輝的足跡，見證著中國共產黨的光輝歷程。

井岡山，毛澤東曾在此創建第一個農村革命根據地，中國革命由此走上農村包圍城市、武裝奪取政權的正確道路。南昌，1927 年 8 月 1 日周恩來等在此領導發動起義，中國共產黨獨立領導的人民軍隊由此誕生。瑞金，是中華蘇維埃共和國臨時中央政府所在地。安源，毛澤東、劉少奇、李立三等在此領導和指揮了著名的安源路礦工人大罷工，這裏成為中國工人運動的搖籃。1978 年的中共十一屆三中全會吹響了中國改革開放的時代號角，這一切最早發源於江西一條平凡的小道。1969 年 10 月至 1973 年 2 月，鄧小平和夫人卓琳被"疏散"到位於南昌的新建縣拖拉機配件修造廠勞動。從他們的住地到工廠有一條長滿雜草的田間小道，這條小路就是著名的"小平小道"。鄧小平每天往返於這條小路上，他觀察著、思考著、等待著，用自己堅實而穩健的步伐走出了一條解放思想、實事求是、改革開放的大道。

↓ 德興銅礦

"問渠那得清如許，為有源頭活水來。" 回頭仔細審視養育著世世代代江西人的沃土，這裏是三面環山向北開口的馬蹄形地形，地勢南高北低。這裏四季分明，雨水充沛，光照充足，基本沒有大的自然災害。這裏大江與大湖襟連，綠水與青山相伴，市市有名山大川，縣縣有旅遊景點，山河競秀，如詩如歌，不能不令人感歎大自然對這方生靈的特別眷顧。

↓井岡山會師　林崗　繪

山，雄奇險秀，鬼斧神工。

廬山、井岡山、三清山、龍虎山各具特色，早已名聞天下。雲中草原武功山，在其海拔 1600 米以上的山脊線兩側，密佈著 10 萬畝連綿不絕“春夏綠油油、秋天金燦燦、冬天白皚皚”的雲中草原，隨山勢起伏畫出優美曲線，美不勝收。千峰之首黃崗山，雄踞東南之巔，奇峰

↓明月山雲海　聶靖生　攝

險壑、山花古樹、飛鳥走獸、流泉飛瀑讓人目不暇接，迷人的月亮、壯美的日出、奇幻的雲海、宏偉的峽谷、古樸的關隘更讓人驚豔不已。月亮之都明月山，情月相融、泉月相映、禪月相通、農月相趣，其浪漫多姿的月亮情之旅給人以無限遐想。還有龜峰、三百山、大茅山、大覺山、靈山、漢仙岩、銅鈸山等，精彩紛呈，令人流連忘返。

水，蒼茫浩渺，千回百轉。

長江從江西北部貼境而過，留下 152 千米黃金岸線。無數條清泉小溪，匯成 2400 多條河流，流入贛江、撫河、信江、修河、饒河等主要河道，最後向北注入鄱陽湖，形成了中國第一大淡水湖。鄱陽湖以豐富的魚蝦、無污染的水質吸引著包括白鶴、東方白鸛、天鵝等在內的世界大批珍禽到此過冬，“飛時遮盡雲和月，落時不見湖邊草”。石鐘山、鞋山、落星墩、吳城古鎮、南磯山、鄱陽湖國家濕地公園、老爺廟等眾多景點散佈在鄱陽湖湖心、湖岸，似顆顆明珠，點綴其間。九江廬山西海，碧波萬頃，分佈著 1600 多座

↓鄱湖候鳥

大小不一、形態各異的島嶼；新餘仙女湖，《搜神記》記述了這裏“仙女下凡”的美好傳說，風光綺麗，景色迷人；上猶陡水湖深邃清澈，四岸青峰綿延，群巒拱翠。還有大餘丫山瀑布群、三百山東江第一瀑、廬山三疊泉、井岡山水口彩虹瀑等飛流直下，似銀河跌落人間。此外，江西溫泉遍佈，不僅數量多、流量大，而且品質高。全省已發現 100 多處天然出露的溫泉，宜春溫湯富硒溫泉是中國目前發現的少數可與法國埃克斯溫泉相媲美的優質溫泉之一，廬山富氡溫泉素有“江南第一溫泉”之美譽，樟樹鹽溫泉能使人不泳而浮，美容功效獨具特色。

山連水，水連山，山水相連，相得益彰，造就了江西一流的生態、一流的水質、一流的空氣。

全省森林覆蓋率達 63.35%，境內主要河流監測斷面 I-III 類水質常年保持在 80% 以上，11 個設區市城市空氣質量達到國家二級標準。更有崇義陽嶺，空氣負離子含量平均值高達每立方厘米 9.2 萬個單位，最高處為每立方厘米 19.2 萬個單位，被上海大世界吉尼斯總部評為“空氣負離子濃度值最高風景旅遊區”，是名副其實的大氧吧。

↓南昌八一起義紀念館

城市，或日新月異，或韻味綿長。

具有 2200 多年歷史的省會城市南昌，一城香樟半城湖，既是享譽中外的英雄城，又是環境優美的中國水都，開放大氣，誠信圖強。九江，集名江、名湖、名山、名城於一身，融生態與人文於一體，嫵媚多姿，和諧自然。江南宋城贛州，控五嶺之要衝，扼粵閩之咽喉，曾是海上絲綢之路與中國貫通的樞紐。吉安之廬陵故郡、撫州之才子故里、上饒之四省通衢、宜春之名山勝跡、景德鎮之御窯瓷都、鷹潭之道教祖庭、新餘之九天瑤池、萍鄉之萍水相逢，城城天生麗質，競寫輝煌。

鄉村，或田園如畫，或古色古香。

中國最美鄉村婺源，綠水青山，鮮花爛漫，優美的田園風光，間以粉牆黛瓦、翹角飛簷的古建築群和濃鬱的鄉風民情，“小橋流水人家”，恰似一幅幅絕美山水畫。贛南客家圍屋，高聳的炮樓、森冷的炮口、厚實的城牆，銘刻著歷史的厚重和歲月的滄桑。吉安渼陂、釣源、燕坊、錦源、潭頭古村，文物古跡隨處可見，古風古韻自然流露，恬淡豁達，意蘊深遠，儼然一部濃縮的古廬陵文化史。全國重點文物保護單位樂安流坑村，不僅有大片古老的樟樹群，

↓ 撫州市樂安流坑村

還有明清建築和遺址 260 多處，祠堂 50 座，宮觀廟宇 8 處，文館、戲台各 1 座，古居之多，全國罕見。

毛澤東曾在江西寫下詩句：“踏遍青山人未老，風景這邊獨好。”述說歷史輝煌不為炫耀或掩飾，展示山光水色亦非抱殘守缺。保護好、開發好、永續利用好大自然和前人留下的寶貴財富，加快發展旅遊產業，是當代江西人的歷史責任，是人與自然和諧發展的美好方式，也是“綠水青山就是金山銀山”的完美體現。

璀璨明珠

2

2

璀璨明珠

唱響“江西風景獨好”品牌

“江西風景獨好”是作為江西旅遊形象宣傳口號提出來的，主要目的是在全國乃至全球凝聚江西旅遊特色、展現江西旅遊優勢、塑造江西旅遊品牌、提升江西旅遊形象。在第二屆中國文化旅遊品牌建設與發展峰會上，這一口號獲評“影響世界的中國文化旅遊口號”。

一、“江西風景獨好”的由來

2011 年，為了提高江西旅遊在全國的知名度，吸引各地遊客，江西決定在中央電視台播出一部旅遊宣傳片。根據文字簡練、特色鮮明、朗朗上口、底蘊厚重、便於記憶的原則，經聽取

↓ 永武高速南山大橋

多方意見並再三斟酌，江西提出了“江西風景獨好”這一旅遊形象宣傳口號。最初央視的評審專家不同意，認為宣傳廣告不能有排他性。難道只有江西的風景獨好而別處的不好？江西方面答辯主要有兩方面的理由：一是“獨好”不是說只有江西好，別的地方不好，而是每個地方的風景都有自己的好，江西的風景也具有自身的獨特優勢；二是毛澤東走遍了中國的山山水水，只有 1934 年在江西會昌寫下了“踏遍青山人未老，風景這邊獨好”，所以江西人對這一表述有優先使用權。最後建議這句口號在央視先試播 1 個月，假如有人提出異議並且確有道理，再進行調換。現在看，“江西風景獨好”在央視播出 10 餘年了，還沒有哪個地方提出反對意見，說明這句旅遊口號已逐漸為方方面面所接受、所認可。

二、“江西風景獨好”的主要內容

之所以敢於喊出“江西風景獨好”的口號，是

因為江西確有獨特的好，具備江西特色、江西風格、江西氣派。從江西的自然條件、生態環境、人文資源和歷史積澱來分析，"江西風景獨好"名副其實，主要體現在以下八個方面。

1. 地理區位，四通八達

江西土地總面積 16.69 萬平方千米，人口 4500 餘萬。省境三面環山，東部是贛浙、贛皖之間的懷玉山和贛閩之間的武夷山；南部為贛粵之間的南嶺山脈分支大庾嶺、九連山；西部為贛湘、贛鄂之間的羅霄山脈、幕阜山和九嶺山；北部則臨長江、鄱陽湖及濱湖平原，地勢南高北低，形成一個向北開口的巨大盆地。從地理區位看，江西地處長江中下游交界處的南岸，古有"吳頭楚尾，粵戶閩庭"之稱，是唯一與全國最發達的三個地區，即長江三角洲、珠江三角洲及閩東南三角區同時相鄰的省份，也是國家正在強力推進的長江經濟帶及長江中游城市群的重要組成部分，是所謂"中三角"的中心地帶。全省交通便利，承東啟西、連南接北，區位優勢十分突出。公路方面，"三縱四橫"高速公路主骨架全面建成，通車總里程達 6742 千米，實現"縣縣通高速"。鐵路方面，運營里程超過 5000 千米，高速鐵路從無到有，超過 2300 千米，位居全國第 6 位，江西還成為全國首個市市開通時速 350 千米高鐵的省份。南昌到杭州 2 個小時，到武漢、長沙 1.5 個小時，到上海

廬山西海

3 個小時，到北京 6 個小時，到香港 5 小時的快捷鐵路通道已基本形成，並由此聯通全國。城市軌道交通也已全面貫通，發揮重要作用。民航方面，江西航空公司已成立運營。全省加快形成“一幹九支”機場佈局，積極適應國家低空空域開放趨勢，增加建設龍南、南豐等一批通用機場。全省包括高速公路、高鐵、空港、水運等在內的綜合交通樞紐體系正在形成，逐步構建起了對接“一帶一路”和長江經濟帶的戰略大通道。

2. 生態環境，全國一流

江西擁有一流的生態環境。2016 年 8 月，江西被列為首批國家生態文明示範區，探索形成可在全國複製推廣的成功經驗，是全國僅有的 3 個省份之一。全省有豐富的動植物資源，森林覆蓋率高達 63.35%，位居全國前列。江西已知有高等植物 6337 種。其中，苔蘚類植物 1141 種，石松類和蕨類植物 488 種，裸子植物 36 種，被子植物 4672 種。列入《國家重點保護野生植物名錄》的有 78 種。江西已知野生脊椎動物 1007 種。其中，哺乳類 105 種，約佔全國的 16%；鳥類 580 種，約佔全國的 40%；爬行類 77 種，約佔全國的 20%；兩棲類 40 種，約佔全國的 14%；魚類 205 種，約佔全國的 5.9%。全省四季分明，氣候濕潤，雨水充沛，光照充足。境內江河湖泊星羅棋佈，有大小天然湖泊 400 多個，河流 2400 多條，人均擁有水量 4100 多立方米。主要河流湖泊水質優良，贛江、撫河、信江、饒河、修河等“五河”及東江源頭保護區內監測斷面保持在二類水質，城市集中飲用水源地水質達標率 100%。江西還擁有甘甜的空氣，在每立方厘米空氣中，負氧離子含量年平均值達 1070 個，超過世界衛生組織規定的清潔空氣標準。崇義陽嶺最高含量更是達每立方厘米空氣 19.2 萬個，被吉尼斯認定為世界空氣負離子濃度值最高風景旅遊區。11 個設區市城市環境空氣質量均達到二級。同時，全省有濕地面積 365.17 萬公頃，佔土地面積的 21.87%，其中絕大部分是天然濕地。已建立自然保護區 188 個，其中國家級自然保護區 13 個。

3. 風景名勝，遍佈贛鄱

江西省市市有名山大川、縣縣有旅遊景點，旅遊資源種類多、品位高、潛力大。江西擁有國

↑杏園雅集圖　謝環　繪

家旅遊資源標準分類八大類 155 種基本景觀中的 153 種，有世界遺產地 6 處，世界地質公園 4 處，A 級旅遊景區 379 處（其中 4A 級景區 140 處、5A 級景區 11 處），國家級風景名勝區 14 處，綜合評價位居全國前列。江西的紅色旅遊資源、綠色山水資源、古色歷史文化資源交相輝映。雲中草原武功山，是中國在 1600 多米的高山上有著 10 萬畝連綿不絕大草原的唯一名山。千峰之首黃崗山，被稱為天宮庭院，迷人的月亮、壯美的日出、奇幻的雲海、宏偉的峽谷、古樸的關隘讓人驚羨不已。更不必說月亮之都明月山、江湖奇峰石鐘山、東江源頭三百山、森林泉瀑大茅山、峽谷漂流大覺山、奇石海洋靈山、康養福地丫山、漢仙岩、銅鈸山、五府山及廬山西海、仙女湖、陽明湖等山水，龍南圍屋及流坑、渼陂、釣源、燕坊、錦源、潭頭等歷史文化名鎮名村無一不令人流連忘返。樟樹古海鹽溫泉、明月山高山觀光小火車、篁嶺、中華賢母園、海昏侯遺址公園、羊獅慕等一批新型旅遊項目也開始投入市場。在首屆"最美中國符號"品牌榜中，江西省武寧縣、婺源景區、婺源篁嶺景區及龜峰、三清山景區上榜，佔全部獲獎單位數的 1/3。

4. 歷史悠久，人文鼎盛

江西歷史悠久，早在 1 萬多年以前的新石器時代晚期，萬年仙人洞的江西先民就將野生穀物轉變為人工水稻栽培，開啟了人類的農耕文明。商周時期，新幹大洋洲大量使用青銅禮器、兵器，當時就有了不遜於中原的青銅文明。從六朝開朝，江西逐漸成為國家糧食基地。相應地，文化教育也不斷擴展開來，出現了一代又一代的文學大家和豪華文人陣容，頻呈人文鼎盛、人才輩出之勢。晉代大詩人陶淵明被尊為"古今隱逸詩人之宗"、田園詩之祖。唐宋八大家中歐、王、曾都是江西人。其中歐陽修列宋代六家之首，被尊為文壇領袖。王安石品高學博，堅持政治改革，被列寧稱為"中國 11 世紀的改革家"。曾鞏詩文成就斐然，為後世師範。更有黃庭堅開創"江西詩派"，楊萬里創造誠齋詩體。"宋詞四大開祖"，晏殊、晏幾道父子即佔二席。"元詩四大家"中，江西有虞集、范梈、揭傒斯三家。明代湯顯祖被譽為"東方的莎士比亞"，提出"情至說"，創作出"臨川四夢"，特別是《牡丹亭》，被評價為描寫愛情的千古絕唱，代表了中國古典戲劇的最高成就。此外還有千古忠臣文天祥、中國古代"百

科全書"《永樂大典》總編纂解縉、畫壇一代宗師八大山人等均是賢才大德。一些文學巨匠，如王勃、李白、白居易、蘇軾、辛棄疾也在江西留下了千古流芳的詩文。

5. 教育科技，光耀華夏

自古以來，江西就十分重視教育。春秋時期，孔子的弟子澹台滅明來到江西，在今進賢縣的棲賢山設壇講學，一時求學者絡繹不絕，門庭若市。東晉時期，廬山成為南方著名的講學中心，唐以後又置中央直轄的"廬山國學"。到了宋代，在中央政府重文政策的鼓勵下，江西教育空前發達，學校如雨後春筍，政府設置學田，保證教育經費來源。各地更常見地方紳眾闢館延師，興辦私學。眾多士人學者，行端學博，名重一時，皆歸鄉授徒。"江右書院冠華夏。"江西是古代書院的起源地，歷代書院有近2000所，無論數量、質量，還是規模、影響，均居全國前列。桂岩書院、東佳書院、白鹿洞書院、鵝湖書院、白鷺洲書院、懷玉書院、象山書院、信江書院、紫陽書院和豫章書院等，均在中國書院史上佔有重要地位。書院的興盛推動了科舉的發達。自唐至清，江西考中進士的人數約為1.05萬人，佔全國的10.67%，其中文科狀元48人。江西人任宰相的28位，任副宰相的62位，傳記見於二十四史者達500餘人。明代江西人常常是一科包攬一甲，或是佔據前十名的大多數。明建文二年（1400）和永樂二年（1404）連續兩科的三鼎甲均被吉安一府奪得，在中國科舉史上空前絕後。當時江西是中央政府的主要人才庫，有"朝士半江西"的說法。

江西人不僅會讀詩書，而且為學多樣，在工業、農業、建築等科學技術方面也取得了突出的成績。宋元德興張氏家族將膽水浸銅技術大規模用於生產。明代宋應星著《天工開物》，成為中國科學的巨匠。從漢代開始，江西就是全國重要的造船基地，參與建造鄭和下西洋的寶船。建於北宋的贛州福壽溝，歷經千年風雨，至今仍暢通完好。永修雷氏世代為清廷皇家建築設計師，"樣式雷"名揚中外。

6. 儒釋道學，博大精深

儒釋道三家是中國傳統主流文化的主要組成部分，歷史上三家相互融合、相互滲透，造就了中華文化的博大精深。江西自漢以後，尤其是唐宋時期，儒釋道三家多次在此開宗立派，這

↑虎溪三笑圖　佚名　繪

裏成為儒學的中興之地、禪宗的定型之地、道教的發祥之地。從儒學來說，宋明時期，儒學在江西開始了融合創造的過程。此時江西大哲繼起，理學肇興，儒家思想哲學化進程得以完成。婺源人朱熹是中國歷史上繼孔子之後最偉大的思想家、哲學家和教育家。他集歷代學術思想之大成，形成儒學思想文化的傑出代表——朱子理學，受到朝廷的推崇，被欽定為官方的正統哲學思想，成為中國宋末至清末 600 餘年間一直處於統治地位的思想理論。從佛教來說，東漢末年佛教傳入江西，到魏晉、南北朝時期已經有了較大發展，廬山逐漸成了南方佛學研究和活動的中心。東晉高僧慧遠在此創建東林寺，結成白蓮社，開創了中國佛教彌陀淨土信仰。到唐代時，江西佛教已達極盛，所以才有“求官到長安，求佛到江西”的說法。特別值得提出的是，作為最具中國特色，也是中國最大的佛教宗派的禪宗，其興盛發展與江西密不可分。中國禪宗初祖為菩提達摩，歷經五代至六祖慧能之後“一花開五葉”，進入了“分燈禪”時代，開衍出了溈仰、臨濟、曹洞、雲門、法眼五大宗派。其中溈仰、臨濟、曹洞三宗，以及從臨濟分出的黃龍、楊岐兩派都是直接在江西開宗立派的，即使如雲門宗、法眼宗，追根溯源也是出自禪宗七祖青原行思的法系。六祖慧能的再傳弟子馬祖道一長期在江西弘法，最後歸葬於靖安寶峰寺。禪宗歷史上最大的兩次改革都是在江西完成的。正是自馬祖道一及其弟子百丈懷海建立了屬於自己的寺院體系和禪門規式，也就是通常說的“馬祖建叢林，百丈立清規”，從硬件和軟件方面確保了佛教的莊嚴性、崇高性、權威性，使其能夠持續、穩定地發展。從道教來說，教派林立，源遠流長。漢代張道陵、張盛在鷹潭龍虎山開創天師道，這裏成為道教祖庭。晉代許遜（許真君）是淨明道祖師、治水專家，百姓建萬壽宮祭祀他。明代時，江右商幫興盛，每至一地，都不忘新建萬壽宮作為江西會館，使得萬壽宮遍佈全國乃至東南亞，幾乎成了江西的象徵。而這一座座已毀或至今仍然屹立的萬壽宮，也昭示了江西商人曾經創造的輝煌。此外，江西還有開創於東吳時的清江靈寶派，奉葛玄為始祖，樟樹閣皂山、鉛山葛仙山和眾人食用的葛根、葛粉、葛汁即為明證。

7. 民族技藝，獨領風騷

陶瓷是中國文化的重要象徵，江西素有“瓷國明珠”之譽，代表著中國製瓷藝術的最高水平。東晉至唐代，豐城洪州窯為全國六大青瓷名窯之一。兩宋年間，吉安吉州窯是全國著名的兩大名窯之一，其木葉貼花工藝冠絕天下。晚唐時期，景德鎮瓷業逐漸崛起；北宋時，宋真宗以年號“景德”賜名，此後景德鎮瓷器之名益著，千年窯火盛燒不衰，贏得“瓷都”桂冠。同時，江西人對中國音樂的發展也作出了重要貢獻。黃帝音樂大臣伶倫在南昌西山洪崖燒竹煉丹，發明了笛子。永新人大唐歌妃許合子被譽為“喉音妙絕，為天下第一”。中國古典民樂名曲《梅花三弄》《春江花月夜》在江西創作完成。宋以後，江西成為全國音樂發展中心，姜夔、周德清、燕公楠、朱權、魏良輔等的音樂理論被音樂界視為“聖典”。姜夔的《白石道人歌曲》是流傳至今唯一一部帶有曲譜的宋代歌

↓景德鎮玲瓏雕刻技藝　蔡濤　攝

集，唐玄宗創作、楊貴妃首演的《霓裳羽衣曲》因其重新發現並記錄得以傳世。周德清的《中原音韻》是“中國國音之鼻祖”，成為當代推廣普通話的基礎。元末明初產生於弋陽的南戲“弋陽腔”是中國高腔戲曲的鼻祖，位居中國四大聲腔之首，對京劇、川劇等 44 個劇種的形成產生了巨大影響。江西因盛產茶葉在清中期逐漸形成的採茶戲，鄉土氣息濃鬱。民歌種類豐富，有號子、漁歌、山歌、小調、燈歌等，以興國山歌最為著名。舞蹈有被稱為“中國古代舞蹈活化石”的儺舞，南豐、萍鄉儺舞尤為突出。繪畫藝術獨樹一幟，南唐董源、巨然首創江南水墨山水畫派。清初八大山人將大筆寫意畫推到新高度，成為一代畫聖。書法以黃庭堅

↓ 中華蘇維埃共和國臨時中央政府大禮堂舊址（瑞金沙洲壩）

為最，他與蘇軾、蔡襄、米芾並稱“宋四家”，其書寫的名帖《砥柱銘》卷創造的書法拍賣成交價的紀錄 4.368 億元，至今未被打破。

8. 紅色基因，世代傳承

20 世紀以來，江西領紅色文化之先，見證著中國共產黨成長的光輝歷程。這裏舉行了震驚全國的安源路礦工人大罷工，掀開了中國現代工人運動的大幕；打響了武裝反抗國民黨反動派的第一槍，建立了黨領導的人民軍隊；秋收起義後，創建中國第一個農村革命根據地井岡山，開闢了農村包圍城市、武裝奪取政權的正確革命道路；成立了中國第一個全國性的工農民主政權，開展了一場治國理政的偉大實踐，為後來建立的中華人民共和國進行了預演；二萬五千里長征從這裏出發，弋横起義、南方三年遊擊戰爭等中國革命重大事件都發生在這塊土地上。江西也湧現了方志敏等一批傑出的革命家，江西兒女為中國革命的勝利作出巨大犧牲和重大貢獻。據統計，江西籍有名有姓的烈士就有 25 萬多人。江西也是開國將軍最多的省份。今天，傳承好紅色基因和紅色精神，仍然是中國共產黨“不忘初心，繼續前進”和不斷開創事業發展新局面的強大“內驅力”和“軟實力”。

除以上八個方面以外，江西還有很多值得驕傲和自豪的地方，比如地下處處有寶藏，100 多種礦產遍佈各地，其中銅、鎢、銀、鉭、稀土、鈾被譽為“六朵金花”，頁岩氣地質資源潛力達 2.776 萬億立方米，為全國頁岩氣儲量大省。還有贛南臍橙、南豐蜜橘、泰和烏雞、文港毛筆、瑞昌剪紙、婺源“三雕”等風物特產，以及蓮花血鴨、廬山石雞、南昌米粉、四星望月、永和豆腐等讓人們食後口齒留香、流連忘返的贛派美食。

近年來，江西省已將“江西風景獨好”作為江西全方位的形象定位，而不僅僅是作為旅遊宣傳口號。“江西風景獨好”正化作江西的時代印記，深深地烙在人們的心中。

江西旅遊的“密碼”

江西物華天寶、人傑地靈，既有秀美的山川，又有紅色和古色文化資源，是一塊自然天成與人文造化完美結合的旅遊寶地。

江西旅遊資源琳琅滿目，大大小小的景點就有 2000 多個。2010 年，編寫《江西旅遊畫冊》時，我們發現要把江西的旅遊景區都編進去是不可能的，難以攜帶不說，就是入選的景區也得有個先後順序。本著突出重點、體現特色、簡單明了、便於記憶的原則，與紅色搖籃、綠色家園、古色厚土的旅遊資源定位相對應，最終選出 17 個具有經典意義的景區列入畫冊的最前面。它們分別是：四大搖籃，即中國革命的搖籃井岡山、人民軍隊的搖籃南昌、共和國的

↓井岡山　萬建明　攝

搖籃瑞金、工人運動的搖籃安源；四大名山，即匡廬奇秀甲天下的廬山、養生福地井岡山、峰林奇觀三清山、道教祖庭龍虎山；四個千年，即千年瓷都景德鎮、千年名樓滕王閣、千年書院白鹿洞、千年古剎東林寺；六個“一”，即一湖（鄱陽湖）、一村（婺源）、一海（廬山西海）、一峰（龜峰）、一道（小平小道）、一城（共青城）。這三個“四”和六個“一”用阿拉伯數字排列，可概括為“3461”。它們是江西旅遊的代表。經過多種形式的傳播，它們逐漸為人們所認可。有位旅遊界的權威人士評論說，“3461”就是江西旅遊的密碼，這組密碼是打開江西旅遊百寶箱的神奇鑰匙。

從紅色看，四大搖籃是江西乃至中國革命的勝利源泉。

江西紅色資源豐富，湧現的開國將軍最多，紅色基因浸透在江西人的血液和江西的山水之中。在井岡山，中國共產黨人找到了中國革命的正確道路。毛澤東在這裏領導創建了第一個農村革命根據地。習近平總書記在視察江西時

指出，"井岡山是革命的山、戰鬥的山，也是英雄的山、光榮的山"。井岡山還是座養生的山，森林覆蓋率達 81.2%，至今仍保留著大片人跡未至的原始森林。雲海、杜鵑、瀑布、溫泉，美不勝收。南昌，是"軍旗升起的地方"。1927 年 8 月 1 日，周恩來等領導發動的南昌起義，打響了武裝反抗國民黨反動派的第一槍。中國共產黨獨立領導的人民軍隊由此誕生。開國十大元帥中，有 7 位元帥直接或間接參加了南昌起義。南昌被稱為"英雄城"。2017 年是中國人民解放軍建軍 90 週年，史詩級電影巨獻《建軍大業》在南昌殺青。瑞金，中國共產黨人在這裏建立了第一個紅色政權。1931 年，中華蘇維埃共和國臨時中央政府在瑞金宣告成立，中國共產黨人在這裏進行了 3 年的治國理政實踐，為 1949 年建立的中華人民共和國進行了偉大的預演。安源，是中國共產黨領導的工人運動策源地。毛澤東、劉少奇、李立三等在此領導和指揮了著名的安源路礦工人大罷工，開啟了中國現代工人運動的大幕。在這裏，共產黨人建立了中國最早的產業工人黨支部，並發行了共產黨領導下的最早的股票和貨幣。

↓東林寺　徐志軍　攝

從綠色看，四大名山是美麗江西山水的經典之作。

江西三面環山，是山水旅遊資源的富集地，自古有“六山一水二分田”之說。廬山、井岡山、三清山、龍虎山為江西山水的經典代表，人稱“廬山天下悠、三清天下秀、龍虎天下絕”。廬山天下悠，在於歷史悠久、景色悠然、生活悠閒。殷周之際，就有匡俗兄弟七人結廬於此，聯合國教科文組織評價廬山為“中華文明發祥地之一”。廬山以雄、奇、險、秀聞名於世，眾多文人墨客在此悠哉而居，如陶淵明隱逸於廬山下，寫下“採菊東籬下，悠然見南山”。近代以來，建有近千棟別墅的牯嶺一度成為南京國民政府的“夏都”。自 1959 年開始，中央三次在廬山召開重要會議。三清天下秀，在於奇峰俊秀、飛雲疊秀、仙宮攬秀。三清山兼具泰山之雄偉、華山之險峻、峨眉之秀麗、黃山之奇絕，清靜自得的文化景觀與清絕塵囂的自然景觀和諧互補，體現了藏風聚水、天人合一的至高境界。龍虎天下絕，在於丹霞絕美、道宗絕聖、古越絕唱。其山虎踞龍盤，丹山碧水，

是道教四大名山之一、道教正一派發祥地。張道陵在此地建教，並延續 1900 餘年。施耐庵的《水滸傳》以龍虎山開篇。山上有著古越族人獨特的崖墓葬民俗文化，200 多座懸棺是如何吊至崖壁上的，至今仍是未解之謎。

從古色看，四個千年是江西輝煌文化精髓的代表。

江西在中國十大文化大省中排名第三，在中華文化的極盛時期取得了巔峰成就，為中華民族文明的發展作出了巨大貢獻。景德鎮御窯、滕王閣、白鹿洞書院、東林寺就是其典型代表。景德鎮是聞名世界的千年瓷都。北宋時，宋真宗以年號“景德”賜名，此後景德鎮瓷器之名益著，千年窯火盛燒不衰。滕王閣是江南三大名樓之首。無數文人墨客在滕王閣留下不朽文章，唐初王勃一篇《滕王閣序》氣勢磅礴，千古傳誦，“落霞與孤鶩齊飛，秋水共長天一色”成為中華兒女心中的勝景，引無數風流人物追

武功山

思遐想。白鹿洞書院名列中國四大書院之首。理學大師朱熹制定的《白鹿洞書院揭示》是中國古代“大學”最早的章程，成為後世書院遵行的準繩和法規。東林寺是佛教淨土宗的發祥地。東晉高僧慧遠在廬山下創建東林寺，結成白蓮社，開創淨土宗。他結合中國傳統的靈魂不死思想，提出“形盡神不滅論”。佛教中國化進程在江西逐漸完成。

一湖（鄱陽湖）、一村（婺源）、一海（廬山西海）、一峰（龜峰）、一道（小平小道）、一城（共青城）是鑲嵌在贛鄱大地上的璀璨明珠。

贛江、撫河、信江、饒河、修河，從南、東、西三個方向奔向鄱陽湖，所到之處，處處皆有美景，地地都有人文，停留駐足，心曠神怡。鄱陽湖是中國最大的淡水湖，冬日漸冷，候鳥南飛，白鶴、大雁等大批珍禽在此過冬。婺源是中國最美鄉村，春來變暖，山花爛漫，小橋流水，間以粉牆黛瓦、翹角飛簷的古建築群和濃鬱的鄉風民情，是很多人的夢裏老家。九江廬山西海，大小 1600 多座島嶼星羅棋佈，夏季雨來，河湖豐盈，碧波萬頃，湖邊“稻花香裏說豐年，聽取蛙聲一片”。龜峰，“無山不龜，無石不龜”，金秋豐收，菊黃蟹肥，“江上龜峰天下稀”。1978 年黨的十一屆三中全會唱響了中國改革開放“春天的故事”，這一切最早發源於江西一條平凡的小道。1969 年到 1973 年下放勞動期間，鄧小平就是在這裏思索國家的命運前途，最終帶領中國人走上了改革開放的大道。共青城本是一片荒蕪之地，數十年前，一群青年人在陰冷的冬天裏，堆火取暖，開荒搭房，打造了羽絨服世界級品牌，並將共青城建成一座青年之城、創業之城。

“3461”是一組神奇的密碼，為江西旅遊的發展作出了積極貢獻。每個第一次到江西旅遊的人，都要先走這些地方。這些地方的旅遊人次和旅遊收入佔到了全省的 60%。要開創江西旅遊新畫卷，就要以“3461”所代表的 17 個景區為核心，以 200 多個 A 級景區為外圍，努力將廬山、井岡山、三清山、龍虎山、婺源、景德鎮等打造成為世界知名、國內一流的經典旅遊景區，最終將江西全省真正建成一個“處處皆風景，處處可旅遊”的全域旅遊目的地。

廬山天下悠

廬山，又稱匡廬，是世界文化遺產和世界地質公園，被聯合國教科文組織評價為中華文明的發祥地，自古便有“匡廬奇秀甲天下”之稱，更是享譽世界的“人文聖山”。

自古以來，廬山就是文化名人鍾愛的隱居之地。廬山最早的隱士，可追溯到周武烈王時代的匡俗。他隱居廬山，“結廬而居”，悟道求仙，“廬山”因此得名。公元前 126 年，司馬遷

↓廬山

"南登廬山"並記之於《史記》，廬山自此名揚天下。

廬山，歷史悠久，文化悠深，生活悠然。它是人文聖山，是東方淨土，是康養勝地。

2016 年 2 月，習近平總書記視察江西時說"廬山天下悠"。這裏不僅歷史悠久，人文厚重，儒、釋、道三家在這裏相互融合交流，而且生態優美，是舉世公認的生物多樣性寶庫，與江河湖海襟連，中心地區的森林覆蓋率超過 90%。

廬山以雄、奇、險、秀著稱，五老峰、三疊泉、錦繡谷、含鄱口等景點舉世聞名。李白讚美說："予行天下，所覽山水甚富，然後偉詭

特，鮮有能過之者，真天下之壯觀也。”正因如此，歷史上眾多名人雅士登臨廬山、安居廬山、研究廬山，其成果主要表現形式是詩歌。據統計，共有3500多位名人，寫下了16000多首詩歌詠唱廬山。其中，陶淵明的“採菊東籬下，悠然見南山”，李白的“飛流直下三千尺，疑是銀河落九天”，白居易的“人間四月芳菲盡，山寺桃花始盛開”，蘇軾的“不識廬山真面目，只緣身在此山中”，等等，都是冠絕古今、耳熟能詳的詩句。

廬山的摩崖石刻有900餘處，成為一本流傳百世的珍貴史書。“第一山”“花徑”“廬山高”“枕流”“龍虎嵐慶”等，一方石刻，就是一個耐人尋味的故事。

近代以來，建有近千棟別墅的牯嶺一度成為南京國民政府的“夏都”。1937年，蔣介石正是在廬山發表《抗戰宣言》。毛澤東摯愛廬山，曾三次在廬山主持重要會議。1959年毛澤東第一次登廬山時所作七律《登廬山》揭示了中國翻天覆地的變化：

一山飛峙大江邊，躍上葱蘢四百旋。
冷眼向洋看世界，熱風吹雨灑江天。
雲橫九派浮黃鶴，浪下三吳起白煙。
陶令不知何處去，桃花源裏可耕田？

現在，廬山仍遺存有來自16個不同國家的建築風格各異的別墅600餘棟。一棟名人別墅，就是一本厚重的教科書。當年中外名人在這些別墅裏的經歷、故事，甚至是重大的歷史事件，都已融入了廬山的旅遊文化之中，讓廬山更加成為尋幽探勝的好去處。

廬山清涼圖　鄒良村　繪

三清天下秀

江西風景獨好，三清天下奇觀。1636 年，徐霞客在《江右遊日記》中寫道："又十里，東津橋，石樑高跨溪上。其水自北南流，其山高聳若負扆，然在玉山縣北三十里外。蓋自草萍北度，即西峙此山，一名大嶺，一名三清山。"徐霞客曾在玉山縣的冰溪東津橋遙望三清山，他受阻於水勢與道路，遺憾無法將自己的足跡印在三清山。試想，倘若徐霞客能登臨三清山，那麼在《徐霞客遊記》裏，或許會有三清山濃墨重彩的一筆。當年的徐霞客失去了一個登臨的機會，世人真正認識三清山也推遲到 20 世紀 80 年代。"養在深閨人未識"的三清山，在改革開放的浪潮裏，慢慢揭開了她那神秘而迷人的面紗。美國國家公園基金主席保羅先生稱："三清山是世界上為數極少的精品，是全人類的瑰寶。"三清秀出，驚豔了時光，驚豔了世界。今日三清，名揚天下。

三清天下秀，秀在自然天成。

三清山是滄海桑田的見證，14 億年的地質變遷裏先後經受過三次大海侵，並有兩次沉入海底達五六億年。海底火山的作用和 1.5 億年前侏羅紀晚期以及以後發生的喜馬拉雅造山運動，使得山體不斷抬高，斷層密佈，呈垂直狀態的花崗岩體又長期受風化侵蝕，加上重力崩解作用，最終造就了今日三清山奇峰參天、幽谷千丈的山嶽奇觀。宏觀的地貌演化系列是"峰巒—峰牆—峰叢—石林—峰柱—石錐"，再加上"岩壁、峰谷和造型石"九種地貌。三清山的花崗岩峰林微地貌形態類型完備，這九種地貌在三清山都有典型的展示。三清列座是峰巒，萬笏朝天、九天長城是峰牆，天門眾仙迎客是峰叢，三龍出海是峰林，玉靈石林是石林，巨蟒出山、觀音賞曲是峰柱，神仙現指、蝸牛戲松就是石錐，並有西海大峽谷、三排尖崖壁和豐富的象形石，如老道拜月、猴王觀寶，惟妙惟肖。在三清山核心景區就有奇峰 48 座，造型石 89 處，景物、景觀 384 處，其中，東方女神和巨蟒出山兩處已被收入吉尼斯世界紀錄。因此，三清山被聯合國專家評價為"西太平洋邊緣最美的花崗岩"。

三清天下秀，秀在生態良好。

三清山是全球重要的"生物避難所"之一。在第四紀冰川期，全球氣溫普遍下降，大量植物遭到了毀滅性的破壞，三清山因為複雜的微地形地貌環境，成了許多古老植物的避難所，其中就有很多珍稀物種，像紅豆杉、白豆杉、銀杏、天女花等等。2008 年三清山珍稀物種隨"神七"實驗艙升入太空。遨遊過太空的三清山瀕危植物種子被送到了中山大學生命科學院進行培育，成功後被移栽到三清山瀕危植物園。三清山不僅是華東黃杉和南方鐵杉的分佈中心，還有連片數千畝的高山杜鵑林。每年五六月時，十里杜鵑姹紫嫣紅，分佈於青山的蒼松翠柏間，搖曳在雲山霧海中，令人陶醉不已。無怪乎文學家秦牧稱讚三清山是"雲霧的家鄉，松石的畫廊"。

霧海巨蟒

↑三清女神

三清天下秀，秀在山水相依。

俯瞰三清，山臨水而立，水繞山而行，山水共耀，蔚為壯觀。高山孕育飛瀑，玉簾瀑布群就處於三清山石鼓嶺的幽谷叢林中，是江西省七大最美瀑布群之一。她流入澄淨浩瀚的三清湖，風情萬種；八磜龍潭的瀑布群似巨龍跌宕跳躍，從西海岸一直奔騰到山下的八磜村，而後流入三清山的玉琊溪，清澈純粹，如玉帶纏繞於青山之間。三清山的兩條溪流由小而大，是六百里信江的源頭，一江春水，向西奔入浩瀚的鄱陽湖。

三清天下秀，秀在人文底蘊。

三清山有著歷史久遠、留存豐富的道教文化。三清山屬懷玉山山脈。因其玉京、玉華、玉虛三峰挺拔，如道教尊神玉清、上清、太清列坐其巔而得名。《明一統志》記載："三清山，在玉山縣北一百里，與懷玉山並峙，有羽化壇，晉葛洪與德興李尚書修煉處。山巔有老子宮，又有金沙水玉洞、靈濟廟、羅漢洞，李尚書鐵爐諸奇勝。"三清宮背倚九龍山，門朝北斗紫微星，就實而向虛，取其"常有觀其徼，常無觀其妙"之經義。三清山於明代由王氏後裔復建了三清宮，珍貴道教建築與石刻雕像留存至今。別具匠心的三清宮道教古建築就是以三清宮為中心，周圍錯落有致地分佈著各種道教建築，配合

↓三清宮雪韻　周茂樹　攝

著地形藏巧於拙，構成了道教露天博物館。三清山還有儒家文化的浸潤熏陶，朱熹曾講學於金剛峰下的懷玉書院，留有千古不朽的理學著作《玉山講義》。三清山還是一個民俗文化大觀園，閩南風情、佘家風俗等多種民俗文化在這裏交融碰撞、交相輝映，各族人民在這裏和諧共存、和睦共處。三清山更有紅色文化的深厚土壤，方志敏曾在這裏浴血奮戰。如今，遍觀三清，“到處都是活躍躍的創造，到處都是日新月異的進步”。

三清天下秀，最為秀美的風景還是人。

“我見青山多嫵媚，料青山見我應如是。”三清山有一群聰穎智慧、勤於奮鬥的三清人，他們一步一個腳印、一步一個台階，創新發展，勇攀高峰：三清山 1988 年被列為國家級風景名勝區，1996 年設立旅遊經濟開發區；2002 年在西

↓三清山　舒劍　攝

海之上鑿石架閣開建棧道，成就 3000 餘米的西海岸棧道；2008 年成功申報世界自然遺產，此後又先後被評為國家 5A 級旅遊景區、世界地質公園，成為國家綠色旅遊示範基地之一，景區 11 項地方標準成為行業翹楚，為"江西風景獨好"添彩。三清人深深認識到：旅遊發展，不進則退。2018 年玉簾瀑布、神仙谷兩大景區橫空出世，《天下三清》首演綻放視聽盛宴，房車宿營地、佘村民宿秀美宜居，讓遊客在詩與遠方裏徜徉。三清山紅茶、剪紙、石斛草等旅遊商品推陳出新。這些都是三清人在新時代展現的新作為、交上的新答卷。

好風憑藉力，送我上青雲。習近平總書記視察江西時說"三清天下秀"。"秀"既有"美麗"之解，還有"出眾"之意。歷經千年積澱厚積薄發的三清山正在描繪美麗中國江西樣本的新畫卷，努力建設新時代全域旅遊新標杆。

千峰之首黃崗山

知道黃崗山的人不多，到過黃崗山的人就更少了，這與它“千峰之首”的美譽頗不相稱。

黃崗山，又名黃岡山，是武夷山脈的主峰，海拔 2160.8 米，因山頂生滿萱草（俗稱黃花菜），八九月花開時節，山岡遍染金色，蔚為壯觀而得名。曾有詩讚武夷山曰：“南北連粵浙，西東分贛閩，主峰黃崗山，勢壓大東南。”黃崗山雄踞東南之巔，不僅是江西省第一高峰，而且是中國華東六省一市地區的最高峰。奇峰險壑、山花古樹、飛鳥走獸、流泉飛瀑讓人目不暇接，迷人的月亮、壯美的日出、奇幻的雲海、宏偉的峽谷、古樸的關隘更讓人驚羨於她的絕美。

筆者曾到鉛山縣調研。因黃崗山距離縣城大約 100 千米，當時決定連夜登山。從鉛山縣城乘車出發大約是晚上八點，約晚上十一點半來到江西武夷山自然保護區葉家廠管理站，凌晨三點半再踏登頂之路，清晨五點左右抵達山頂。上山的道路崎嶇顛簸，夜間行車令人疲憊，但與在東南第一峰守望紅日噴薄的期待相比，都可忽略不計。

黃崗山是登高望遠的絕妙境地。山頂是一塊約 1 平方千米的平坦草甸，枯黃的萱草半人多高，還未著綠，鬆軟如氈。你或許曾見過塞外孤冷如鈎的彎月，亦曾見過西湖皎潔如盤的滿月，卻可能從未見過黃崗山這樣迷人的月亮，幾乎不用抬頭就能看到，彷彿一伸手就能輕觸。她像母親慈愛的目光，讓你的心兒漸漸柔軟；像情人晶瑩潤澤的臉頰，讓你忍不住想要輕輕愛撫。淡淡的月光如煙似紗，遠處的峰巒在雲海

黃崗山高山草甸

中若隱若現，如真亦幻，像一座座島嶼在茫茫大海中遊移，令人彷彿置身海上。山頂的最高點豎有江西省人民政府所立標誌碑，其上"黃崗山"三字鐵畫銀鉤，蒼勁有力。輕撫石碑，俯瞰雲低霧繞、萬峰匍匐，心中不由湧起萬千氣象，更是感歎黃崗山"千峰之首"之譽實至名歸。

五點半，遠處東方灰厚的雲團後隱有微光艱難透出，雲團上方的區域漸漸明亮，灰厚的雲層慢慢映紅，黑色、黑灰、灰色、灰藍、暗紅、橙色，由近及遠，層層鋪墊。略不經意，雲層表面鍍上了一條細長的紅線，呈弓形緩慢拱起，一個半凝狀、火紅的小彈丸在雲團中浮現，繼而快速躍升，瞬間跳出雲面，絢麗異

黃崗山頂贛閩之間的界碑

常，讓人無法直視。雲海倏地染上絢麗的色彩，像花海，像錦繡，像流蘇，雲蒸霞蔚，妙不可言。月亮不願離開她眷顧的生靈，抑或要歡迎太陽的到來。東升的太陽、西沉的月亮，這大自然看似不可調和的存在，在此相融，共成一景，一邊七彩絢爛、豁然開朗，一邊皎潔清冷、幽靜神秘，斑駁的光影在山間遊弋交錯，神奇壯美。這日月同輝的景象令人驚奇。

群山一下子甦醒了。綿連的群山，山體雄峻，平緩處錯落有致，秀峰疊峙；險峻地斧劈刀削，危崖突兀。山下水汽蒸騰翻湧而上，很快形成煙波浩渺的雲海，一鋪萬頃，茫茫無涯。峰巒變得捉摸不定，虛實莫測，儼然一幅自然天成的潑墨山水。層簇的雲團平靜時如棉似絮，千姿百態，悠揚舒緩，一幅煙水迷離之景；轉瞬間風起雲湧，驚濤拍岸，勢如萬馬奔騰，令人心懼。

與夜間上山相比，下山之路充滿了樂趣。黃崗山從山頂到海拔 900 米處，依次分佈著中山灌叢草甸、中山苔蘚矮林、針葉林、針葉闊葉混交林、常綠落葉闊葉混交林、常綠闊葉林、毛竹林，是國內唯一可以在 1 小時內沿公路考察欣賞到的最典型、最複雜的植被垂直帶譜。沿山路而下，看林木競秀，頗有檢閱三軍的感覺。特殊的地理位置、山高谷深的複雜地形使得武夷山脈在地質史上未受到第四紀冰川直接

↓黃崗山情侶瀑

侵襲，成為許多古老、孑遺生物的避難所和珍稀瀕危物種的幸存地。這裏分佈著總面積達6000多畝的全球最大的南方鐵杉原始林，僅見於此的柳杉天然林，林內百年以上樹木比比皆是。有“中國王”之稱的南方鐵杉佇立在山路邊已逾600年，挺拔有力，劍枝戟葉，儼如戰士站崗放哨，又像千手觀音守望你的到來。

驅車行駛在公路上，不時可以看到輕靈的鳥兒、活潑的松鼠、機警的野兔在叢林中覓食、嬉戲，增添了不少自然野趣。打開車窗，清冽的空氣沁人肺腑，動聽的鳥鳴撲耳而入，或清越，或含糊，或悠長，或短促，是絕妙的晨曲。有“鳥中熊貓”之稱的黃腹角雉極其有趣，雄雉體形優美，羽色鮮豔，五彩斑斕，煞是好看，雌雉則體形較小。由於身體粗笨，不善飛翔，膽子很小，遇到危險時，牠們不飛不跑，站在原地東張西望，直到敵人逼近，才“急中生智”一頭扎進雜草叢中，身子卻露在外面，好像鴕鳥一樣，因此被當地人戲稱為“呆雞”。牠們在這裏首次被發現並命名，良好的生態和淳樸的民風使牠們經過150多年的自然繁衍，成為全球最大的黃腹角雉野生種群。

在黃崗山觀賞瀑布無須艱苦跋涉，山腰轉角處的“情侶瀑”就頗有特色。兩道瀑布，左前方一道涓涓細流，猶抱琵琶半遮面，從幽林中流出，曲折蜿蜒，身姿曼妙，嬌柔嫵媚；右邊一道要寬闊得多，奔湧而下，陽剛壯美，一往無前，勝在氣勢。它們猶如一對熱戀的情侶，起初深情凝視，最後執手相奔，潭中激騰的白色水花分明是它們快樂的歌唱。但多不勝數的季節性瀑布、雨後性瀑布才真正體現黃崗山瀑布之美。雨後的黃崗山，僅西坡就有常見瀑布近20條，雲際天邊，彩虹之上，玉帶飛懸。冬季，這些瀑布是另一天然絕景，於山間、陡崖、巨石等處形成的冰瀑、冰簾、冰掛，晶瑩潔白，形態萬千。

“情侶瀑”的不遠處是觀看斷裂大峽谷的最佳地點。斷裂大峽谷形成於中生代地殼運動，橫跨閩贛兩省，長達數百千米。駐足眺望，大峽谷如被一柄巨劍生生劈出，筆直伸向遠方，極有氣勢。峽谷內溝壑深切，岩壁陡峭，險灘密佈，林蔭水覆。甘甜澈透的泉水泛著清幽的靈氣，穿峽走谷，過灘呈白，遇潭現碧，時而舒緩，時而湍瀉，其聲如鼓如琴。

桐木關是武夷山八大雄關之一，憑弔自然必不可少。不算太高的關隘，青色的磚古樸厚重，其上有一座兩層小樓台，依山而築，居高憑險，無怪歷朝歷代皆為兵家必爭之險。它的來歷並無太多記載，相傳為明英宗正統年間為守護邊關而建，因其時當地出產桐油，道路兩旁隨處可見油桐樹得名。立關北望，兩側高山聳峙入雲，贛閩古道貫穿其間，只是曾經的“商販鹽挑來往之區（樞）”再也無法尋覓鹽客蹤跡，可憑弔的只有“勿許恃眾鬧事”的勒石告示了。

1999年，武夷山作為世界文化和自然雙遺產，正式被聯合國教科文組織列入《世界遺產名錄》。武夷山脈分佈於福建省南平市武夷山市、江西省上饒市鉛山縣，黃崗山作為武夷山脈最高峰，巍峨聳立，直沖雲霄，傲視群峰。現在，越來越多的遊客來到這裏，體驗“千峰之首”的魅力，流連忘返。

問道“婺源黃”

有一種春天叫婺源。

問遊客：為何春天來婺源？遊客答：來看油菜花。每年 3 月上旬至 4 月中旬，特別是清明節前後，是婺源旅遊的一個高潮。平常年份，一天有 6 萬至 7 萬遊客。油菜花是一種普通的草本植物，別名蕓薹，原產地在歐洲與中亞一帶，在中國分佈甚廣。司空見慣的油菜花，全國到處都有，在江西幾乎縣縣有，為什麼非到婺源來看不可？她金黃的容貌、翠綠的衣裳裏，到底藏著怎樣的法術呢？

每年 3 月，很多人的“心理羅盤”就指向了婺源，情不自禁邁開腳步，顧不上路程遠近和天氣變化，到婺源近距離觀察。春入婺源，七分釀成青翠，三分化作金黃。走進婺源，彷彿走進了久違的歷史風塵裏，似乎步入了舒展綿延的山水畫卷中……她的美學既可以“望遠鏡式”在花海中環視，也可以“顯微鏡式”對準某一個局部，沒有任何矯揉造作，一切都是渾然天成。

置身婺源旅遊“成名曲”的江嶺梯田花海間，但見古樹、河流、村舍、梯田、花海、古道有機融合，粉牆黛瓦、桃紅梨白，花團錦簇、草木扶疏，佈局在綠水青山間“大珠小珠落玉盤”，不單調、不突兀，錯落有致，相得益彰。江嶺山底的水口村落，其聚族而居，取人與人

↓ 婺源春景

和；其擇山選水，取人與地和，構成了一幅經典水墨畫。從山底往山中移目，徽派村落與梯田花海、蜿蜒古道和諧共生，更像是一幅多彩油畫。從山中往山頂仰望，那天然闊葉林改變的天際線區域，分明是一件自然寫生作品呢。江嶺油菜花海，這一方不大的天地，以厚重的徽文化承載著農耕文明、村落景觀、書畫之道等，海納百川，兼容並蓄，令人嘖嘖稱奇。相比之下，有的油菜花海縱有梯田美景，但少了古村落點綴；有的油菜花海雖有村落鑲嵌，但少了梯田裝扮；有的油菜花海縱然排場很大，但少了農家民宿輔佐，缺乏人文慰藉。只有婺源油菜花，被命名為“婺源黃”，獨樹一幟。

“窗銜篁嶺千葉匾，門聚幽篁萬畝田。”與婺源江嶺似乎孿生的篁嶺，其梯田花海與曬秋人家隔流而居、遙相呼應，俯瞰就像太極圖，將“萬物負陰而抱陽，衝氣以為和”的生活準則鐫刻在山水間、天地裏，實在高明精妙。是的，木雕大師雖然會將朱子文化有機融入雕樑畫棟，促進文化“活態”傳承，但是，真正強大的文化一直在山河大地之間，從未躲進高樓深院裏。因此，婺源油菜花海的地域文化、鮮明特徵，為婺源贏得了“婺源黃”之美譽；“婺源黃”的過人之處、制勝法寶，在於擅長把握整體，講究“氣韻生動”。至於每每將世人的目光全都吸聚了過來，旅遊接待人次連年位居中國花海之首，也就理所當然、不足為奇了。

有人說，一個人總有多重身份。往往，隱秘的身份比外顯的身份更有趣。婺源人朱熹，不僅是大學問家，"鑄"得一手"金石有聲"的書法，還是皇帝的老師、深受百姓愛戴的官員。看婺源油菜花，不僅是看一處封存了千百年的農耕標本，看一方活態了千百年的自然肌理，更是在細細品讀她的"精氣神"，分析她如何成為江西旅遊的風向標。一個"婺"字，即"能文能武之美女"。婺源這個"出得廳堂、入得廚房"的面容姣好、蕙質蘭心造就"婺源黃"的"婺女"，她到底是個什麼樣的高明角色呢？

這個"婺女"，她是位藝術家，是個能工巧匠，不僅溫柔如水，而且剛硬似鐵。她以中國"三大顯學"之一的徽文化為筆，以返璞歸真的自然山水為紙，能書善畫，筆筆出奇。如果說凡·高的《向日葵》是留在畫布上的印象派；那麼"婺女"的《油菜花》則是印在山水間的寫實派。"婺女"每年都會潑墨山水，她徜徉於梯田花海間，陶醉於自然生態裏，妙筆一揮就是一個多月，大作頻頻，閃耀世界。在清華彩虹橋，她讓"世界最美廊橋"作障景，讓"國寶"作襯托，讓"婺源黃"精彩得無與倫比。她的這種園林藝術，豈是凡人所能及乎？在浙源察關，她讓"半規浮水半規沉"的石拱橋作鏡框，定格"婺源黃"的水口風光；在浙源鳳山，她讓龍天塔作筆，讓文物書寫"婺源黃"的錦繡華章……這樣的"婺女"，孕育出朱熹、詹天佑、金庸等一大批文化名人，也就不足為奇了。

承載"婺源黃"的婺源梯田，既有大自然的鬼斧神工，更有"婺女"的巧奪天工。"婺女"根據山體的地理走勢、構成物質、海拔高低等因素"隨體賦形"，宜寬則寬、宜窄則窄，宜高則高、宜低則低，將一個個山體橫截面幻化為一層層梯田。俯瞰婺源梯田，猶如仙女的絲帶翩翩飛舞，有著"大地指紋"的感染力。"婺女"造梯田，除了觀山形、察山勢，順應山、服從山，不與山爭，還懂得聽石語、考石理，馴順石、利用石，與石為伍。那一丘丘梯田石塝，就是根據石頭的大小、形狀、材質等因素"就地取材"，砌築的一堵堵固若金湯、大善大美的石牆。那些石頭在鋼釺鐵錘的"千錘百煉"下，從"婺女"的"冤家"變成了"婺女"的"親家"，安頓著油菜花黃，掀起著稻菽熱浪，守護著鳥語花香……

遠眺婺源梯田，那分明是一部生態文明"活教材"：田嶺是紙張，石塝是頁碼，山水是插圖，農耕是內容，大山是封面……婺源的"梯田之道"，也被當地百姓廣泛運用於"鋪路之道"。婺源古道，根據青石板的大小、形狀、厚薄等因素"物為我用"，造就了鋼琴鍵盤般的美麗姿彩。行走在婺源那一條條蜿蜒在綠水青山間的悠悠古道上，彷彿是用腳步在彈鋼琴呢，而耳邊也不時傳來了一陣陣山風的悅耳"琴音"。

"行古道聽油菜花語，近山水悟自然玄機。"對於真正的旅行者來說，"在路上"是說一不二的法則。當人們在婺源篁嶺之巔，踏上海拔 800 多米的盤山古道，持續行走一個多小時的時候，對婺源梯田的生態文明"大地紋理"，對"婺源黃"的美學之道就會有新的認識。遠的不說，僅就梯田灌溉而言，就需要上下村落共同保護生態、涵養水源，還要齊心協力讓水渠不

婺源珍稀鳥類——藍冠噪鶥　王金平　攝

山村秋色　譚惠如　攝

堵塞、不斷裂、不乾涸等等，這就需要當地百姓聽從管理者的統一指揮，確保政令暢通、令行禁止。同時，婺源境內溪澗縱橫，僅僅為了治河、管河，不讓上游百姓連累下游百姓，大小村落就必須統一在同一個政府的治理之下。如此，讓“靠山吃山”“靠水吃水”的婺源百姓養成了尊重自然、敬畏山水的生態自覺，留下了“殺豬封山”“生子植樹”等村規民約和“養生禁示”“封河禁漁”等自治石碑……其蘊藏的生存智慧對於今天的綠色發展仍有很大的啟示。

東方美學的至高境界，是人和自然的默契。在中國傳統山水畫中，人的形象很少或很小，但整體上人氣沛然。在旅遊淡季，遊客較少的時候，婺源同樣別有一番滋味，置身其中，更能充分感受到自然的人情化、人格化。這裏高山處，一座傳播“緣起性空”佛學思想的棲霞古寺，已經存世了千餘年。或許，受佛學思想的影響，棲霞古寺周邊的“婺源黃”，不論海拔高低、香客多少，都綻放得坦蕩無私，呈現得光彩耀人。由於人煙稀少，這裏也呈現了一種“空”的境地。在“空”的世界，好像什麼都沒有了，又好像什麼都有了。有和沒有，也都進入了覺者的境界。或許，“婺源黃”明白：遊客來了，不驚喜，不希冀；遊客走了，不悔恨，不抱怨。她們樂於接受“無常”，因而氣度更加開闊。這種開闊氣度，不正是為世人送上的一劑心靈良方嗎？

有道是“女為悅己者容”，為了迎接遠道而來的八方遊客，“婺女”適度梳洗裝扮自己也是必要的。有的人，是用胭脂口紅來“增色”；而“婺女”，卻是用農業科技來“添彩”。這些年，她一直在嘗試著做靚“花樣文章”，通過借智借力，為“婺源黃”植入科技基因，實現了全球首例反季節油菜種植一舉成功，實現了讓“婺源黃”既能在雪地裏盛開，也能在秋風中綻放；既能變身“雪花”，也能扮演“秋菊”。“婺女”造化與時俱進，敢為人先，有勇有謀，令人驚歎。

在她的造化下，婺源梯田皇菊成了秋季裏的一道別致風景；婺源梯田茶園一舉奪得全球園藝界的重要獎項“卡洛 · 斯卡帕國際園藝獎”，成為迄今為止唯一獲此殊榮的中國單位。受她啟發，一道神秘的藝術光彩早早就灑向了千年古縣，“滿城盡帶黃金甲”。於是乎，花海影視殺青了，油菜歌謠傳唱了，花海民宿湧現了，賞花古道評選了，花海吉祥物發佈了，油菜文創品問世了，油菜花旅遊文化節也閃亮登場了……“婺女”變“種農田”為“種風景”，變“整環境”為“整資源”，擺脫門票經濟依賴，帶動全縣七成百姓吃上了“旅遊飯”，讓全域旅遊領跑全面小康，可謂治家有方、生財有道。

“婺源黃”之道，猶如一河清水滋養萬物，浸潤人心，生生不息，成就了一段段美談。行走婺源，人們將深切感受到，“婺源黃”之道，既是“婺女”聽從自然、順應自然、保護自然的生態文明之道，也是“源頭活水”吸收、涵養、展現的“上善若水”的老子之道和“廉泉讓水”的朱子之道，還是“綠水青山就是金山銀山”的大國崛起之道。

問道“婺源黃”，越看越有味，越品越感動，令人流連忘返，物我兩忘。

江湖奇峰石鐘山

很多人去石鐘山，是因為蘇東坡。蘇東坡在《石鐘山記》中寫了他夜察石鐘山的經歷，文章如行雲流水，瀟灑自得，繪聲繪形與卓識妙理兼具，吸引著人們循跡而至。

石鐘山屬九江市湖口縣。從九江市區出城往東，全程高速公路，跨過雄偉的鄱陽湖大橋，很快就能來到石鐘山的山門。與人們從《石鐘山記》中得到的印象不同，石鐘山並非危岩千尺、四面絕壁的湖中大島，而是三面環水、一面連著陸地的水渚高崖。湖口縣城半圍著石鐘山呈扇形展開，石鐘山山門正對著熱鬧的街市，非常方便人們登山觀景。

山門外是一片喧囂的繁華。街道上的汽車來往穿梭，"湖口全魚宴"的大幅招牌直入人眼，各種各樣的酒店、大排檔、商舖一間挨著一間，老闆和夥計熱情地招呼著南來北往的客人。一走進山門，卻彷彿進入了一個靜謐的世界。這裏的遊客隨性地徜徉著，動聽的鳥鳴不時傳進耳朵，微風夾雜著清新的花香環繞在你的四周，未及細細遊覽，已然拂去了心塵，期待來一次心靈的旅行。

拾級而上，首先看到的是東坡先生的漢白玉雕像。雕像有 3 米多高，被安放在正對山門的山坡之上，通身被清掃得一塵不染。每一名路過的遊人都不禁要在此駐足良久，間或還有人鞠上一躬。只見眾人注視下的東坡先生背手而立，衣袂隨風微捲，面容和藹，很是恬淡自得。此景輕易就讓人想起了東坡先生與這方土地的不解之緣。蘇東坡從小聰穎好學，被歐陽修稱讚為"他日文章必獨步天下"。他一生仕途坎坷，屢遭貶黜，多次出入江西，留下了大量膾炙人口的作品，使江西眾多景點聲名遠播。在贛州八境台，他第一個提出城市八景概念，為後世模仿；在廬山，寫下"不識廬山真面目，只緣身在此山中"等千古絕唱；尤其是湖口石鐘山，因他的《石鐘山記》而聲名鵲起，引發定名原因千年之爭……

依依別過蘇東坡雕像，接下來是一條茂林垂蔭、修竹掩映的石階小道引領著遊人前往景區深處。石鐘山海拔 57 米，全山面積約 9 萬平方米，體量不算很大。然而越走就越發現其精巧雅致，一派江南園林的美妙風光。

考古資料顯示，早在商周時期，湖口先民就在此結廬為居，從事漁獵活動。自唐初到清咸豐七年（1857），石鐘山曾有古建築 50 餘處，但後來基本毀於歷次戰火。現存的古建築群主要由清末湘軍將領彭玉麟主持重新修建。石鐘山的建築集亭、台、樓、閣、塔、榭、舫、廊等 20 多種形態為一體，皆是依山就勢，因地制景，"各抱地勢，鈎心鬥角"。各種各樣的植物遍佈山頭，古榆濃蔭匝地，香樟四季常青，紫薇搔首弄姿，梅花暗香浮動，櫻花輕盈漫舞，不大的山頭森林覆蓋率竟達 95% 以上，僅木本植物就有 200 多種，與各式建築相映成趣，相得益彰。漫步其中，石鐘亭、懷蘇亭、昭忠祠、報慈禪林、浣香別墅、坡仙樓、臨湖塔等相繼巧妙呈現，一步一景。尤其是當你走進浣香別墅，沿著天河向前，過聽濤眺雨軒、蕓芍齋，再至且閒亭，突遇石岩障前，幾欲反身而退時，卻有一座石板小橋，曲徑通幽，又見一石門洞開，豁然開朗，原來是“桃花洞口，漁人精舍”，讓人感慨別有一番洞天。

近年來，當地在保留原有建築風貌和特色的基礎上，又新建了一批當代建築，泛舟亭就是其中的絕佳代表。泛舟亭坐落在岩下水濱，需從臨湖塔旁緣崖而下，經絕壁，穿洞、跨橋、過隙，一路曲徑陡險方能到達。這是一個不大的亭子，周圍亂石穿空，古樹倒掛，景致清幽。900 多年前一個月朗星稀的夏夜，東坡先生就在此岩之下，坐著一葉小舟艱難前行。湖水發出很大的聲響，山林中驚起的貓頭鷹淒厲地喊叫，划船人神情緊張，不斷催促快回。東坡微欠著身體，緊緊抓住船身，借著月光辨明了波浪衝擊下的岩壁佈滿大小不一、不知深淺的洞穴，風水相吞吐，哐啷作響，轉而笑語：“石鐘之名原來如此，凡事還是要耳聞目睹才算

↓九江石鐘山

啊。”如今，靜坐亭中，閉目細聽，仍然可以親聆微風鼓浪、水石相搏、響若洪鐘之美妙聲音。

石鐘山又是一座有著豐富文化遺存的檔案館。這裏集中了大量由歷朝歷代大家名流、文壇巨匠留下的詩詞歌賦、金石銘文、長短楹聯。它們看似散亂，實則相通，只要細心揣讀，無不令人有跨越時空，望雲捲雲舒、看花開花落的感覺。先看碑刻和石刻，現存有 200 多處，最早的可追至唐代魏徵書四言書“遵王之義”。其中，名家名篇有之，如陶淵明的《歸去來兮辭》、蘇東坡的《石鐘山記》；勒碑記功者有之，遠如元代桑嘉依擊退紅巾軍進復湖口，近如清末湘軍曾國藩作《金陵湘軍陸師昭忠祠記》；隻言片語抒懷詠景者有之，如“力挽狂瀾”“雲根”“曠懷”“犧牲救國”“金石為心”等等。石刻“江湖鎖鑰”更是寫盡石鐘風雲。歷史上石鐘山為兵家必爭之地，誰控制了石鐘山，誰就獲得戰爭的主動權。從三國周瑜練兵於鄱陽湖，到朱元璋與陳友諒之戰、太平軍與湘軍之戰，石鐘山目睹了一幕幕慘烈的戰爭場景，也

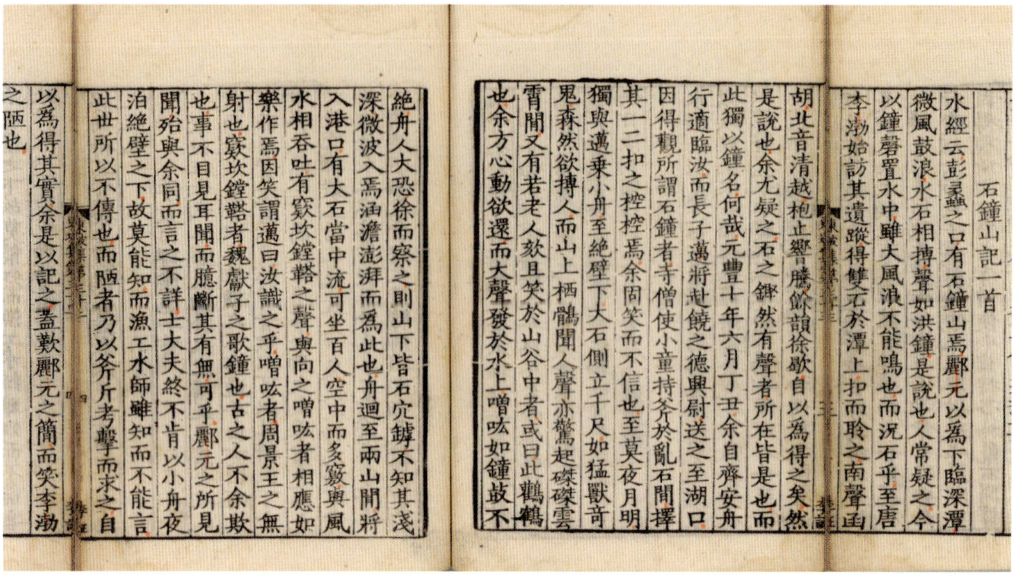

石鐘山記一首
水經云彭蠡之口有石鐘山焉酈元以爲下臨深潭微風鼓浪水石相搏聲如洪鐘是說也人常疑之今以鐘磬置水中雖大風浪不能鳴也而況石乎至唐李渤始訪其遺蹤得雙石於潭上扣而聆之南聲函胡北音清越枹止響騰餘韻徐歇自以爲得之矣然是說也余尤疑之石之鏗然有聲者所在皆是也而此獨以鐘名何哉元豐七年六月丁丑余自齊安舟行適臨汝而長子邁將赴饒之德興尉送之至湖口因得觀所謂石鐘者寺僧使小童持斧於亂石間擇其一二扣之硿硿焉余固笑而不信也至莫夜月明獨與邁乘小舟至絕壁下大石側立千尺如猛獸奇鬼森然欲搏人而山上栖鶻聞人聲亦驚起磔磔雲霄間又有若老人欬且笑於山谷中者或曰此鸛鶴也余方心動欲還而大聲發於水上噌吰如鐘鼓不絕舟人大恐徐而察之則山下皆石穴罅不知其淺深微波入焉涵澹澎湃而爲此也舟迴至兩山間將入港口有大石當中流可坐百人空中而多竅與風水相吞吐有窾坎鏜鞳之聲與向之噌吰者相應如樂作焉因笑謂邁曰汝識之乎噌吰者周景王之無射也窾坎鏜鞳者魏獻子之歌鐘也古之人不余欺也事不目見耳聞而臆斷其有無可乎酈元之所見聞殆與余同而言之不詳士大夫終不肯以小舟夜泊絕壁之下故莫能知而漁工水師雖知而不能言此世所以不傳也而陋者乃以斧斤考擊而求之自以爲得其實余是以記之蓋歎酈元之簡而笑李渤之陋也

↑南宋年間杭州刊本《東坡集》中的《石鐘山記》

見證了歷史的滄桑巨變。再看楹聯，更是多不勝數，幾乎每一處建築都有，其中昭忠祠更是達百餘副之多。這些楹聯文字質樸，多為即景抒懷之作，與建築情景交融、相映生輝，更加增添了石鐘山的文化魅力和感染力。

遍遊全山，意猶未盡。小小的石鐘山一草一木一石都承載著厚厚的歷史，古往今來多少詩人、散文家、書畫家、軍事家、思想家爭相駐足於此。特別是在蘇東坡之前，陶淵明、謝靈運、酈道元、狄仁傑、孟浩然、李白、白居易、范仲淹等等，都曾登此感懷。看來，石鐘山已遠不止是東坡先生筆下山石多隙、水石相搏、常擊鐘鳴之聲的石鐘之山。

待站上山的最高處，頓覺天地遼闊。剛才還婉約動人的石鐘山，這時像一位堅毅的勇士矗立在一片汪洋之上，腳下是中國最大的淡水湖——鄱陽湖，蒼茫浩渺；右手邊是中國最長的河流——長江，直瀉千里。千百年來，湖水北去、大江東流，石鐘山笑看大浪滔滔，水分兩色，一切盡在掌控之下。遠處匡廬秀色若隱若現，近處舟楫雲集，來往穿梭，傍晚時分更有霞光映水、漁舟唱晚。詩人看到此景，會無限感慨吐塊壘；畫家看到此景，會腕底煙霞流雅韻；軍事家看到此景，會想到“巋然天塹，誠不可忽”；忠臣節士看到此景，會感慨涇渭分明，忠奸不能並立……

扼湖控江的石鐘山，如此自然天成，再加上人文造化，造就了這世上獨一無二的“江湖奇峰”，中國不會有第二處，世界也不會有第二處。至此，人們也許明白石鐘山吸引無數慕名者紛至沓來，不僅僅是因為東坡先生的一篇奇文，終究大家同東坡先生一樣，都是大自然的朝聖者。

今人再遊石鐘山，還當精心呵護這一上天的恩賜，給予它更高的禮遇，不斷豐富它的文化內存，使石鐘山之名飛得更高、更遠、更久！

望仙峽谷　飛瀑崖居

在奇石海洋、心靈之山——江西上饒靈山的北麓，有一條幽靜美麗的大峽谷。相傳東漢末年著名隱士胡昭（司馬懿的老師）在此悟道修仙，他的親人每天在谷中小村莊眺望山頂追尋其蹤跡，因而此處得名“望仙谷”。由於谷中及周邊有九塊形狀像牛的巨石，後人又稱其為九牛大峽谷。除 20 世紀末，望仙谷曾因開採和加工花崗岩而喧鬧過一陣，其餘時間這裏都十分幽靜。隨著城鎮經濟的快速發展，望仙谷日益落寞。

2011 年，五位熱血青年懷著留住鄉村記憶、助力鄉村振興的夢想與激情，扎根望仙谷投身文旅創業，望仙谷又逐漸熱鬧起來。他們從簡單的漂流做起，到逐步修建高空棧道、濱水遊步道等觀光設施，再到升級打造特色小鎮，可謂一路艱辛、一路付出、一路收穫。經過多年精心雕琢，望仙谷景區已經擁有自己的規劃建設團隊與文旅發展理念，先後開發建設了峽谷漂流、棧道探險、岩舖民俗、天心禪寺、芳村嚐鮮、南山桃源、日照觀音、大濟尋賢等 21 個景點，一個集山水人文、漂流運動、休閒度假、健康美食、民俗體驗等於一體的新型文旅地標正逐漸展現在世人面前，並以其獨特視覺迅速成為“網紅”景點。

望仙谷的峽谷狹長且曲折，兩旁山壁陡峭如同刀削，其中有處大懸崖名為白鶴崖，顯得尤為特別。這裏曾是古代眾多道家方士起居修仙的地方，垂直高度有 110 餘米。如今，景區正在此開發建設 12 間懸空玻璃客房和懸崖圖書館、懸崖餐廳、高空觀景台等人工設施。項目完工後，遊客可擇崖而居，近可俯瞰整座山谷，遠則眺靈山龍脊，與山野為鄰、與星月相伴，意似九霄雲宮。望仙谷的河道怪石嶙峋、上下落差較大，上游建有一座小型水庫，可自由調節河水水量大小，與其他地方的漂流相比，增添了幾分刺激與樂趣。漂流河道全長 2.8 千米，落差 185 米左右，每年夏天有 10 多萬名遊客前來漂流衝浪。

在峽谷兩旁的崖壁上，兩條風格各異的高空棧道蜿蜒前行、遙遙相望。白鶴崖這邊的棧道，部分採用玻璃鋪設，腳下陡峭峽谷與急流溪水一覽無餘，膽小遊客在此可能尖叫不斷、寸步難行。對面的棧道，則別有一番情趣，整個棧道猶如一條玉帶忽隱忽現地穿過大片森林與一群瀑布。這些瀑布有的離棧道較遠，只能舉目眺望；有的就在棧道腳邊，伸手就可觸及。這些瀑布的水流、形狀也各不相同，有的水流小又慢，自上而下緩緩地平鋪在整塊大石壁上，碰起層層疊疊的細小浪花，就像一朵朵開在岩山上的花朵，人們稱之為岩花瀑。有的則大又急，直接從懸崖峭壁上以“飛流直下三千尺，疑是銀河落九天”的氣勢落入河道中。整個空中瀰漫著微白色的水霧，在陽光照射下，形成一道美麗的七彩虹，故名彩虹瀑。從棧道往下看，谷中有三個似圓形大鍋的深水潭，人稱“三口鍋”。傳說女媧補天的五彩石就在這下面，也

望仙峽谷

有人說“三口鍋”底下是暗河，可以直通鄱陽湖。

說到河與水，自然離不開橋。在景區入口處，有一座紅色單拱鋼結構大橋，拱橋坡度較小，遊客走在上面如同“平步青雲”，其橋名也正是“青雲橋”。穿過青雲橋，來到一座風雨廊橋，廊橋採用的是抬樑式架構，整個結構和工藝富有江西地方特色。峽谷中段，有一座高空鋼架橋橫跨峽谷上空，中間懸有“望仙谷”三個大字，橋雖顯簡單但似乎又帶點粗獷美。在眾橋中，最美的當為攬月橋。它是一座石拱橋，取材於當地的花崗岩，由百層方石堆砌而成，遠看就像一鈎新月。圓月夜裏，圓圓的拱橋可將溪谷中的月亮倒影一攬而入，這也是它取名“攬月橋”的原因所在。

沿著棧道前行，穿過瀑布，越過森林，不久就來到了望仙峽谷小鎮。小鎮大量採用了夯土牆、石牆搭配木質小窗、黑瓦片的建築風格，最大限度地遵循了復原村落、就地取材的原則，具有濃厚的江西地域民居特色，這也是它有別於其他特色小鎮的地方。在以夯土牆、黑瓦片為外觀主色調的聽風、觀山悅等民宿中，各項設施既現代又齊全，遊客可以享受比肩奢華酒店的舒心服務。同時，這裏的美食也是原汁原味的，景區在岩舖街市集中打造了紅糖、酒、醬醋、油、年糕、豆腐、白茶、辣醬、造紙、木竹、布染等十多個傳統農業手工作坊，遊客們可以品嚐到最地道、最正宗的望仙味兒，並可親身體驗各類傳統手工農產品加工和製造過程。鳴蟬巷和靈光街則匯聚了充滿奇思妙想的文創商店和上饒的非遺體驗項目，溪谷左岸是由酒吧、紅酒坊、啤酒屋、燒烤吧組成的酒吧街。小鎮中還建有望仙楊府、胡氏宗祠、聚仙戲台、三神廟等精巧古建築，江西弋陽腔、木偶戲、畲族民歌和沉浸式體驗劇《我就是藥神》等在此聯袂演出。

根據景區建設規劃，望仙谷將繼續推出農業研學、溫泉度假、高端涵養等其他板塊，到時其文旅形式與內容將會更加豐富多彩，望仙谷的這份幽靜與美麗也將會被更多人所癡迷。

↑望仙谷懸崖

人間仙境葛仙村

“來葛仙村過幾天神仙日子”，不知從什麼時候開始，這句旅遊口號影響力越來越大。葛仙村也逐漸成為人們耳熟能詳的旅遊景點。葛仙村，是一個位於江西上饒鉛山縣葛仙鎮的度假小村，就在道教名山葛仙山腳下。2018 年，葛仙山還是一片繁忙工地，短短兩年間就有了如此大的變化，成了江西旅遊的一顆璀璨新星，一處人人讚揚的人間仙境。雖然這讓人

↓葛仙山　曾博文　攝

有些許納悶，但葛仙村名聲在外卻是不容置疑的。

在短短半年時間裏，葛仙村先後冠名浙江衛視、湖南衛視最火的兩檔娛樂節目和三列高鐵列車，並動員起各種傳統媒體、新興媒體參與宣傳推廣。這種敢於大手筆“造勢”的傳播意識，確實值得讚賞。畢竟旅遊很多時候就是從眼球經濟開始，酒好也怕巷子深，再好的景點沒有吆喝也是不行的。就如江西一些優秀景點，現在依然處於“養在深閨人未識”的狀態。

要想探尋葛仙村受寵變紅的秘訣，不妨前往葛仙村走一趟，也順便體驗一番“神仙日子”。葛仙村景區以東漢末年“太極左仙翁”葛玄在葛仙山修道成仙的事跡為線索，運用中國傳統文化中的“養生之道”“修行之法”“濟世之術”創意和古典山水園林景觀手法，依託祈福道教聖山葛仙山再現了一個集生態旅遊、文化體驗、商務會展和休閒度假於一身的漢唐風格小村。

自 2020 年 5 月 1 日對外試營業以來，景區在夜遊、演藝、美食、節慶、住宿、商業等方面提供了許多與其他景區明顯存在差異的產品，吸引了不少遊客前來打卡。2020 年，葛仙村累計接待遊客超 90 萬人次，月均旅遊收入突破 1000 萬元，旅遊人次和旅遊收入均進入江西省前十位，直接解決 1200 餘人就業，間接帶動相關行業 5000 餘人吃上旅遊飯，真是了不起。

剛到景區門口，就見一座漢唐風格的古色小村靜靜地坐落在青山綠水之中，小橋流水、青石黛瓦相互映襯，不少地方瀰漫著輕盈的白色水霧，頗有點仙氣嫋嫋的味道。來到葛仙村，自然不能不登葛仙山。遊客們首先要踏著鋪滿青石的小道穿過靈寶仙街，去索道站乘坐上山纜車。只見街道兩邊的商舖琳琅滿目，既有各式餐飲、特色名吃，也有休閒娛樂、非遺文化體驗等，充分體現了當地特色，店裏店外人流湧

↑葛仙村

動、頗具人氣。

山不在高，有仙則名。葛仙山就是最好的例子，主峰葛仙峰海拔僅 1096.3 米，但因東漢葛玄在此山修煉得道而逐漸成名，並被後人譽為“中華靈寶第一山”。葛仙山的香火，自宋元以來一直很旺，每天有數以千計的來自贛、閩、浙、皖等省的香客前來朝拜。特別是在每年農曆的六月初一（“開山門”）至十月初一（“關山門”），香客更是川流不息。其中，以農曆八月二十日（葛仙翁壽誕）最盛，朝山進香者常逾萬人。過去，前往葛仙山只能靠步行，上下一趟需七八個小時，十分艱辛。現在，葛仙山修建了最先進的索道，全長 2069 米，高差 691 米，乘坐纜車只需不到 10 分鐘就可以直達山頂，這使得上山的遊客與香客數量大大增加。

登上葛仙山，站在觀景平台，可見不遠的峰頂、谷中纏繞著茫茫雲霧，此時既有一種登高望遠的愜意，更有一種身臨仙境的逍遙。葛仙山境內峰崗疊聳、壑谷縱橫，山形地貌奇特，九條支脈如九條蒼龍，匯聚於大葛仙殿後，人稱“九龍竄頂”。九龍匯聚之處為風水極佳之地，在此遠眺可見武夷山主峰黃崗山和龜峰、靈山、鵝湖山等高山。山上還有仙人足印、石道人、香爐峰、試劍石等自然景觀，留有玉虛觀、大葛仙殿、三官殿、靈官殿、地母殿、玉皇殿（樓）等道教宮觀。同時，葛仙山上的齋飯也是一絕。雖然一桌皆是素菜，如辣椒、茄子、青菜、蘿蔔等，但吃起來美味可口，勝過那些玉盤珍饈。好吃的原因有四條：一是廚藝絕。掌勺師傅很早就隨父親在山上學藝，每日固定炒這些菜已經40餘年，廚藝已爐火純青，雖身在小小山村中，但完全達到了"大國工匠"水平。二是食材鮮。絕大部分原材料都是道觀在高山上自種自養，生長在"仙境"中味道自然鮮美。三是食油純。炒菜的油都是周邊香客進貢的自榨菜籽油，雖然各家各戶的油比較雜，但他們都是各有所願，對葛仙翁絕對虔誠，油必然是好中選優，不會弄虛作假。四是火候好。選用什麼木材燒很有講究，至於何時添柴、減柴、熄火更有竅門。

用完美味可口的齋飯後趕緊下山，令人期待的葛仙村燈光秀和水幕電影即將開始。當再次踏進靈寶仙街時，已是華燈璀璨，五顏六色的花燈高高懸掛在街道上空，遊客在燈光中穿梭流動，與白天相比更有詩情畫意。燈光秀和水幕電影主要圍繞眾妙閣與邊上的水舞台而設計佈置。眾妙閣是景區的制高點，主樓高26米，採用古代建築結構，為三層四柱的純木結構。燈光表演先從"亮閣"開始，當流光溢彩的科技燈光聚焦投影在眾妙閣上，眾妙閣頓時變得"神采奕奕"，似乎披上了七彩神衣。多彩燈光隨著古典音樂不斷魔幻地變動，呈現出各種各樣的精美畫面，加上閣樓上下還有舞蹈演員們隨之翩翩起舞，眾妙閣彷彿也變得靈動起來。

接下來，則是觀看《歸真紀》水幕電影演出。其通過高壓水泵和特製水幕發生器，將水自下而上、高速噴出霧化形成"銀幕"，再由專用放映機將特製的錄影帶投射在"銀幕"上，形成不可多見的水幕電影效果。每當人物出入畫面時，好似騰飛天空或自天而降，充滿了虛無縹緲和夢幻的感覺。在水舞台上，舞蹈演員們伴隨時而激盪、時而舒緩的音樂，演繹出一幕幕跌宕起伏的仙境傳奇故事。由於過於沉浸其中，眾人身上沾滿水霧也渾然不知。葛仙村還有玉清台、洗塵門等19個光影秀觀賞點，篇幅所限，不能逐一介紹。

當演出結束後，葛仙村的夜晚逐漸萬籟俱靜，輕輕漫步在小村大道上可享受到一份安寧。抬眼望去，月朗星稀。道路兩旁，綠樹成蔭、枝繁葉茂，周邊遍佈古色古香的高檔賓館和民宿，還有錯落有致的亭台樓閣。在華燈的映照下，這些畫面分外光彩奪目，彷彿天宮盛宴般的輝煌燦爛，充滿了人間仙境的韻味、世外桃源的夢境，可稱之為"門外五百年，門裏五星級"。晚上躺在床上，依稀可聽見屋外溪水的潺潺流動聲，偶爾還夾雜著幾隻不知名的小動物的叫聲，此夜睡得格外香甜。

每年新春時節，是葛仙村中梅花盛開的時候。葛仙村的梅樹共兩千餘株，有紅梅、青梅、綠萼梅、綠垂枝梅等優良品種，有的從國外整株進口而來，成本不菲。梅樹蒼勁古雅、疏枝橫斜，梅花凌寒綻放、清逸幽雅。為了吸引廣大遊客前往賞梅，葛仙村準備了以"梅"為主題的演藝活動，如撫琴奏樂、梅園祈福、梅花舞劇等。花期不待人，賞花須及時，新春正是賞梅好時節。每當這時，很多人的心中又會燃起那個念想：再去葛仙村過幾天神仙日子。

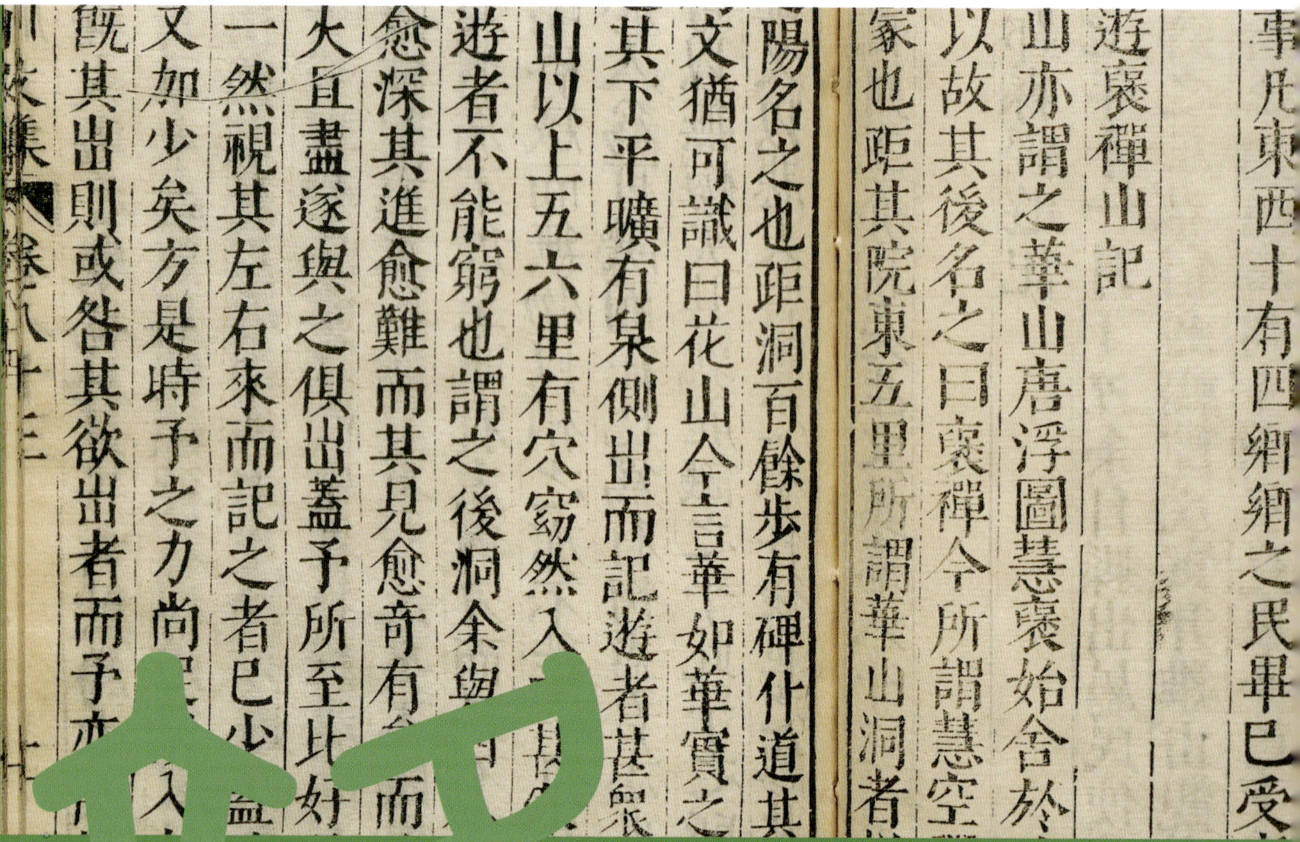

事凡東西十有四鄕鄕之民畢已受

遊褒禪山記

山亦謂之華山唐浮圖慧褒始舍於

以故其後名之曰褒禪今所謂慧空

冢也距其院東五里所謂華山洞者

陽名之也距洞百餘步有碑仆道其

文猶可識曰花山今言華如華實之

其下平曠有泉側出而記遊者甚

山以上五六里有穴窈然入之

遊者不能窮也謂之後洞余與

愈深其進愈難而其見愈奇有

大且盡遂與之俱出蓋予所至比好

然視其左右來而記之者已少

又加少矣方是時予之力尚

旣其出則或咎其欲出者而予亦

臨川文集 卷八十三

至東吳具舟以西質明泊舟堰下食
寺菴過五峰行十里許復具舟以西
質明觀新渠及洪水灣還食普寧院

3

俊采星馳

田園詩宗陶淵明

中國第一位田園詩人陶淵明，以一己之力開創了中國文學史中的“田園詩派”，他身上好像有一種近乎魔力的吸引力，讓那些有著超凡思想、脫俗靈性的人靠近他、解讀他。李白在詩中引用陶淵明的詩句和典故“何日到彭澤，長歌陶令前”；杜甫高度肯定陶淵明的文學地位，第一個將陶淵明與謝靈運並稱。白居易和蘇東坡把陶淵明比作知己還嫌不夠親密，紛紛把陶淵明當成自己的前世。白居易自稱“異世陶元亮”，作《效陶潛體詩十六首》；蘇東坡說“只淵明，是前生”，將陶淵明推為歷代詩人第一，並作了 124 首“和陶詩”，幾乎將陶淵明留下來的每一首詩都和了一遍，掀起了“和陶詩”的潮流。黃庭堅把陶詩作為詩歌創作的最高境界，一生效法；辛棄疾幾乎每寫十首詞，就有一首提起陶淵明。朱熹、龔自珍、王國維對陶淵明從哲學思想、藝術境界上總結歸納出了新的高度。

陶淵明（約 365–427），又名潛，字元亮，私謚“靖節”，自號“五柳先生”，潯陽柴桑（今江西省九江市）人。陶淵明是中國偉大的詩人、文學家、思想家，流傳於世的作品有詩 125 首、文 12 篇，後人編為《陶淵明集》。

陶淵明生活的朝代為魏晉南北朝，是中國歷史上政權更迭最頻繁的時期，亂象頻生，戰爭不斷，民生凋敝。陶淵明家世居吳地，曾祖陶侃官至東晉大司馬，外祖父孟嘉是吳地士族、當時名士，有“孟嘉落帽”的軼事流傳。縱覽陶淵明一生，陶侃一系留下的“耕”，孟嘉一脈留下的“讀”，幾乎就是陶淵明身體力行的生活宗旨，給他的田園詩創作埋下了伏筆。陶淵明在青少年時期，受過較為正統的儒家教育，博

↓歸去來辭卷　趙孟頫　書

↓悠然見南山圖　石濤　繪

↑桃源圖　蕭晨　繪

覽群書，勤於思考，興趣廣泛，精力充沛，非常注重自身的品德情操和文化修養。“少時壯且厲，撫劍獨行遊。誰言行遊近，張掖至幽州”，他不僅讀千卷書，還行萬里路。

陶淵明在 29 歲時開始為官，先後任江州祭酒、桓玄幕僚、鎮軍參軍、建威參軍、彭澤縣令等職務。這些官職雖然不高，但是因為江州（九江）在東晉時期的特殊軍事地理位置，陶淵明幾次被捲入權力鬥爭旋渦，看盡政治傾軋的黑暗和殘酷，最後他任彭澤縣令 80 餘天就借故辭官回歸田園。

公元 405 年，陶淵明以一篇立意高超如行雲曜月、文辭暢達如流水歸舟的《歸去來兮辭》，告別仕宦生涯，開始了自耕自種、飲酒讀書的田園生活。他的歸隱像一聲號角，一聲親切的呼喚，在後世那些渴望自由、尋求超脫、懷念故土的人耳邊響起：“歸去來兮，田園將蕪胡不歸？”

陶淵明作為中國第一位田園詩人，他創作的田園詩高標逸致，1000 多年來引發詩人們跟隨效仿，形成了中國文學中獨闢蹊徑的一個派別。他最大的成就之一就是把日常生活詩化，把雞、狗、鋤頭、種豆、喝酒這些生活瑣細作為詩的主體，從每個人都習以為常的日常起居中參悟生命哲學。

對於陶淵明的詩歌特點，有兩個字是所有人都認可的：平淡。乍一看不像褒義詞，梁實秋解析得好：陶淵明詩是“絢爛之極歸於平淡，但是那平不是平庸的平，那淡不是淡而無味的淡，那平淡乃是不露斧鑿之痕的一種藝術韻味”。平淡成為詩歌的境界是從陶淵明開始的。在陶淵明所處的時代，人們對詩歌語言追求的是對偶鋪陳、辭藻華麗，陶淵明平淡自然的詩歌完全

是個另類，以至於他同時代的人無法洞見其光華。只有離他遠一些，目光視野更寬廣一些，詩歌發展更成熟一些，才能看到立在雲霧之間的這一座高峰。

陶淵明的五言詩裏最負盛名的應該是《飲酒》詩的第五首：

結廬在人境，而無車馬喧。
問君何能爾？心遠地自偏。
採菊東籬下，悠然見南山。
山氣日夕佳，飛鳥相與還。
此中有真意，欲辨已忘言。

後世對這首詩的推崇已經到了無以復加的地步，甚至認為是“從前詩裏不曾有過的句法”（朱自清語）。首聯“結廬在人境”，語言通俗易懂，在人群聚居處做了房屋，起句就別有意味。詩人不是隱居江湖、退守田園嗎，為什麼不離群索居、遠離人境呢？但是他說得太輕飄飄了，人們的疑問還來不及出口，他就淡淡地往下接了一句“而無車馬喧”。於是人們又被他牽著鼻子走，被他設置的這個懸念給迷惑住了。為什麼在人群聚居之地居住卻沒有人情世故車馬之喧呢？“問君何能爾？”詩人自己替讀者問出來了，語氣散淡，帶著些許調侃的意味，於是人們疑問的急切也被削弱，好像詩人悠然含笑的神態讓人又把催逼的疑問給嚥下去了，屏氣凝神聽他到底要怎麼回答。“心遠地自偏。”這一句蘊含佛教至理的回答一出來，讀者無不叫一聲好，果然有理，越品越有味道，讓人想起“是風動是幡動還是心動”的佛教故事，想起“相由心生，境由心造”，好像有無窮的滋味一瞬間湧上心頭，把抽象的哲學道理具化為生活的場景，毫無講道理的痕跡，卻讓所有人心領神會。這就是陶淵明的“平淡”，陶淵明的“自然”！

寫到這裏，情思豐富敏感的讀者已經想得入神了，而詩人卻突然畫面急轉“採菊東籬下，悠然見南山”，芬芳的菊花隱著一道籬笆，一座山峰撐起天地，詩人漫不經心地一邊手採菊花，一邊眺望南山。這是多麼悠閒的生活場景和姿態！在這一句裏，所有自人類文明歷史開始就有的利害關係都不見了，廟堂江湖，征人思婦，怨憎會、愛別離、求不得之苦都消除了，或者說至少被稀釋得很淡很淡，淡到如南山上的一棵草一樣可以忽略不計。突然濃鬱到彷彿充滿了整個畫面的是清冽的菊花香氣，天地間充滿菊花的芬芳，把塵世間的污穢、血腥、銅臭都驅逐乾淨了。而在這明白乾淨的畫面裏，我們看不見詩人的表情，他似乎是背過身去的，只有悠然的意味傳遞出來。

不管是對所選景物的描繪，還是對詩人存在的描寫，這首詩都極力留白，在這通過留白營造的簡單到極點的畫面裏，一個渾然如莊子筆下逍遙遊的宏大宇宙向讀者開放，這種玄妙的意境征服了所有人。蘇軾說：“淵明意不在詩，詩以寄其意耳。‘採菊東籬下，悠然見南山’，則本自採菊，無意望山。適舉首而見之，故悠然忘情，趣閒而累遠。此未可於文字、語句間求之。”悠然忘情，神遊物外，情景交融，已不知何為我、何為物、何為情，讓人擊節讚歎。

陶淵明的詩裏沒有那些響亮鏗鏘的音調和讓人緊張的元素，一切都是剛剛好的，籬笆邊的菊花是剛剛好的，採菊時南山的視野是剛剛好的，看見南山時的夕陽是剛剛好的，日暮時分鳥群的飛翔也是剛剛好的。傍晚時分的鄉村，大自然的時間規律在主宰著一切，所有的人與物都有著各自的去向，世間萬物都是有序而安定的，這種安定感再一次對讀者形成了暗示和渲染：“歸去來兮，既自以心為形役，奚惆悵而獨悲”，“胡不歸”？陶淵明的這種召喚能引起人們心靈深處的共鳴和嚮往，那是刻在人們的自然基因裏的。

被認為是陶淵明田園詩力作的《歸園田居》組詩，分別從正面、側面、反面對田園生活進行摹寫，運用了蒙太奇、特寫鏡頭、白描、渲染等各種手法，構建了宇宙時空裏某一種理想生活的範本。之所以說它是宇宙時空，是因為它脫離了某個朝代某種階級：唐代人會產生共鳴，清代人也會產生共鳴；高居廟堂的人欣羡這樣的生活，遠處江湖的人也欣羡這樣的生活；在東方能得到人們的認同，在西方也能得到人們的認同。

朱光潛在《詩論》中寫道：“儒佛兩家費許多言語來闡明它，而淵明靈心迸發，一語道破，我們在這裏所領悟的不是一種學說，而是一種情趣，一種胸襟，一種具體的人格。”我想如果陶淵明只留下了《桃花源記》而沒有留下田園詩，桃花源的形象未必能夠如此深入人心，桃花源裏的生活也未必能夠如此使人嚮往。

陶淵明的田園詩最大的意義在於把當時處在社會最高層的貴族們鄙視的農家勞作生活安置在了藝術的最高層，而最令人佩服的是他讓所有讀過他的田園詩的人都認可這種安排，甚至追隨他的價值觀，去仿寫田園詩，去過田園生活，給每一個中國人都種下了“田園夢”。這既是田園詩的魅力，也是陶淵明的魅力。

王勃與《滕王閣序》

王勃（約650-676），為"初唐四傑"之首。不到而立之年，別人的人生才剛開始，他卻已經走過了生命的千山萬水，經歷了人生的大喜大悲、大起大落。他以少年天才名動長安，年未及冠，就科考及第，成為當時最年輕的官員，並入沛王府，成為皇子的侍讀。然後，因為一篇《檄英王雞》，他惹得龍顏大怒，被高宗皇帝下令逐出長安。再後來，他

↓滕王閣圖　夏永　繪

↑長江萬里圖（局部）　吳偉　繪

因為私藏罪犯，後又私自將罪犯處決，犯了死罪，幸好遇到大赦免於一死。他身懷絕世的文學寶藏，卻困在現實的絕境裏。然而，儘管連續兩次遭受人生的滅頂之災，他依然寫出了千古第一駢文《滕王閣序》。在這篇僅僅 773 個字的文章裏，他不僅為我們貢獻了 40 多個成語，其開闊的意境、優美的詞句、工整的對仗、不老的經典，更昭示了一顆抱負遠大、自強不息、積極向上、永不言棄的年輕的心。

一、王朝之春，時代驕子

每個王朝和時代都會有自己的氣象，這種氣象在很大程度上決定了社會的基調、境界和格局，進而深深影響出生於這個王朝和時代的人。王勃出生時，唐朝剛剛建立 30 餘年，正值王朝之春，生機勃勃、萬物競發。君主賢明，疆域遼闊，社會安定，文化融合，讓這個新生的王朝顯示出不一樣的文化自信。從宮廷到民間，從文官到武將，從顯貴到草根，人人都希望開疆拓土，寫詩作文，渴望建立功業，整個社會，都被一種創業創造創新的激情所籠罩。

王勃就出生於這樣的時代，可以說，他生逢其時。他出身於山西河津一戶書香門第，祖父王通在隋朝時期就是遠近聞名的大儒，培養出了像房玄齡、杜如晦這樣的名臣。王勃天才早慧，尤喜讀書，6 歲就能妙筆生花，把詩詞歌賦寫得行雲流水。9 歲時，他讀大儒顏師古注解的《漢書》，發現多處錯誤，便寫出十卷《指瑕》一一指出。他對中醫也有很大貢獻，創造了多種治療方法和方劑。他的兩個哥哥王勔、王勮雖然比不過王勃，卻也文采了得，杜甫爺爺杜審言的堂弟、當時的一流文人杜易簡盛讚他們三兄弟為“王氏三株樹”。

二、文學天才，命途多舛

唐朝的科舉制向天下學子發出英雄帖，這種不重出身，只重文采，相對公平的人才選拔方式

有力地破除了豪門貴族對官職的壟斷，在全社會激起強烈反響，讓天下莘莘學子躍躍欲試。在父親和哥哥的建議下，少年王勃開始專注科舉，希望能夠求取功名。同時，為了提升自己的名氣，他還來到長安，四處拜謁名流，又直接上書當朝宰相。在文章裏，他的文采閃閃發光，讓宰相看後連連驚呼。

考中進士是王勃的高光時刻，他得授朝散郎，成為大唐當時最年輕的官員，並在主考官員的推薦下，入沛王府，成為皇子的侍讀。似乎，人生的錦繡圖卷就此展開，一條通天的大道已然擺在王勃面前。

初入沛王府的日子，是王勃生命裏最愉悅、最歡樂的時光。和他交往的，不是貴族公子，就是青年才俊，他們飲酒、賦文、作詩、郊遊，肆意揮灑著青春。一日，好友杜少府要離京赴任川蜀，王勃有感而發，提筆寫下了《送杜少府之任蜀州》：“城闕輔三秦，風煙望五津。與君離別意，同是宦遊人。海內存知己，天涯若比鄰。無為在歧路，兒女共沾巾。”

這首送別詩為何能成為王勃的代表作？新的時代必將孕育出新的美學風格，體現在文學上，便是以王勃為代表的“初唐四傑”給當時文壇帶來的革新力量，唐詩正是在他們的推動下開始大放異彩。之前流行的“宮體詩”大多描繪的是宮廷生活，題材狹小，華麗浮豔，矯揉造作，缺少筋骨。而像王勃這樣的年輕詩人，則大膽創新了詩歌的題材，送別、遠遊、日常、見聞、邊塞，無一不可以入詩。而且，他們的詩，清新自然，以詩言志，對仗工整，感情質樸，昂揚慷慨，佳句天成，在立意、格局上都大大超越了前人。

然而，王勃終究還是太年輕，他只看到了政治點石成金的魔力，卻不了解政治猙獰無情的一面。無意間，他加入了沛王與英王的鬥雞比賽，一時興起，寫下《檄英王雞》一文。這件事傳到高宗皇帝那裏，惹得唐高宗龍顏大怒，這勾起了李姓皇族兩代人兄弟之間殊死搏鬥的

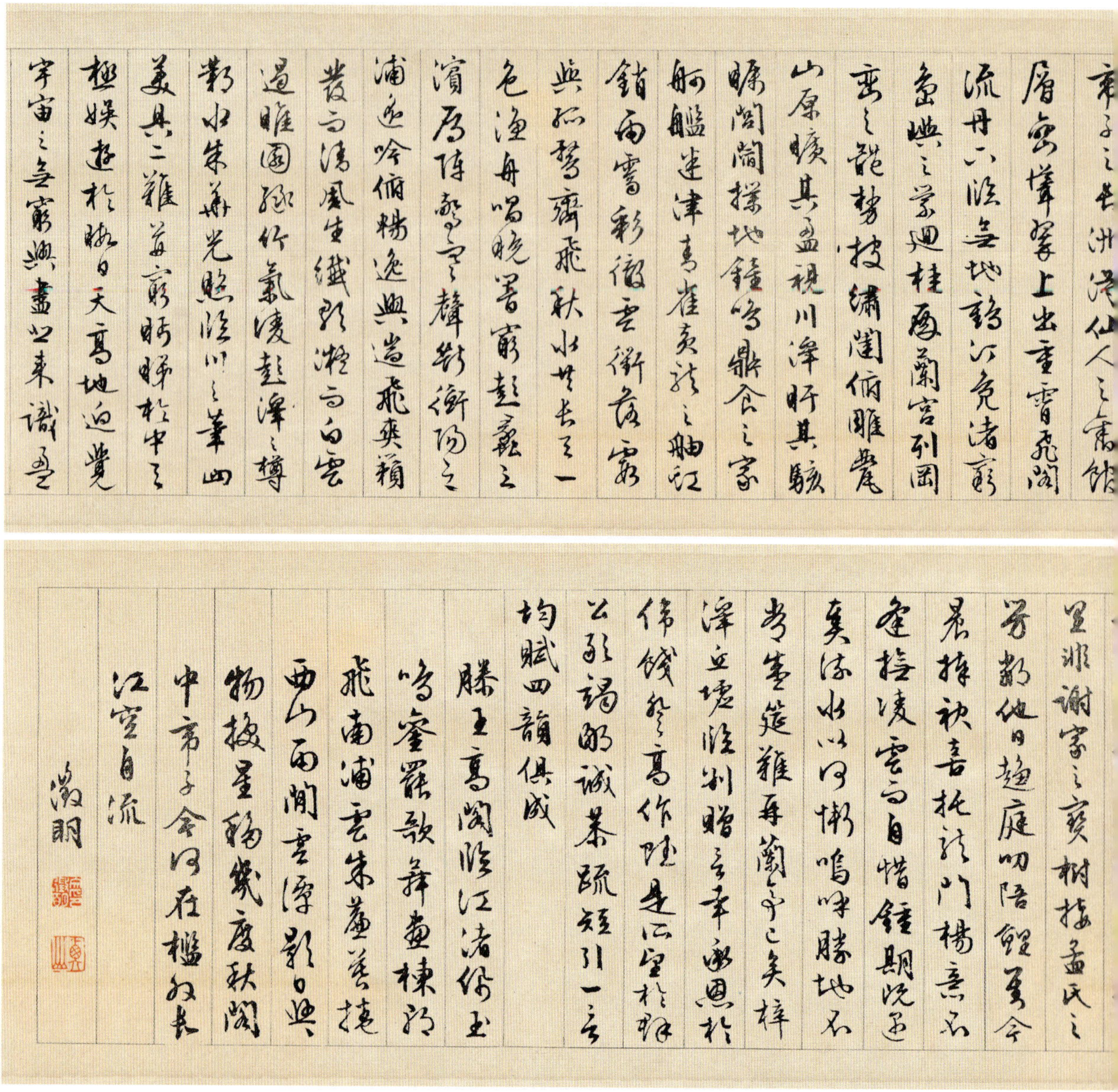

↑滕王閣序　文徵明　書

痛苦回憶。唐高宗當即下令，將王勃逐出長安。直到那一刻，王勃才明白，這次，他可是闖下大禍了。

離開長安，他去川蜀一帶遊歷，試圖在山水間治癒自己。“長江悲已滯，萬里念將歸。況屬高風晚，山山黃葉飛。”（《山中》）繁華落盡，前途黯淡，他只有將感情深深地融進詩裏。幾年後，王勃到虢州做了參軍的小官，卻再次犯下大錯。

他因私藏罪犯，後又怕東窗事發，私自處死罪犯而被判死刑，所幸遇到大赦，才免於一死。因為這件事，他的父親還受到牽連，被貶到邊陲之地交趾（越南）去當個小官，這給王勃很大的打擊。

三、千古奇文，讚美江西

大家都以為王勃會就此沉淪。可是，哪怕遭遇生命的重創，王勃也沒有放棄自己在文學上的志向，他依然寫詩、賦文，在文學的天地裏縱橫。

不久，王勃決定走出家門，去看望遠在交趾的父親。途中經過南昌，恰逢滕王閣重修落成，東道主閻都督興致盎然，大宴賓客，恰巧也邀請了王勃。正是這次宴會，點燃了王勃創作的激情，讓他寫下被譽為"千古第一駢文"的《滕王閣序》。

宴會之上，閻都督拿出紙筆，邀請大家為新落成的滕王閣寫點文字，眾人紛紛推辭。本來，閻都督想通過這次機會讓自己的女婿孟學士出點風頭，賺點名氣。誰知，酒酣耳熱之際，王勃站起身來，欣然接下紙筆，走到桌前，就開始洋洋灑灑寫起來。

閻都督心中閃過一絲不悅，可是又不好當面發作，認為這位年輕人也未免太輕狂了些，只怕到時收不了場，落得個尷尬。

誰知，王勃頭也不抬，寫了一行又一行。閻都督也湊上前去看，恰巧看到一句"落霞與孤鶩齊飛，秋水共長天一色"，不由心中大驚：天哪，這篇文章將成不朽之文！

《滕王閣序》是一篇駢文。兩馬並列為駢，駢文要求句子兩兩相對，多為四字句對四字句，六字句對六字句，因稱"駢文"，又俗稱"四六文"。王勃在《滕王閣序》中展示了他出神入化的寫作能力，對仗極其工整，聲律極為鏗鏘，採用歷史典籍極為廣泛，用典多達 37 處，文采極為華美，是中國古代創造成語數量最多的一篇文章。

難能可貴的是，這篇文章不僅精彩紛呈，而且被王勃注入了充沛的思想感情，貫穿了他強烈的主體意識。早早地成名卻急速地下墜，高遠的志向與殘酷的現實，過人的才華與飄零的生活，強烈的人生反差，一直壓抑在王勃的心中，讓整篇文章充斥著一種強烈的壯志難酬的苦悶，而一句"老當益壯，寧移白首之心？窮且益堅，不墜青雲之志"又讓人感覺到王勃那種不服輸、不怕輸、不認命的人生態度。這篇文章有著剛健的軀幹、華美的外表，更有著飽滿的靈魂、昂揚的精神，讓人愛不釋手，給人無限啟迪！

這篇文章是從古至今宣傳江西第一文，王勃雖不是江西人，但此文是在江西寫的，堪稱寫江西的最偉大的名篇。很可惜的是，寫完這篇千古奇文不久，從交趾歸來的路上，王勃意外墜海而亡，初唐也因此痛失一位天才詩人。這就是王勃的一生。他儘管生命短暫，卻活得絢爛，為我們留下詩 80 多首，賦和序、表、碑、頌等文 90 多篇。滄海桑田，滾滾長江東逝水，唯有經典永流傳。

李白五上廬山

李白先後五次來到廬山，寫下 40 餘首詩詞。他在走遍千山萬水之後，評價廬山說："予行天下，所遊覽山水甚富，俊偉詭特，鮮有能過之者，真天下壯觀也。" 生性豪放的李白喜愛廬山是不言而喻的，但他抱負遠大，不甘歸隱於山間，所以他的一生都在"隱"與"仕"之間苦苦掙扎，而五到廬山的經歷恰恰是他這種掙扎的真實體現。每當他在仕途中受到挫折，廬山總會用寬容溫柔的胸懷接受他，撫慰他的傷口，幫助他重拾自信，使他抖擻精神，再度出發。或許，李白的命運早已同廬山糾纏在一起。

一、仗劍去國，豪情萬丈

李白 5 歲發蒙讀書，15 歲已賦有多首詩詞，並得到一些社會名流的推崇，亦開始接受道家思想的影響。唐開元十二年（724），20 多歲的李白離開四川，開始了他的遊歷生涯。他帶著一腔熱血仗劍而行，路過成都、重慶、湖北，經洞庭湖順長江而下，初次來到江州（今江西省九江市）。李白到此的目的，其一是看望在江州做買賣的兄長，其二是遊覽廬山。

"廬山" 這個名字，最早見於司馬遷的《史記・河渠書》裏的"余南登廬山，觀禹疏九江"，但司馬遷沒有對廬山作過多解釋，也許那時廬山已是一座眾所周知的名山。廬山的美景吸引了歷代文人騷客，它的吸引力也是李白無法抗拒的。他第一次登上廬山香爐峰就被眼前美景所驚豔，並留下了《望廬山瀑布二首》。其中第二首是七言絕句，廣為流傳。

"日照香爐生紫煙，遙看瀑布掛前川。飛流直下三千尺，疑是銀河落九天。" 在這首詩裏，開篇就營造了一個夢境或者說是仙境。李白在頭七個字裏對瀑布一字未提，只告訴人們，陽光照在香爐峰上，朦朧的紫色煙霧籠罩了整個世界，彷彿山峰真的就是香爐，而雲霧就是這香爐散出的輕煙。簡單七字，瀑布的神韻盡在其中。然後才點出自己的位置和吟詠的對象："遙看瀑布掛前川。" 由"遙看"二字領出的這句，彷彿是一聲驚歎，就像是李白不經意抬起頭來，壯觀的瀑布突然映入眼簾。"遙看" 不僅將瀑布的空間感描寫了出來，也顯示了自然的偉岸和人的渺小。在這兩句的鋪墊下，李白在最後兩句詩裏完全飛了起來："飛流直下三千尺，疑是銀河落九天。" 將廬山瀑布的雄偉綺麗表達得淋漓盡致。

另一首《望廬山五老峰》知名度雖不及《望廬山瀑布》，但也極有神韻。"廬山東南五老峰，青天削出金芙蓉。九江秀色可攬結，吾將此地巢雲松。" 五老峰是廬山最高峰之一，也是廬山知名景點之一，因遠眺山峰形狀像五位老人並肩而坐而得名。五老峰奇形怪狀，容易使人產生想象，這對於極富浪漫主義精神的詩人李白來說，無疑是一次極佳的發揮想象的機會。特別是"青天削出金芙蓉"一句，讓人不禁要問：青翠蔥蘢的五老峰怎麼會有"金芙蓉"呢？

↑ 廬山瀑布圖　高其佩　繪

原來，當夕陽西下，只要站在五老峰東南，放眼眺望，就能看見餘暉照在五老峰上，眾峰突兀，彷彿一朵巨大的金色芙蓉，在天空下盡情綻放。

李白首次上廬山所寫的詩，處處洋溢著青春的氣息，頗有初生牛犢不怕虎的風采。但廬山並不是李白此行的目的地，他的目光放在遙遠的東海之濱，放在富庶的東南一帶，那裏有極度繁榮的大城市。離開廬山後不久，李白先是到了金陵，後又遊揚州，並在這座風花雪月的城市"散金三十餘萬"。但這仍不是李白的終點，他的終極目標是大唐王朝的中心長安。

二、求仙問道，韜光養晦

李白於唐天寶九年（750）第二次訪廬山，距首次來已過了 20 多年。這時候的李白不再是那個意氣風發的青年，他已經做過了翰林學士，雖然僅有兩年，但親見了朝廷的腐敗和仕途的艱險。李白曾得到唐玄宗的賞識和寵幸，令同僚不勝豔羨，也因自由豪放無拘無束的性格得罪了當朝權貴。

李白生活在崇尚道教的時代，求仙問道已不僅僅是一種狂熱的宗教行為，甚至變成了獲得聲譽、進入朝廷的一條"終南捷徑"。這次李白來廬山，是求仙問道，更是韜光養晦、等待時機。

雖然廬山並非道教名山，但是因為它靈澈幽靜，自古以來就吸引著求道之士在這裏隱居。這也使得廬山擁有非常深厚的道教基礎。三國末年，道士董奉曾隱居廬山，《神仙傳》裏說，董奉字君異，侯官人。他隱廬山，有道術，為人治病不取錢，病癒者使種杏五株，輕者一株。數年所種之杏，鬱然成林。"杏林"日後成為醫術高明者的代稱，就源於此。今天廬山蓮花峰和般若峰下均有杏林故跡。到了道教氛圍濃厚的唐代，更多求道之士在廬山築廬棲隱，甚至還有蔡尋真和李騰空等不少當時著名的女道士。

李白再次與廬山結緣，多少和李騰空有關。在他來到廬山之前，他已經送自己的妻子宗氏到廬山拜李騰空為師。為此，他還專門寫了《送內尋廬山女道士李騰空二首》。在第二首裏李白想象自己的妻子在廬山"素手掬青靄，羅衣曳紫煙。一往屏風疊，乘鸞著玉鞭"。"紫煙"的意象再一次出現了，它將 20 多年前李白初到廬山時的情感與經歷聯繫了起來。李騰空所在的屏風疊，也成了日後李白的卜居之地。

在送妻求道後不久，李白也於這一年的秋天來到了廬山。6 年前，他已經接受了道教符籙，正式成為一名道士。這次在廬山所寫的詩歌也多與道教有關。但廬山仍然只是李白漫漫長途的一個中轉站。他那"經時濟世"的雄心壯志，也並沒有隨年齡的增長和現實的打擊而消失，他仍然試圖尋找機會，一展自己的胸襟與抱負。正如李長之在《李白傳》中所評價的那樣："像李白這樣的人物求仙學道，是因為太愛現世而然的，所以他們在離去人間之際，並不能忘了人間，也不能忘了不得志於人間的寂寞的。"於是，李白很快便離開廬山，踏上了北上之路。

三、輾轉亂世，失望歸隱

離開廬山的李白一路北上，一直抵達幽州。幽州是範陽郡的中心，當時擔任範陽節度使的是安祿山。李白本想在這裏謀求一個幕府參謀的職位，但看到的情況讓他感到震驚——他發現了安祿山正在為謀反摩拳擦掌。於是李白迅速南返，安頓家人。

天寶十四年（755），"安史之亂"爆發，京都危在旦夕。面臨災難，唐玄宗惶恐不安，奔逃到川蜀。李白當時正在安徽、越中一帶避難，儘管他深知朝廷腐敗不堪，但也沒想到會崩潰得如此之快。當唐玄宗逃亡蜀中的消息傳到李白耳中後，他帶著失望繼續向南奔逃，帶著宗氏夫人又一次來到了適合休憩療養、能撫慰他心靈的廬山隱居。

這是李白第三次到廬山，也許，這次他是真的想把廬山當作他後半生的棲居地。這次他在廬山居住長達半年之久，並修建了讀書草堂，其間寫下《贈王判官時余歸隱居廬山屏風疊》。"吾非濟代人，且隱屏風疊。中夜天中望，憶君

↓廬山五老峰

思見君。明朝拂衣去，永與海鷗群。”李白此詩，實際上是對自己的前半生的總結，並表達了當此國家危急存亡之秋，自己卻無從用力的悲憤失望情緒。此時的李白雖在廬山避難，卻仍有一顆愛國之心，無奈中還存有對國家山河的抱負。

四、應邀出山，夢斷潯陽

就在李白隱居廬山後不久，唐玄宗之子，時任鎮守江陵的四道節度使的永王李璘向李白發出了盛情邀請。李璘的幕僚曾三次上山來代表李璘聘請李白，這讓李白不禁想起了“三顧茅廬”的典故。李白動了心，決定再次出山，這也是他第三次離開廬山。

李白懷著消滅叛亂、恢復國家統一的志願應邀入永王李璘幕府。在李白看來，天下亂局已現，唐朝將被割據。因此，他贊同永王攻佔金陵，在江南立足，便於稱帝，並隨李璘軍隊一

↑上陽台帖　李白　書

路東下，其間寫下了《永王東巡歌》11 首。雖然這些詩歌才氣縱橫、意氣風發，但它們卻成為李白附逆的罪證。即位不久的唐肅宗發現李璘的目標並非安祿山的叛軍，他不允許手握南方兵權的永王與自己分庭抗禮。唐至德二年（757）初，肅宗下詔，命令永王回蜀中，永王拒絕，兄弟之間的戰爭一觸即發。最終，永王戰敗被捕。而李白因為追隨永王，背上了附逆之罪。永王被殺以後，肅宗開始清除其餘黨，李白逃至彭澤時被捕，以“附逆作亂”的罪名被投入了潯陽（今江西省九江市）獄。對於這個天才詩人來說，這是一個巨大的打擊和摧殘。而更具有諷刺意味的是，囚禁他的地方，正是在廬山腳下的潯陽。

當他看到廬山，會不會這樣想：如果當時能夠一直隱居在廬山，我的人生又會是怎樣的呢？歷史沒有假設。在潯陽獄中的李白寫下了大量的詩歌，每一首都感人至深，每一首都充滿了一位詩人在苦難折磨中所留下的傷痕。

年近花甲的李白，生死難測，尚在廬山的夫人宗氏聽到李白入獄的消息後四方求救。終於，前來江南安撫百姓的宣慰使崔渙和御史中丞宋若思向李白伸出了援手，他們向朝廷申辯李白無罪。李白感受到了恩情和善意，這使得他臨終之前仍想報效國家，洗脫自己的污點。李白最終被判流放夜郎（今貴州省遵義市桐梓縣一帶），於是他再次遠離廬山，開始了流放的生

↑李白行吟圖　梁楷　繪

涯。在被流放夜郎之後，他寫下了《經亂離後天恩流夜郎憶舊遊書懷贈江夏韋太守良宰》一詩，在這首詩裏，李白用充滿想象力的筆觸、極為炫目的色彩與技巧和濃烈的感情，談到了自己一生的志向，以及在"安史之亂"爆發前後的遭際。名句"清水出芙蓉，天然去雕飾"就是出自這首詩。

五、獲赦而歸，永別廬山

唐乾元二年（759）春，關中地區遭遇大規模旱情，朝廷頒佈了一條特赦令："天下現禁囚徒，死罪從流，流罪以下一切放免。"獲赦的李白，立即歡喜而歸，在白帝城，他乘舟順流而下，寫下著名的《早發白帝城》一詩："朝辭白帝彩雲間，千里江陵一日還。兩岸猿聲啼不住，輕舟已過萬重山。"突如其來的自由，讓李白無比興奮，筆下滿是風發意氣，依稀之間，他仍是從前鮮衣怒馬的少年。

唐上元元年（760），李白再登廬山，這一次更像是一次告別。在李白的一生中，廬山與他有著不解之緣，每當仕途受挫時，他就被廬山召喚而來，而廬山的寧靜給了他最好的安慰。現在李白老了，他似乎預見了自己將不久於人世。他要向這座山告別了。在《過彭蠡湖》一詩中他傷感地寫道："青嶂憶遙月，綠蘿愁鳴猿。水碧或可採，金膏秘莫言。余將振衣去，羽化出囂煩。"在《下尋陽城泛彭蠡寄黃判官》一詩中，李白寫道："石鏡掛遙月，香爐滅彩虹。"從"青嶂憶遙月"到"石鏡掛遙月"，這"遙月"究竟是山中之月，還是李白的化身呢？"香爐滅彩虹"，這句詩將他與 20 多年前的廬山之行連接了起來，只不過那時的彩虹，現在已經消散了。離開廬山的第二年冬天，李白逝世於安徽。

李白一生中留給廬山的詩歌並不算多，其中大部分都是在潯陽獄中寫下的。儘管如此，李白還是用他天才的情思給廬山增添了無窮的魅力。在他的筆下，廬山是戰雲密佈的，"樓船若鯨飛，波盪落星灣"（《豫章行》），"風高初選將，月滿欲平胡"（《中丞宋公以吳兵三千赴河南軍次尋陽脫餘之囚參謀幕府因贈之》）。但更多的是空靈，"霜清東林鍾，水白虎溪月。天香生虛空，天樂鳴不歇"（《廬山東林寺夜懷》）；是可以洗去內心污濁的明淨，"而我樂名山，對之心益閒。無論漱瓊液，且得洗塵顏"（《望廬山瀑布二首》其一）。還有他人無法領略的壯觀："登高壯觀天地間，大江茫茫去不還。黃雲萬里動風色，白波九道流雪山。"這首寫於李白最後一次來到廬山時的《廬山謠寄盧侍御虛舟》，是寫廬山的最好的篇章之一。人們對於廬山的感觀，多是秀麗空靈，而李白用他寬廣的胸襟，給廬山注入了一股宏闊壯觀的氣象，這氣象包容萬物，延綿不絕。正是這位過客給廬山寫下的五色斑斕的詩句，為廬山留下了瑰麗篇章，使秀麗的廬山從此有了蔚為壯觀的解讀和更為豐富的內涵。

李白離開了廬山，但這裏的人們始終沒有忘記這位翩若驚鴻的詩人。五老峰下李白曾隱居的山谷被命名為青蓮谷，谷中有李太白書堂，明代還曾在附近建過青蓮寺。今天這些建築都已隨著時間遠去，但他的偉大詩歌必然萬載流芳。有了那些雕刻在人們心中的名句，對於廬山來說，已經足夠了。

文壇宗主歐陽修

歐陽修（1007–1072），吉州永豐（今江西省吉安市永豐縣）人，北宋著名文學家、史學家，字永叔，號醉翁，晚號六一居士，以“廬陵歐陽修”自稱，謚號文忠，世稱歐陽文忠公。官至翰林學士、樞密副使、參知政事，累贈太師、楚國公。後人將其與韓愈、柳宗元和蘇軾合稱“千古文章四大家”，他也是唐宋八大家之一。歐陽修是北宋時期文甲天下、舉國公認的文壇領袖，宋史評價為“天下翕然師尊之”。

一、命途多舛義凜然

歐陽修出身貧寒，自幼生活異常艱辛。北宋景德四年（1007）歐陽修出生時，其父歐陽觀已近 60 歲高齡，屬於老來得子。不幸的是，3 年後，歐陽觀逝於泰州判官任上。歐陽觀為官清正廉潔，為人樂善好施，致使家無餘財，歐陽修與母親鄭氏只得到湖北隨州投奔他的叔叔歐陽曄。歐陽曄也是一位清官，家裏並不富裕。好在歐陽修母親鄭氏受過良好教育，可以教歐陽修讀書寫字。但由於家境貧窮，買不起筆和紙，鄭母就用蘆葦稈在沙地上教歐陽修讀書寫字，從此“畫荻教子”的故事開始在民間流傳。母親的睿智卓識讓歐陽修在苦難的幼年獲得了基礎教育。

歐陽修天資聰穎，自幼喜愛讀書。常常從城南兒時夥伴李堯甫家借書抄讀，往往書還沒抄完，就已經能夠誦讀。“自幼所作詩賦文字，下筆已如成人”，其叔非常高興，寬慰鄭氏夫人說：“嫂無以家貧子幼為念，此奇兒也，不惟起家以大吾門，他日名重當世。”10 歲那年，歐陽修在李家的故紙堆裏，發現了 6 卷殘破不全的《昌黎先生文集》，如獲至寶，在徵得李父同意後，歐陽修把書借回家裏，工工整整抄錄下來，手不釋卷，這在他心裏播下了一顆詩文革新的“火種”。

↑歐陽修塑像

↑醉翁亭記書畫合璧（局部） 謝時臣 繪

歐陽修的科舉之路可謂坎坷，一波三折。歐陽修受韓愈文風的影響，讓他在科舉考試的路上連栽了兩個“跟頭”。北宋天聖元年（1023），不滿 18 歲的歐陽修首次參加隨州州試，因為韻律不合而落榜；3 年後，他再次參加州試並通過，然後由隨州薦名參加天聖五年（1027）春天的禮部貢舉，又一次因為“不合時宜”而落榜。天聖七年（1029）春，經胥偃推薦，歐陽修參加國子監考試獲得第一，同年秋參加國學解試又獲得第一，第二年參加禮部省試又獲得第一，歐陽修“連中三元”，一時名動天下。

天聖八年（1030）三月，歐陽修在仁宗皇帝主持的殿試中二甲進士及第，位列第 14 名，被授任將仕郎、試秘書省校書郎，充任西京（洛陽）留守推官，從此走上仕途。但歐陽修的仕途之路並不平坦，不止一次遭到貶黜。前兩次貶黜都與范仲淹有關。歐陽修在廟堂之上剛正凜凜，與范仲淹有著相同的政見。看到范仲淹受到貶謫，他挺身而出，有著“死不失義”的勇氣，義正詞嚴，直言敢為，不計禍患，其“毅然自守，不為富貴易節”的凜然正氣也得到了人們的讚揚。歐陽修從天聖及第、夷陵之貶至慶曆回朝，從滁州之謫再到至和回京、移知青州等地，一生三起三落，屢遭誣陷貶謫，而終不改節操，顯示了其大義凜然的人格魅力。王安石曾評價他“果敢之氣，剛正之節，至晚而不衰”，讚歎之情溢於言表。

總之，歐陽修童年的苦難、勤奮學習的精神、仕途的磨難和獨特的人格魅力，不僅影響了一代士風和學風，還吸引了眾多的同僚和門生集中在他周圍，為他成為文壇宗師奠定了基礎。

二、文壇宗主領風騷

歐陽修作為北宋詩文革新運動的傑出領袖，領導了詩文革新運動，在文壇上獨領風騷，開創

了一代文風，為宋代文壇帶來了一股欣欣向榮的風氣，奠定了其文壇巨擘的地位。

1. 在文學主張上提出“文道並重”

北宋詩文革新是繼唐代古文運動後掀起的一場文學改革運動。歐陽修為改變宋初文壇華而不實、無病呻吟的文風，高舉“古文”大旗，在繼承韓愈“文以載道”文學理論的基礎上，提出了“文”與“道”並重的觀點，開創出一種新的散文風格，令人耳目一新，直接推動北宋文化攀上中華文化的高峰。

2. 在創作實踐上提倡平易生動

歐陽修啟蒙時期學的都是“古文”，即“散文”，散文與駢文完全不同，它重內容，喜用單句且不講求韻律。歐陽修曾因科舉考試時寫“古文”而兩次落榜。因此，歐陽修十分懊惱，利用一切機會“推銷”“古文”，直接闡明“時文”的危害，明確要求改變文風。但他在創作實踐上，摒棄了韓愈文章怪奇難懂的一面，從平易近人出發，倡導平實簡樸的文風，不用冷僻之字，借用駢文句式的長短變化，注意文句之間的聯繫和銜接，使語句輕快通暢，展現了其“文從字順”的一面，建立起平易流暢、含蓄婉轉的風格，從而開創了一代文風。

3. 在文風轉變上消除文壇積弊

北宋初期，浮靡的“西昆體”和險怪的“太學體”大行其道，科舉考試重“駢文”，注重形式，要求對偶用典堆砌辭藻，尤其重視韻律。這種一味好奇尚怪、粉飾太平的文風風靡整個文壇。到仁宗時期，歐陽修主持科舉考試，以“貢舉”為“指揮棒”，恢復以“古文”取士。此舉猶如一枚炸彈震動了北宋文壇，讓那些一心想金榜題名的考生紛紛改弦易轍，開始認真鑽研“古文”，從而使考場上看不到嘩眾取寵的“四六時文”，北宋文壇風氣由此為之一新，多年以來的文壇積弊得以消除。

4. 在改革方向上注重統籌推進

歐陽修把文風、學風和政風的變革統一起來作為社會變革的重要手段。他認為，要徹底實現文風的改變，必須依靠“頂層”推動，他頻頻上書，提出改革主張。他建議仁宗皇帝通過改革科舉取士標準，“倒逼”士子改變文風，通過改變文風進而改變政風，通過改變政風提高治理效率，從而徹底扭轉吏治腐敗、奢靡成風、積貧積弱的政局，達到富國強兵的根本目標。

總之，歐陽修在北宋詩文革新中發揮了中流砥柱的作用，改變了北宋文學發展的基本走向，使得宋初艱僻險怪、浮靡華麗的文風得以轉變，開啟了宋代文壇令人耳目一新的風貌。

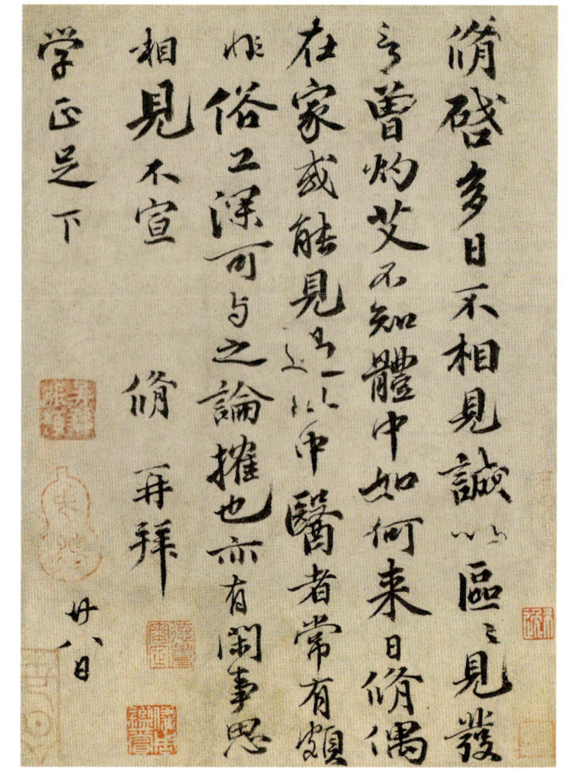

↑ 灼艾帖　歐陽修　書

三、詩文蓋世耀文壇

歐陽修以文章名冠天下，一生詩文成果頗豐，成績斐然。作為宋代第一家，被尊為“一代文宗”。以《歐陽修全集》統計，其詩詞今存 1000 首左右，散文有 2000 多篇，“文章一出，天下士皆向慕，學之猶恐不及，使得一時文風大變”，對後世的文風和文學產生了深遠的影響，光耀整個北宋文壇。

在詩歌方面，歐陽修繼承了白居易和韓愈的傳統，從梅堯臣坎坷的遭遇中提出了“窮而後工”的創作主張，認為詩人“內有憂思感憤之鬱積，其興於怨刺”，才能感受真切，寫出“人情之難言”的作品。歐陽修“窮而後工”的創作主張從詩歌創作、社會生活和詩人獨特的生活經歷等方面，深刻闡述了作家的生活道路與創作的關係，將作家的生活境遇、情感狀態和詩歌創作的形式聯繫起來，注重真實的內容與相應的辭采相結合。其詩主要分為三類：一是反映勞動人民生活的現實題材，如《邊戶》；二是表現自己的生活境遇和個人情懷之作，如《別滁》；三是反映風土人情的詠史詩，如《望江南・江南柳》。其中的代表作是《生查子・元夕》，寫的是元宵節觀感，最有名的兩句是“月上柳梢頭，人約黃昏後”。

在散文方面，歐陽修受儒家思想的影響，提出“文道”並重的文學思想，把文學形式與思想內

↑歐陽修像　陶璪　繪

容相提並論，大大地提高了文學的地位。歐陽修在散文創作方面成就最高，對後世的影響也最大。他繼承了韓愈“文從字順”的特色和章法結構，其散文內容充實、形式多樣，創作理論與實踐相輔相成，形成了簡約有法、迂徐有致、平易暢達、圓融輕快的寫作風格，文章皆為有感而發。其散文有三大特點：一是文體多樣，有政論文、史論文、記事文、抒情文和筆記文等多種文體，議論、敘事和抒情兼備；二是吸收了“古文”與駢文之長處，對四六體也進行了革新，確立了文賦新形式；三是創作富於變化，開闔自如，具有和諧的韻律感，創造了一種平易自然的新風格。其中寫景敘事散文是歐陽修散文中成就較突出的一部分，《醉翁亭記》是此類散文中的佳作。《醉翁亭記》寫於滁州，文章圍繞“樂”字而展開，讓作者沉“醉”在山水美景和與民同樂之中，把寫景、敘事、抒情巧妙地融合在一起，借山水之樂來排遣謫居生活的苦悶，富有詩情畫意。文中各句都以“也”字落腳，創造性地運用 21 個“也”字，

↓唐宋八大家　代大權　郝彥傑　賀秦嶺　繪

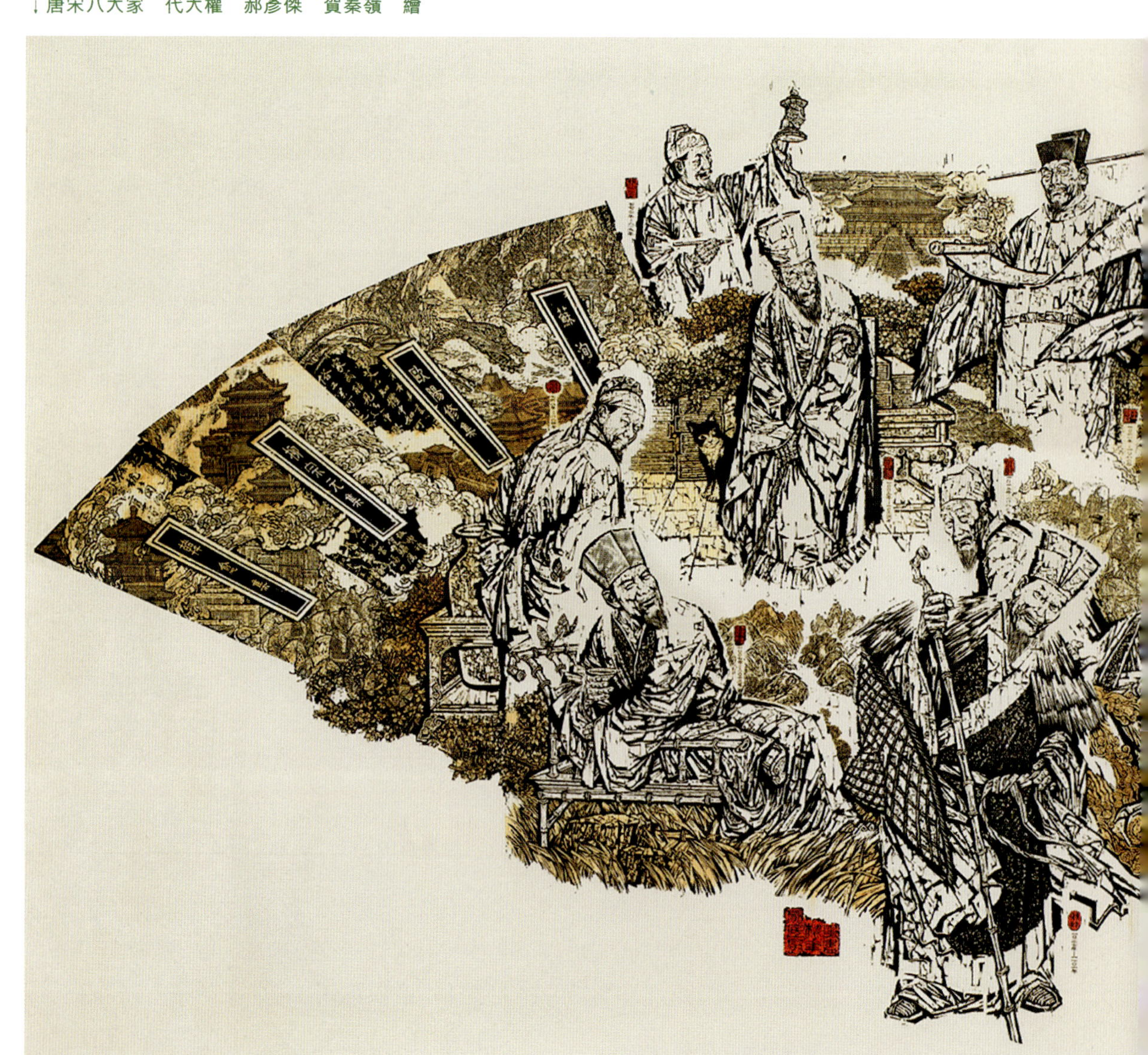

形成了一唱三歎、餘音繚繞的韻律迴環美，別具清新格調。《醉翁亭記》可以說是一首優美的散文詩，典範地代表其一唱三歎的"六一風神"散文美學風格，其中"醉翁之意不在酒，在乎山水之間也"的名句是宋之後歷代文人的必引之句，比喻本意不在此，而在別的方面。此文也是歐陽修文風成熟的標誌。

總之，歐陽修領導了詩文革新運動，在當時的文人群體中具有強大的號召力，其詩文成就引

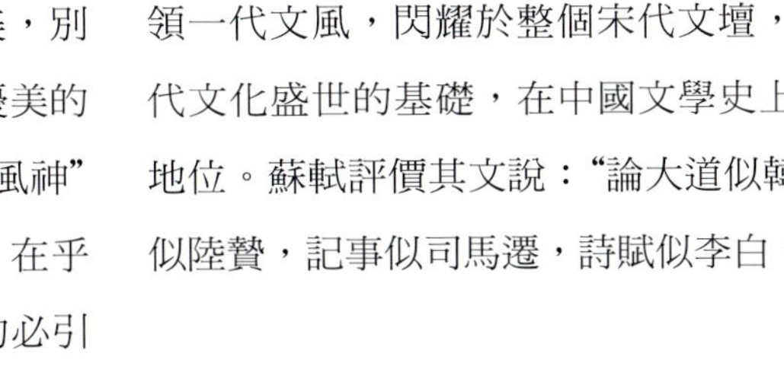

領一代文風，閃耀於整個宋代文壇，奠定了宋代文化盛世的基礎，在中國文學史上有著重要地位。蘇軾評價其文說："論大道似韓愈，論事似陸贄，記事似司馬遷，詩賦似李白。"

四、千古伯樂薦賢才

歐陽修作為文壇宗師，不僅文章錦繡，而且獨具慧眼，對有識之士極盡讚美，甘為人梯，竭力推薦，使當時一大批默默無聞的青年才俊脫穎而出，為國薦才，名垂後世，堪稱千古伯樂。

北宋時期，文風郁郁，雄才輩出，燦若星辰，這與歐陽修對人才的大力提攜分不開。正因為歐陽修堪為人師的道德文章，才有了黃庭堅、秦觀、晁補之、張耒等文壇巨匠和張載、程顥、呂大鈞等曠世大儒。歐陽修一生桃李滿天下，連包拯、韓琦、文彥博、司馬光也曾經得到過他的讚賞與推薦。最難能可貴的是唐宋八大家中蘇洵、蘇軾、蘇轍、王安石、曾鞏五人，均以布衣之身被他相中和提攜，從而名揚天下，成為當時文壇主將。正如陳寅恪評價歐陽修所說："貶斥勢利，尊崇氣節，遂一匡五代之澆漓，返之淳正。故天水一朝之文化，竟為我民族遺留之瑰寶。"

1. 提攜曾鞏，發現蘇軾

曾鞏少年成名，善於策論，對科舉之文不屑，屢試不第。曾鞏在考試失利後，通過家世渠道給歐陽修寫了一封自薦信，由此得到歐陽修的接見。曾鞏以一篇《時務策》獻給歐陽修，歐陽修讀罷大為讚歎，"過吾門者百千人，獨於

得生為喜”，遂收曾鞏為徒，悉心栽培。曾鞏最終考中進士，名滿京城。歐陽修與蘇軾可以說是“伯樂”與“千里馬”的關係。相傳歐陽修發現蘇軾有一番小小的波折。歐陽修擔任京城會試考官時，因猜測一篇奇文為自己的學生所作，怕授人口實，將蘇軾本來可以獲得第一的文章列為第二。直到發榜時，歐陽修才知道實情，心裏十分愧疚，但蘇軾卻並不計較，還與歐陽修結為忘年交。歐陽修對蘇軾的出眾才華和寬廣胸懷讚歎不已，“老夫當避路，放他出一頭地也”，正式收蘇軾為弟子。在後人眼裏，歐陽修與蘇軾是北宋文壇耀眼的雙星，他們先後作為文壇領袖，鑄造了北宋文學的輝煌。

2. 改革科舉，為國選才

歐陽修針對北宋科舉制度存在的弊端，上書仁宗皇帝，提出了許多改革科舉考試的主張。北宋嘉祐二年（1057），歐陽修在知貢舉期間進行了改革嘗試，通過改變科舉取士標準，對西昆體與太學體進行堅決整頓，變詩賦取士為策論取士，為朝廷選拔出了大量的優秀人才，曾鞏、曾布、程顥、朱光庭、呂惠卿等均為嘉祐二年貢舉進士。嘉祐四年（1059），歐陽修再次主持科舉考試，繼續整頓文風，明確要求文章必須平實質樸、言之有物，凡華而不實、奇澀險怪者，一律不取。這使得一心想要金榜題名的讀書人紛紛改弦易轍，北宋文壇文風為之一新。歐陽修在大力改革文風的同時，十分注重發現和選拔人才。嘉祐二年科舉共錄取進士 388 人，《宋史》有傳的超過 20 人，三品以上高官有 9 人，副宰相以上有 7 人，堪稱科舉史上的盛況。

3. 心胸開闊，推賢薦能

宋代人才輩出，群星燦爛，與歐陽修的學識、眼光和胸懷密不可分。歐陽修曾經擔任諫官和吏部流內銓，有權評論時政和朝臣的功過，對地方官員的升降賞罰起著決定性作用。但他心無旁騖、秉公用權，薦人出以公心，外舉不避仇，培養提拔了一大批新人。經他舉薦的賢能不計其數，文壇上有唐宋八大家中的宋代五位文學家，還有宋朝幾大學術流派的重要人物，如“洛學”的程顥，王安石“新學”的重要成員呂惠卿、曾布等。政壇上歐陽修向宰相杜衍推薦曾鞏，後又懇請皇帝予以重用，結果曾鞏晉升為實錄檢討官，成為朝廷名臣。歐陽修任參知政事時，不計前嫌，向宋仁宗皇帝推薦了政見不同、與他有些矛盾的呂公著、司馬光、王安石三個可任宰相的人選，其人格魅力世人無不敬仰。其死後被追封為太子太師，後來又被皇帝賜號“文忠”。

總之，歐陽修愛才心切、求才若渴，舉才之功無與倫比。正如《宋史・歐陽修傳》所說：“獎引後進，如恐不及，賞識之下，率為聞人。”世人稱之為千古伯樂實不為過。

義通古今，學傳中西。歐陽修作為中國文化史上名垂千古的文學家、史學家、百科全書式的大學者，不僅對中國文學產生了巨大影響，而且對世界文壇產生了廣泛而深遠的影響。早在 14 世紀中葉，歐陽修的作品就傳入周邊國家，日本、朝鮮等國開始翻譯研究其詩文，他的作品大受歡迎。19 世紀後期，歐陽修的詩文傳入西方，先後被譯成英、德、法等國文字，在世界文壇上享有盛譽。

改革家王安石

王安石（1021–1086），江西臨川（今江西省撫州市）人，字介甫，號半山，世人又稱王文公，北宋著名改革家、政治家、教育家和文學家。王安石生活在北宋開始走向衰落的時期，一生兩次擔任宰相，兩次被罷免，有著兩起兩落的傳奇人生。他出身於仕宦家庭，從小天資聰穎，博覽群書，記憶力驚人，下筆成文。他隨父親宦遊各地，深刻了解民間疾苦，並逐漸產生為民報國的遠大志向。北宋慶曆二年（1042），王安石以第四名的成績考中進士，授淮南節度判官。任滿後，他被調為鄞縣（今浙江省寧波市鄞州區）知縣，政績卓著。嘉祐三

↓王安石變法

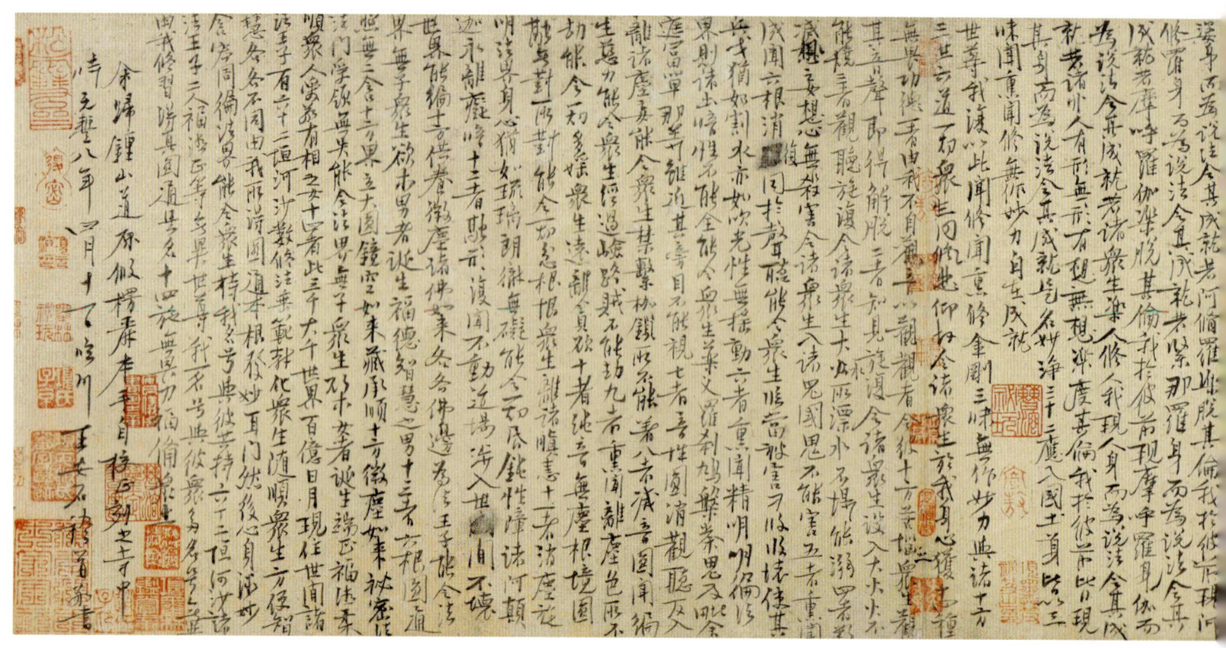

↑楞嚴經旨要卷　王安石　書

年（1058），他上萬言書，系統地提出了變法主張。北宋治平四年（1067），宋神宗即位，王安石深得神宗器重，後被詔為翰林學士兼侍講。北宋熙寧二年（1069），王安石任參知政事，次年拜相，主持變法。熙寧七年（1074），他因守舊派反對被罷相。一年後，他再次被神宗起用，旋又被罷相，退居江寧（今南京）。北宋元祐元年（1086）四月，他病逝於鍾山，被追贈太傅。北宋紹聖元年（1094），他獲謚“文”，故世稱王文公。政和三年（1113），宋徽宗追封王安石為舒王，配享孔廟。後至北宋靖康元年（1126），王安石又被追奪王爵，毀去配享的畫像，降為從祀。

一、初露鋒芒的改革家

慶曆二年（1042），王安石進京應試科舉，因文思精妙、落筆如花，被主考官相中為狀元，卻因卷中的一句“孺子其朋”，被認為對皇帝不恭，引起仁宗皇帝不滿，降為第四名，並授淮南節度判官一職。初出茅廬的王安石勤奮好學，時常通宵不寐，一幹就是三年。任滿後，他放棄了京試入館閣的機會，調為鄞縣知縣，掀開了仕途和人生的新篇章。

中國歷來有“郡縣治，天下安”的說法，但縣官又難當，“官之至難者令也”。在主政鄞縣的三年裏，王安石矢志不移、銳意革新，進行了第一步改革嘗試，表現出堅定不移的使命感、篤行務實的作風和不屈不撓的勇氣。初到地方任職，他不唯上，不空想，立足於鄞縣地方實際，從與百姓生活密切相關的兩大問題——水利和糧食問題入手，遍訪鄉鄰，考察民生，發展教育，興修水利，立足為老百姓做實事，在此基礎上形成縣政治理的決策，真正做到了“為官一任，造福一方”。鄞縣之治初露鋒芒，那裏成了王安石改革的試驗田，在其人生發展過程中具有里程碑意義。

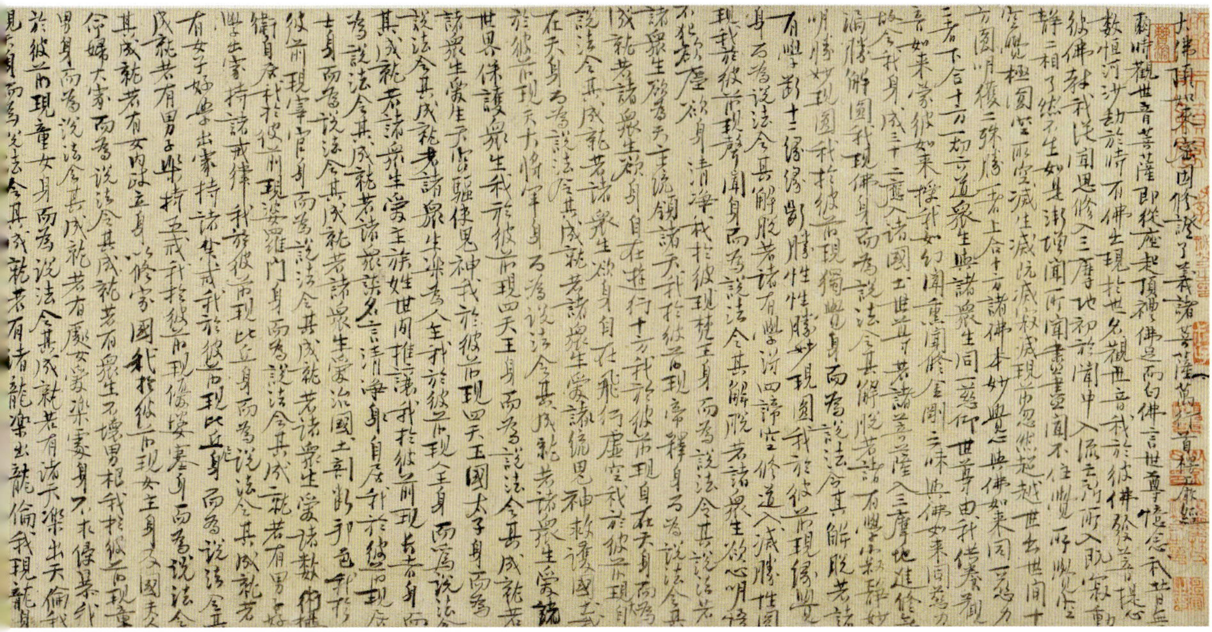

皇祐二年（1050），王安石在鄞縣任職期滿，在臨川和江寧待了一年。皇祐三年（1051）五月，文彥博推薦王安石任館職，王安石推辭不受，被任命為舒州通判。後來王安石又擔任過常州知州。他每到一地都銳意改革，惠民為國，留下了有目共睹的突出政績。

王安石在地方為官期間，積極探索地方治理的方法，推出了多項改革舉措，取得了明顯成效，積累了豐富的地方治理經驗，萌生了主宰天下的大志，為他後來尋求變革之道、實施變法提供了良好的實踐基礎。

二、雄才偉略的政治家

王安石作為北宋著名的政治家，胸懷安定天下的大志，以富國強兵為己任，因變法而聞名，領導了北宋歷史上規模最大的改革運動，史稱“王安石變法”。王安石是中國古代史上有定評的三大改革家之一。

王安石所處的年代，正值中國古代北宋王朝統治的中期，面臨著內憂外患、民不聊生的艱難困境和國家“三冗”（冗官、冗兵、冗費）的積貧積弱局面，王安石以“天變不足畏，祖宗不足法，人言不足恤”的“三不足”的鬥爭精神來實現其政治抱負。早在地方為官期間，王安石就勤奮讀書，尤愛鑽研書中的政治對策，考慮為當下的政務所用，並在小範圍內進行試點。比如在鄞縣推廣青苗法，取得了良好效果，極大地激勵了王安石，使他篤信以《周禮》為藍本的社會變革一定能夠實現其內心深處國富民強的政治抱負。為此，王安石上書宋仁宗，針對當時弊端，極陳當時之務，闡述自己全面改革的思想與規劃，但沒被仁宗採納。治平四年（1067），久慕王安石之名的宋神宗即位，起用王安石為江寧知府，旋即詔為翰林學士兼侍講。熙寧元年（1068）四月，王安石再次提出

↑舒同為王安石紀念館題詞

全面改革的構想，並勉勵神宗效法堯舜，簡明法制。熙寧二年（1069）二月，王安石被任命為參知政事，提出當務之急在於改變風俗、確立法度，提議變法。神宗贊同，設立主持變法的機構制置三司條例司，頒行新法開始變法，史稱"熙寧新法"。

為實現"富國強軍"的改革目標，新法以"理財""整軍"為中心，涉及政治、經濟、軍事、社會、文化各個方面，但主要在兩個方面集中發力：一是在經濟方面實行均輸法、青苗法、市易法、免役法、方田均稅法、農田水利法等，主要目的是在發展生產、均平賦稅的基礎上，增加財政收入，充裕國庫，緩解尖銳的社會矛盾。二是在軍事方面實行置將法、保甲法、保馬法等，主要是為了提高軍隊戰鬥力，增強國力，徹底改變西北邊防長期以來屢戰屢敗的被動局面。新法艱難推行10餘年，取得較好成效。但在推行過程中部分舉措不當，地方執行中又出現種種偏差，讓老百姓利益受到損害（如保馬法和青苗法），特別是觸動了大地主階級的根本利益，遭到強烈反對。元豐八年（1085），變法因宋神宗去世而告終。

王安石變法雖然以失敗而告終，但從變法中我們看到了他要求改變現實的雄心壯志和治國平天下的雄才偉略。他在變法過程中表現出來的憂國憂民、勇於探索、銳意創新、敢於擔當的改革精神，是留給後人的寶貴精神財富。其中一些改革舉措甚至產生了國際影響，列寧高度評價了王安石的改革舉措，稱他為"中國11世紀的改革家"。1944年美國副總統華萊士到訪中國時說過，美國在20世紀大蕭條時代政府實行的農民農業貸款政策，就很像當年王安石推行的青苗法。

三、舉才濟世的教育家

王安石不僅是憂國憂民的政治家，而且是具有遠見卓識的教育家。王安石變法實現了國家由"積貧積弱"向"富國強軍"的轉變，體現了王安石作為改革家的價值。他巨大的貢獻還體現在教育方面。王安石一生雖然沒有專職任教，但他秉承舉才濟世的教育理念，從變法的需要出發，選才薦才為我所用，順時應勢創辦新學，試圖挽救國家於危亡之中，施行了一系列教育改革措施，充滿創新精神，歷史上稱為"熙寧興學"。

1. 改革科舉考試制度

熙寧四年（1071），改革科舉制度，廢除了明經科，增加了進士科名額，考試內容為本經、兼經和策論，要求考生聯繫當前實際參加經義策論的考試，不再錄用只會吟詩作賦的人，而是錄用懂得經世之術的人，把科舉的立足點放在選拔具有經綸濟世之志和真才實學的人，從而擴大了人才選拔的範圍。

2. 改革教育體制機制

一是改革太學，創立太學三舍法。宋初太學機制不完善，經過整頓，太學規模方漸完備，管理辦法趨於細密。創立"三舍法"，把太學分為外舍、內舍、上舍，學生按程度分為三等，使學校不僅承擔養士任務，而且具有取士職能，讓太學養士與入仕做官直接掛鈎，使學校成為選官制度的一個重要組成部分，極大提高了學校教育的地位，使中國古代教育事業向前邁進了一大步。二是整頓地方學校，恢復和發展州縣地方學校。三是恢復和創設武學、律學和醫學等專門學校，以培養專門人才。

3. 編寫統一太學用書

王安石和弟子一道，重新註釋《詩經》《尚書》和《周禮》，編撰《三經新義》作為太學統一用書，使其成為必讀教材，並成為科舉考試的內容和標準。

王安石的教育改革最特別的地方在於用學校教育取代科舉考試，從而為國家養"士"選"仕"。熙寧興學最大的亮點是王安石設立的三舍法，其對北宋教育制度的形成及宋代中後期教育產生了深遠的影響。王安石這些教育改革措施對於當前我們深化教育改革、倡導教育創新、全面實施科教興國的偉大戰略仍具有重要的啟示作用。

四、才華橫溢的文學家

王安石既是具有經天緯地之才的大政治家，也是滿腹才情的大文學家，和韓愈、蘇軾等人並稱唐宋八大家，有《王臨川集》《臨川集拾遺》《臨川先生文集》等作品存世。北宋文壇領袖歐陽修曾高度讚美王安石的文學造詣："翰林風月三千首，吏部文章二百年。老去自憐心尚在，後來誰與子爭先。"（《贈王介甫》）可見，王安石在北宋文壇上具有崇高的威望。

一是主張文道合一。

王安石為了實現自己的政治理想，把文學創作和政治活動密切地聯繫起來，強調文學的作用首先在於為社會服務，強調文章的現實功能和社會效果，主張文道合一。他的散文貫徹了他的文學主張，揭露時弊，反映社會矛盾，具有較濃厚的政治色彩。王安石的短文，直陳己見，簡潔峻切，短小精悍，形成了"瘦硬通神"的獨特風貌。

二是詩歌自成一體。

王安石以其廣博的學識、圓熟的語言技巧、自然含蓄而又精巧凝練的風格，自成一家，世稱"王荊公體"。後來以黃庭堅為首的江西詩派，受王安石的影響很大，突出才學為詩的偏向。

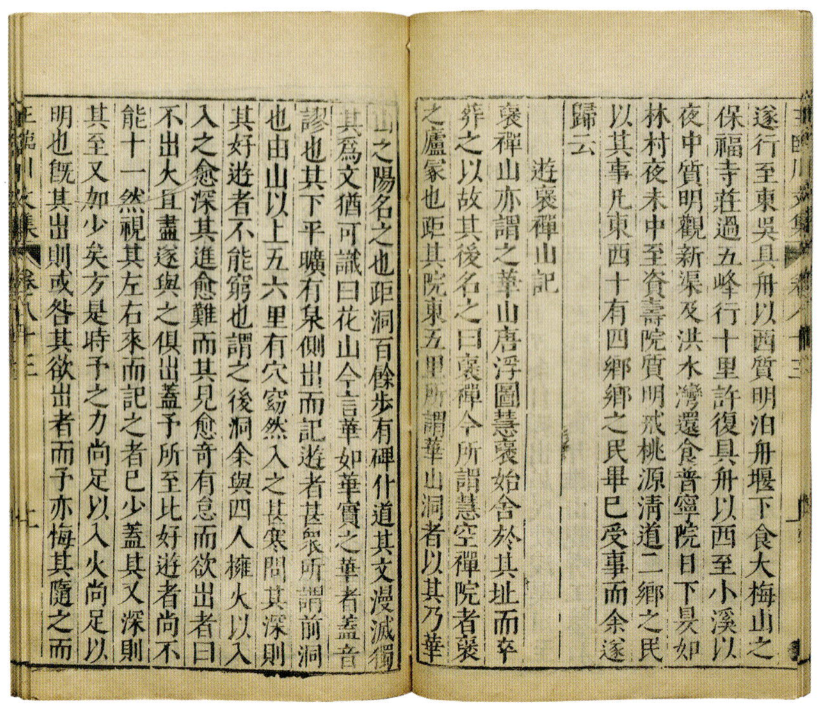
遂行至東吳具舟以西質明泊舟堰下食大梅山之
保福寺莊過五峰行十里許復具舟以西至小溪以
夜中質明觀新渠及洪水灣還食普寧院日下昃如
林村夜未中至資壽院質明戒桃源清道二鄉之民
以其事凡東西十有四鄉鄉之民畢已受事而余遂
歸云

遊褒禪山記

褒禪山亦謂之華山唐浮圖慧褒始舍於其址而卒
葬之以故其後名之曰褒禪今所謂慧空禪院者褒
之廬冢也距其院東五里所謂華山洞者以其乃華
山之陽名之也距洞百餘步有碑仆道其文漫滅獨
其為文猶可識曰花山今言華如華實之華者蓋音
謬也其下平曠有泉側出而記遊者甚衆所謂前洞
也由山以上五六里有穴窈然入之甚寒問其深則
其好遊者不能窮也謂之後洞余與四人擁火以入
入之愈深其進愈難而其見愈奇有怠而欲出者曰
不出火且盡遂與之俱出蓋予所至比好遊者尚不
能十一然視其左右來而記之者已少蓋其又深則
其至又加少矣方是時予之力尚足以入火尚足以
明也既其出則或咎其欲出者而予亦悔其隨之而

↑ 明萬曆刊本《王臨川文集》　王安石　著

其詩歌大致以熙寧九年（1076）第二次罷相為界分為兩個階段，前期創作主要是“不平則鳴”，注重反映社會現實和下層人民的痛苦，把自己渴望濟世匡俗的理想抱負寫進了詩中，如《感事》《河北民》《收鹽》等詩，傾向性十分鮮明，風格直截刻露，表現了他主張革除弊政、關心民生疾苦的進步思想和博大胸懷。後期創作“窮而後工”，致力於追求詩歌藝術，注重煉意和修辭，以豐神遠韻的風格在當時詩壇上自成一家。

三是創立荊公新學。

為了實現“致大同”的社會理想，王安石潛心研究經學，著書立說，創立“荊公新學”，主持修撰《三經新義》並作為教材和科舉取士標準，頒佈到全國各級學校實行，促進宋代疑經變古學風的形成。荊公新學把“道”作為最基本的哲學基礎，在社會治理方面強調變革和濟世從政的方略和對策，成為王安石日後變法的指導思想和理論基礎。

從文學角度看，王安石的作品，無論詩、文、詞都有傑出的成就。北宋中期開展的詩文革新運動，在他手中得到了有力推動，他對掃除宋初風靡一時的浮華餘風作出了貢獻。清代文人蔣士銓對他的文學成就作了高度評價：“千鈞筆力氣嶙峋，一代文章侍從臣。”

王安石因為變法彪炳史冊，但也因為變法成為歷史上一位極具爭議的人物，人們對他褒貶不一。他時而是配享孔廟的除孔孟之外的“第三賢人”，時而又是導致北宋亡國的“萬世罪臣”。但無論如何，王安石故里——撫州市東鄉區上池村，現存有世宦祠、西引寺、龍安殿、荊公橋、荊公陂、荊公別墅、“荊國世第”門樓等 10 餘處與王安石相關的遺跡，政府還花費巨資修建了王安石紀念館讓世人緬懷這位仁人才子。王安石雖然是一位封建士大夫，但他身上卻有許多值得後人學習的優秀品質和優良作風。比如，嚴以自律、體恤民情，不計名利、不徇私情，不畏艱險、勇於改革，不畏人言、敢於擔當，等等。今天，人們在懷念王荊公風貌的同時，更應做的是傳承好他的精神，運用好他的思想，努力譜寫中華民族發展的歷史新篇章！

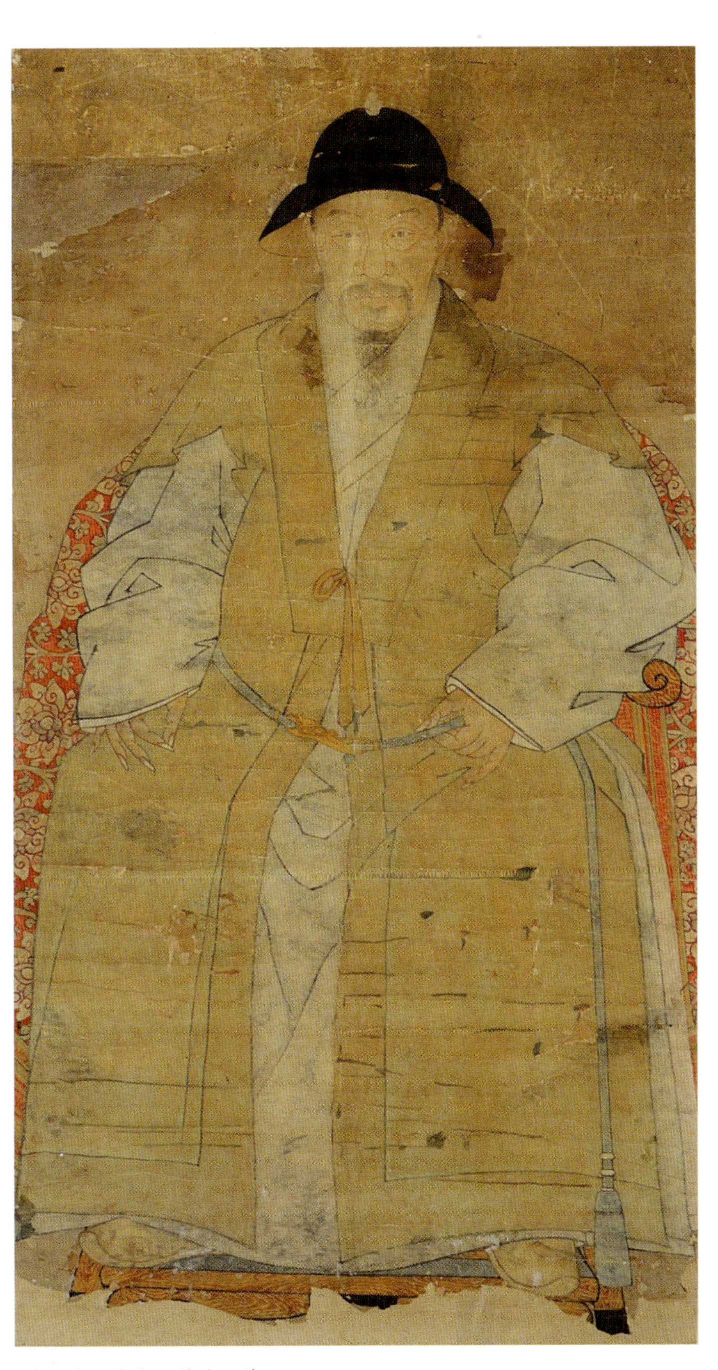

↑王安石畫像　佚名　繪

詩書雙絕黃庭堅

黃庭堅（1045–1105），洪州分寧（今江西省九江市修水縣）人，北宋著名詩人、詞人、書法家，字魯直，號山谷道人，晚年號涪翁。曾任知縣、知州、起居舍人、國史修編官等職，後被追封為龍圖閣大學士，謚號"文節"。黃庭堅一生為官清正，治學嚴謹，以文壇宗師、孝廉楷模垂範千古。

一、少年聰慧顯才華

黃庭堅出身於書香門第。慶曆五年（1045），黃庭堅出生於洪州分寧雙井村。雙井黃家是世家望族，自古人才輩出，僅宋代就出了 48 位進士，其中 4 人官至尚書，被譽為"華夏進士第一村"。雙井黃家崇學好文的風尚，為黃庭堅的成長營造了一個良好的學習環境。

黃庭堅自幼聰穎過人，有著極高的文學天賦，有過目不忘之能。相傳黃庭堅滿週歲"抓週"時，在眾多物品中抓起了一管毛筆不願放下，眾人齊讚小庭堅是一塊讀書做官的料，這也似乎預示了他將來會成為一名大書法家。"堅幼警悟，讀書五行俱下，數過輒憶"，他 5 歲開始接受啟蒙教育，能夠背誦《詩經》《論語》等儒家經典。他 7 歲時寫了一首《牧童》詩："騎牛遠遠過前村，吹笛風斜隔岸聞。多少長安名利客，機關用盡不如君。"豪氣沖天，令人驚歎。

黃庭堅的成才也得到了親人的悉心教誨。舅舅李常對黃庭堅青眼相加，關愛異常，經常給他講解經書及詩歌聲律、音韻方面的知識，特別是講述杜甫和陶淵明的詩，往往令小庭堅聽得入迷，讓他受益匪淺。在李常身邊的三年時間裏，黃庭堅博覽群書，不僅精心研讀儒家經典，而且廣泛涉獵前人和今人的詩文著述，打下了深厚的學術根基。通過李常引薦，黃庭堅

↓修水黃庭堅雕像

在揚州認識了著名的文學家和詩人孫覺。在孫覺與王平甫的一場詩歌爭論中，孫覺發現了黃庭堅的才華，十分欣賞這位聰穎少年，並將女兒許配給他。在孫覺的幫助下，黃庭堅學業大進，宋英宗治平三年（1066）參加鄉試，榮登榜首。主考官李詢擊節稱絕，謂“此人不惟文理冠場，異日當以詩名擅四海”。由此可見，早年的黃庭堅是一個意氣風發、才華橫溢的“英俊少年”，注定了未來不同凡響。

二、傲骨正氣崇本真

黃庭堅是中國文化史上的大師和巨匠。他一身傲骨，正氣凜然，無論是做官、做學問，為師、為友，都人品如玉，一生淡泊名利，曠達樂觀，堪稱人格表率，成就了一代宗師的地位。黃庭堅一生從政，受家庭的熏陶和家學的影響，是一位清正廉明的好官，有著強烈的施仁政、撫黎民、建功業的思想。在治平四年（1067）登進士第後，他前往汝州葉縣（今河南省平頂山市葉縣）擔任縣尉一職，從此邁出仕途上的第一步。在泰和（今江西省吉安市泰和縣）知縣任內，他整吏治、抗鹽稅、察民情，被百姓稱為“黃青天”。他在泰和留下了“落木千山天遠大，澄江一道月分明”（《登快閣》）的著名詩句。泰和百姓感念其德，有很多公路、學校、商店等以黃庭堅的字號“山谷”命名。他堅持平易寬簡的施政理念，關注民生疾苦，呵護百姓利益，倡導“當官莫避事，為吏要清心”“不以民為梯，俯仰無所怍”的從政主張，深受百姓愛戴，並親書《戒石銘》用以自警，得到宋高宗的褒揚，作為典範推行全國。

黃庭堅才華橫溢，但他率性耿直的性格，使得他一生仕途坎坷，多次被貶。北宋元豐七年（1084），因直言反對一些變法主張，他被貶為監鎮官。後陷朋黨之爭，他始終不承認有錯，也不請求赦免寬大，再次被貶。在顛沛流離的官宦生涯中，他先後被貶到涪州、黔州和戎州，最後羈管在宜州，靠朋友接濟度日。“四顧山光接水光，憑欄十里芰荷香。清風明月無人管，併作南樓一味涼”的詩句是其貶謫生活的真實寫照。儘管這樣，他從未歎息命運不公，而是讀書怡情、練字不輟，自得其樂，還為破敗不堪、風雨無遮的戍樓取了個十分雅致的名字——“喧寂齋”。一身傲骨，不墜名節，這就是黃庭堅在流放生涯中的精神狀態，其凜然正氣令人歎服！

黃庭堅是一位大孝子，“二十四孝”裏有一個“滌親溺器”的故事，講的就是黃庭堅孝母。其母有潔癖，甚至忍受不了馬桶的異味，他數十年如一日，為母親清洗便桶，從不間斷。母親生病的時候，他噓寒問暖，四處尋醫問藥；母親病危的時候，他更是衣不解帶，親嚐湯藥，絲毫不敢懈怠，日夜侍奉在病榻前，無一刻不盡人子之道。蘇東坡讚歎他“孝友之行，追配古人”。“滌親溺器”孝行感人至深，向世人無聲地彰顯著聖賢的德行風範，對後世產生了深遠而積極的影響。

黃庭堅一生奉行“為官愛民、為友真摯、為子孝行、為長仁愛”的為人準則，光明磊落，一身正氣，表現了士大夫的松柏氣節。黃庭堅死後謚為“文節”，可見朝廷對黃庭堅氣節的推崇。南宋時，黃庭堅的同鄉、右丞相章鑒回鄉時，深懷對黃庭堅大節的尊崇，寫下了“半夜過雙井，不敢見先生”的詩句。

黃庭堅長於仕宦之家，自小形成了“超世而不避世”的思想情懷，構建了“俗裏光塵合，胸中涇渭分”的獨特人格，形成了“達則兼濟天下，窮則獨善其身”的完美品格。屢遭挫折而心地泰然，即使貧無立錐之地仍充滿樂觀，以所行證所思，實踐了自己崇尚本真的道德標準。

三、開宗立派領風騷

江西詩派是當時最大的詩派，影響深遠。黃庭堅作為江西詩派的鼻祖，起到了開宗立派的作用。

一是提出了詩歌主張。黃庭堅繼承了杜甫的現實主義傳統，推崇《孟子》，崇尚道義，認為詩應以道義為本，始終以天下社稷為重，詩應因時而作，既反映時事，同時又能有補於世，將詩的主體性、抒情性結合起來，解決了詩與道的關係問題。黃庭堅具有強烈的求新求變自覺意識，提出了“以故為新、以俗為雅”等詩學理論，總結出一套詩歌創作的訓練方法，主張詩以“不俗”為高，脫“俗”向“雅”的關鍵在多讀書，“腹有詩書氣自華”，開創了宋代詩壇的全新時代。

二是進行了創作實踐。黃庭堅在創作實踐中極力推崇杜甫，把晚期杜甫詩視為宋詩美學理想

一泰和快閣

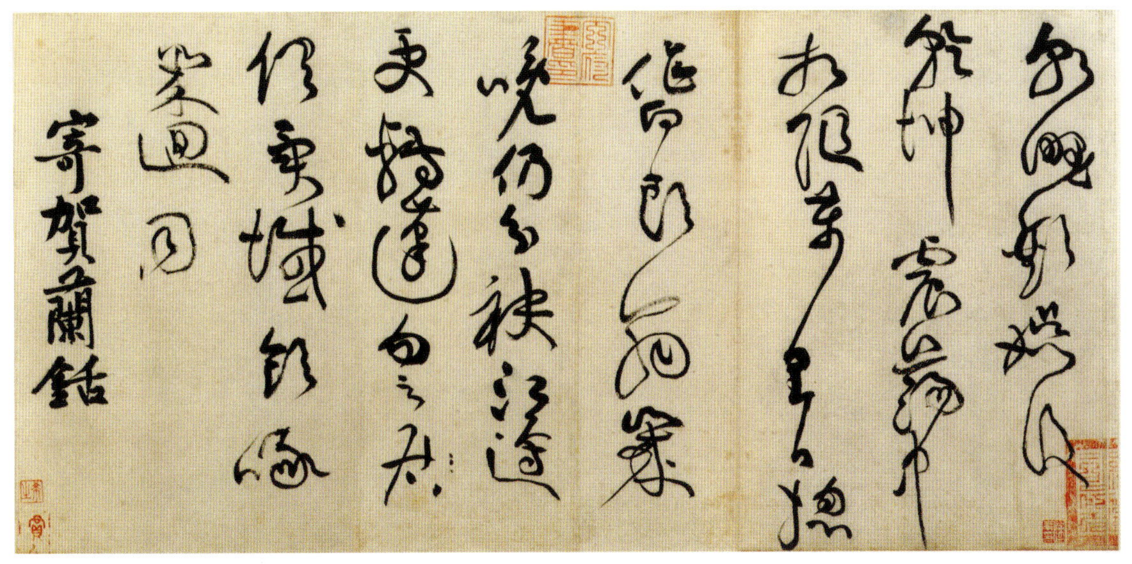

↑杜甫寄賀蘭銛詩　黃庭堅　書

的參照典範，提出了“奪胎換骨”“點鐵成金”的詩學主張，既學習前人，又講究技巧，做到超越前人而自成一家，從而達到“不煩繩削而自合”的境界。首先注重字法。黃庭堅作詩極其注重煉字，用字講究“無一字無來處”，做到“一字一句，必月鍛季煉，未嘗輕發”。如《登快閣》中“快閣東西倚晚晴”的“倚”，“萬里歸船弄長笛”的“弄”，都有餘味無窮、出人意料的效果。其次重視句法。黃庭堅在詩歌創作中注重觀摩前人的句法並加以創新，提出了“句眼”的理論，用來錘煉創作具體的詩句。黃庭堅所謂的“句中眼”也就是後人所說的“詩眼”，句有眼則立得住，詩有眼則韻自勝。如在《送顧子敦赴河東》“無人知句法，秋月自澄江”詩句中，可以看出黃庭堅詩的句法簡易，如秋月澄江，明晰可感。最後講究章法。“文章必謹佈置”，黃庭堅作詩講究謀篇佈局，並注重結構安排和技巧表達，包括詩歌結構中的“起承轉合”和各部分內在的邏輯關係，“作詩正如作雜劇，初時佈置，臨了須打諢，方是出場”。

三是產生了深遠影響。北宋時期，黃庭堅、張耒、晁補之、秦觀一起遊學於蘇軾門下，得到蘇軾的推介，都名滿天下，史稱“蘇門四學士”。其詩學理論直接促成了江西詩派的產生。黃庭堅推崇杜甫為江西詩派的“一祖”，他自己與陳師道、陳與義一起形成了江西詩派的“三宗”。作為江西詩派領軍人物的黃庭堅是“三宗”之首，取得了重大的創作成就，形成了獨特風格，號稱“庭堅體”。他的影響最大，“一詩一文出，人爭傳誦之”，將其奉為江西詩派的領袖實不為過。

總之，黃庭堅在江西詩派中詩名最盛、詩論最佳，被認為是江西詩派的開創者，有眾多追隨者和愛好者。其文當如蘇軾所說：“瑰瑋之文，妙絕當世。”

四、千年書史第一家

黃庭堅既是江西詩派的開山鼻祖，也是一代書法宗師，其書法學古出新，獨具一格，善行草書，楷法亦自成一家，與蘇軾、米芾、蔡襄並稱為“宋四大家”，被後人推舉為“千年書史第一家”。

北宋書法是唐以後書法藝術的又一座高峰。黃庭堅雖然在“蘇黃米蔡”四大家中名列第二，但他行、草皆好，尤其是草書成就最高，是北宋書壇當之無愧的“執牛耳者”。如果綜合比

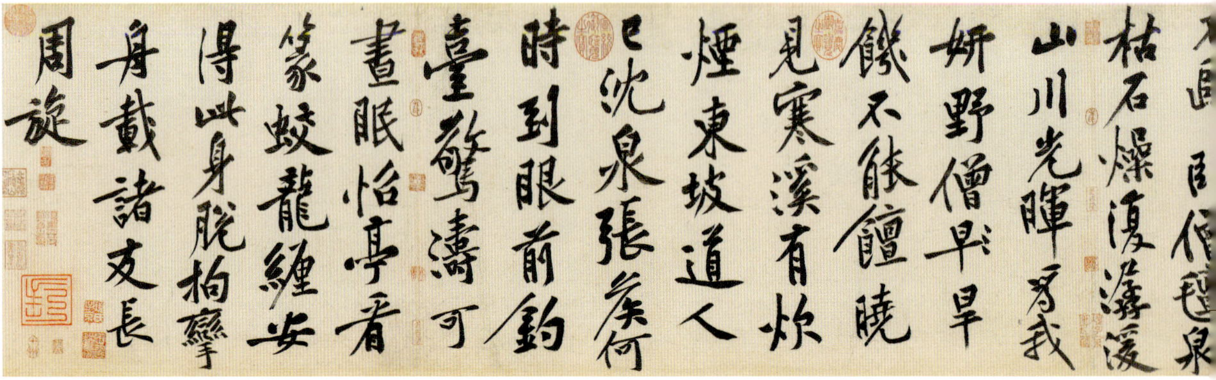

↑松風閣詩帖　黃庭堅　書

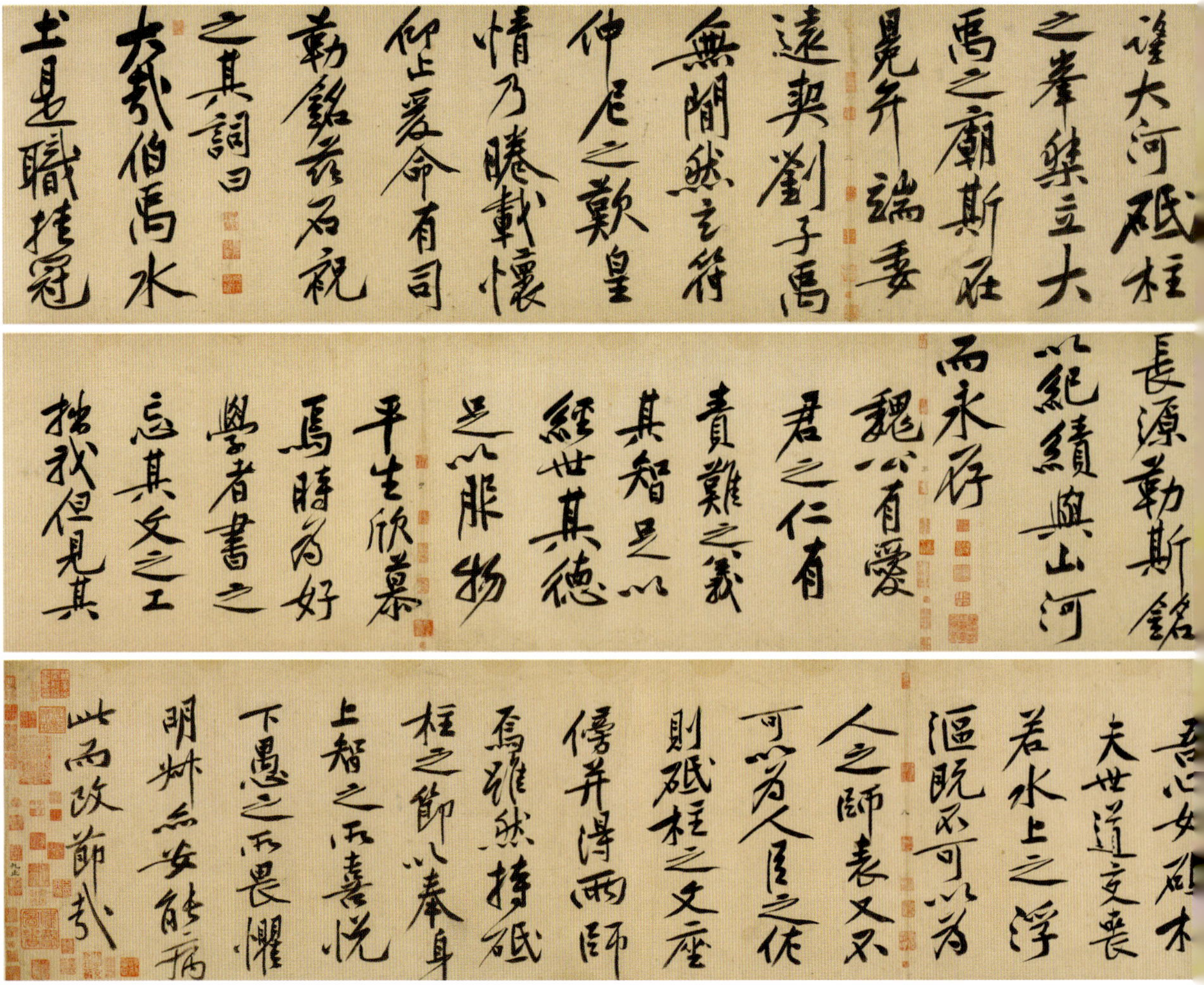

↑砥柱銘　黃庭堅　書

較，黃庭堅的書法成就無人能及，形成了自己的獨特風格。以他成就最大的草書為例，他曾經說過他學習草書經歷了三個階段：年輕時學周越，學了 20 年，還是擺脫不了俗氣；中年學蘇舜元（才翁）和蘇舜欽（子美）兄弟，乃得古人筆意；晚年學張旭、懷素、高閑，才真正明白古人用筆的奧妙。

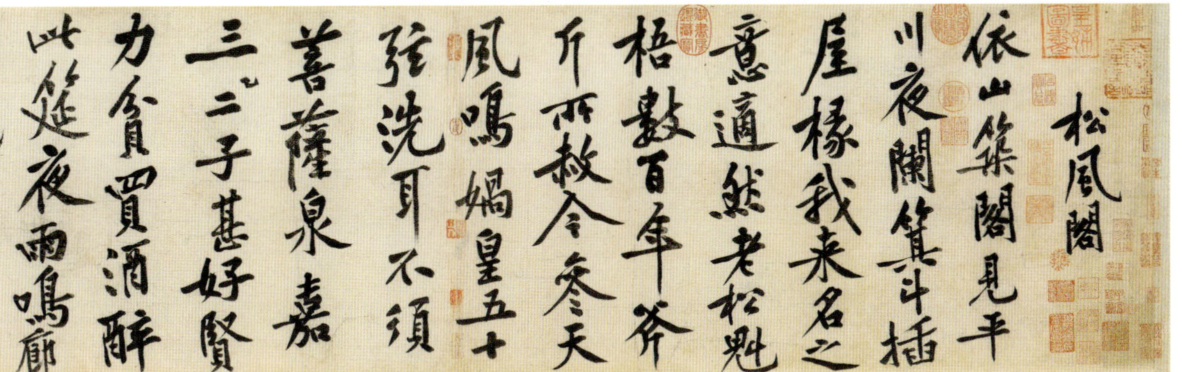

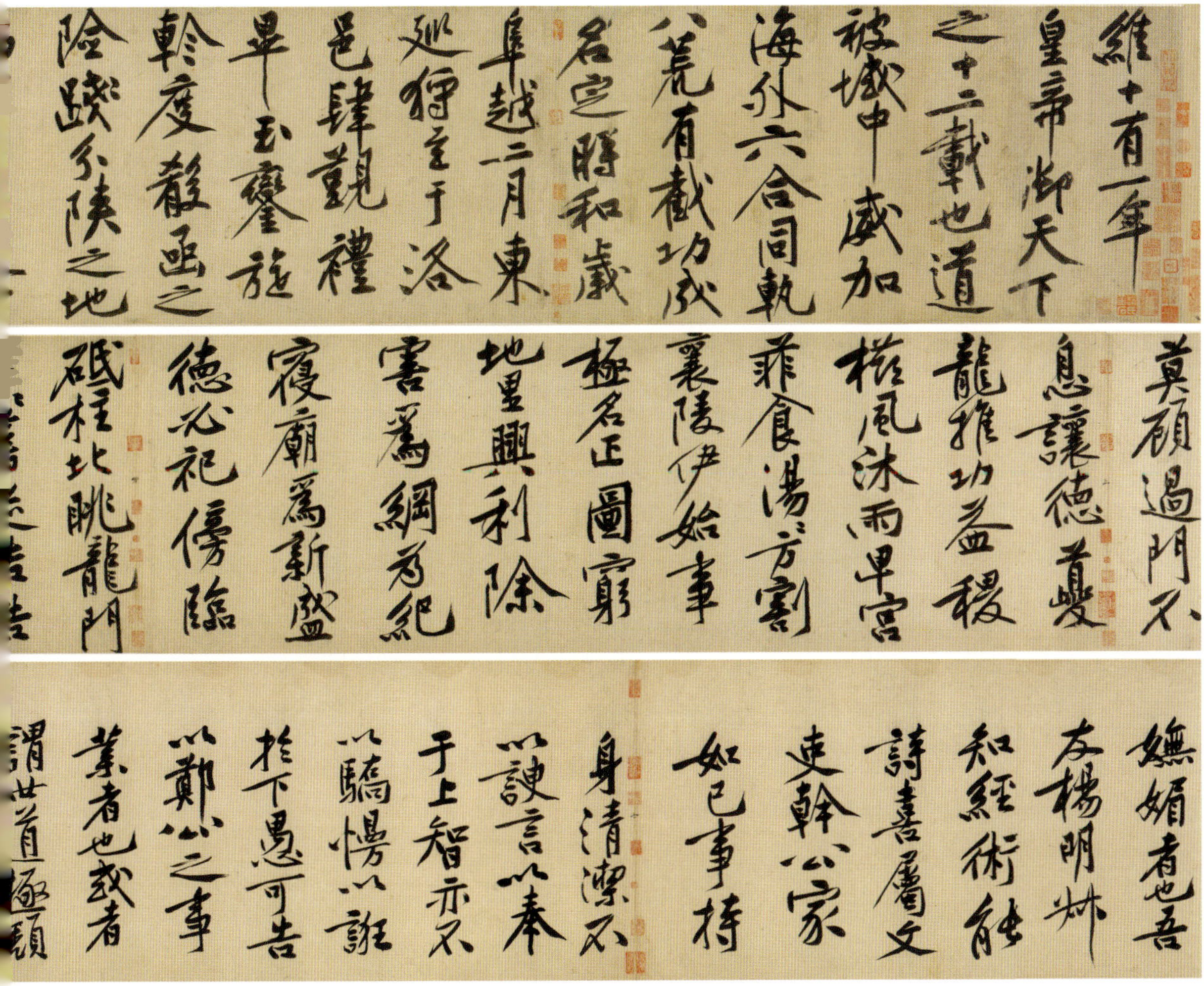

黃庭堅有其獨特的書法思想。他認為書格即人格，心中有道義，下手才可貴。所謂欲書法高妙，須苦讀聖賢書，學好書法的前提是讀好聖賢書。他師從蘇軾，書法受蘇軾影響較大，他讚美蘇軾的字沒有俗氣、韻味無窮，但又不是全盤照抄，在蘇字基礎上又進行了創新發展。黃庭堅重法又不拘於法，主張"法外之理"，常以"韻"來體現其淳樸平淡的"自然"，把禪宗的"悟"引入書法研習中，利用自然造化之功打通手和心的隔閡，做到內省外悟。在悟法中，找到禪境和書法的絕妙關聯，由禪悟散淡之境，到書法的散淡之境，緣禪入書，將書法上升到精神層面，做到字中有"意"、胸中有"禪"，達到一種"超逸絕世"的境界。如他在船上觀察"長年蕩槳"和"群丁撥棹"，因而大悟筆法，形成了一種獨特的字體——中宮緊固、左右張揚的呈放射狀的"黃體"，成就了黃庭堅傑出的書法藝術地位。

書法是體悟當下、觀照時代的產物。黃庭堅求新思變，善於感受時代的氣息，不斷追求創新。黃庭堅根據書桌增高的情況，提出改革執筆和書寫方式，主張四指握筆和懸腕書寫，這樣寫字不僅字體遒勁有力，而且揮灑自如，成為今人練字的主要書寫方式。從黃庭堅傳世的作品看，他的小字手箚、大字行書都不錯，但草書尤佳。最能體現其獨特風格的是大字行書，如《松風閣詩帖》，長波大撇，豐神灑脫，尤其是他的顫筆，真可謂"前無古人後無來者"，絕妙無倫。若從文化價值來看，則首推草書，黃庭堅的草書理論和實踐對於推動北宋草書發展起到了不可替代的作用。他的草書，學唐不似唐，以意運筆，從容嫻雅，別有一副"新面目"；他的狂草境界最高，如《李白憶舊遊詩草書卷》，隨心所欲，大開大合，但法度嚴謹，收放自如，成為年高手硬之作。

黃庭堅的詩歌和書法風格十分鮮明，二者達到了文學和書法審美上的一致性。其詩能擺脫死板的律體，自成山谷體，使其成為江西詩派的領軍人物。其書法楷、行、草皆妙，草書尤奇偉，具有歷久不衰的魅力。黃庭堅晚年書風成熟時期的大字行楷書代表作《砥柱銘》，2010 年在北京經過 70 輪競價，拍出 4.368 億元的"天價"，創下了中國書法藝術品拍賣成交價的世界紀錄，在中國書法史、藝術史乃至文化史上有著非同尋常的地位和意義，至今未被超越。

砥柱精神，光耀千秋。近年來，黃庭堅成為社會廣泛關注的歷史人物。為了紀念這位歷史文化名人，修水縣修建了黃庭堅紀念館，館內有山谷祠、九曲迴廊、澄秋閣、順濟亭、冠雲亭、詩詞碑廊、書法碑廊以及濂山書院等人文景觀。中央紀委國家監委網站推出《江西修水黃庭堅：遺子萬金不如教之敦睦》，把黃庭堅作為孝廉楷模，重點介紹了黃氏家規和黃庭堅的從政理念，具有深刻的現實教育意義。

文以載道，書以煥采。2014 年習近平總書記在文藝工作座談會上的講話中引用了黃庭堅的詩句"隨人作計終後人，自成一家始逼真"。我們廣大文藝工作者應該勇於創新，用中國風格、中國氣派的優秀作品回應人民呼喚，講好中國故事，弘揚中國精神，書寫展現偉大時代的新篇章。

正氣丹心文天祥

文天祥，字宋瑞，一字履善，號文山，南宋端平三年（1236）生於江西廬陵（今江西省吉安市），南宋末著名的政治家、文學家，愛國詩人，抗元名臣，與陸秀夫、張世傑並稱為“宋末三傑”。

一、亂世狀元

文天祥出生前兩年，崛起於北方草原的蒙古聯合南宋，共同滅掉了金國。在蒙古強大而金、宋弱小的情況下，三國鼎立或許還能對蒙古有所制衡；金國既滅，虛弱的南宋不得不獨自面對虎視眈眈的蒙古。隨著忽必烈滅大理，南宋從此陷入了蒙古的南北夾擊中，國勢愈發艱危。

文天祥出生時，南宋和蒙古的戰爭已經拉開序幕，但戰火尚未波及廬陵，他在還算平靜的家鄉度過了一段美好時光。文天祥的父親文儀喜愛讀書，也很重視孩子們的學業，想方設法聘請名師對孩子們進行教育。文天祥無論寒暑都要在貼滿格言警句的書齋中與弟弟一起誦讀、寫作、談古論今。年少的文天祥對“忠”就非常景仰，還是童子時，文天祥看到學校祭供的同鄉先輩歐陽修、楊邦乂、胡銓像，了解到他們的謚號都為“忠”，便立志要向他們學習。

南宋淳祐元年（1241），吉州知軍江萬里於白鷺洲創辦書院，聘請宿儒歐陽守道為山長。15年後，贛江春潮初漲時，20歲的文天祥從家鄉廬陵縣富田鎮來到白鷺洲書院，跟隨歐陽守道學習。

與同時代的大多數讀書人一樣，文天祥的人生軌跡就是讀書、參加科舉考試、做官。18歲時，文天祥參加廬陵鄉試獲第一名；20歲時，文天祥參加禮部省試中選吉州貢士；僅僅一年多後，文天祥隨父前往臨安（今浙江省杭州市）參加科舉考試的最高一級考試——殿試。

此次殿試的考題要求考生闡述一段理學觀點，指出時局之弊，並提出對策。文天祥針對當時的政務逐漸懈怠這一弊病，以遵循天意不懈怠作答，提出改革方案，表述政治抱負。文天祥的答卷長達1萬多字，他未打草稿，一氣呵成。

按照規定，主考官閱卷後，須將前10名的卷子交由宰臣復審，再呈送皇帝確定名次。文天祥名列第七，答卷被送到了宋理宗的手裏。考官王應麟奏道：“是卷古誼若龜鑒，忠肝如鐵石，臣敢為得士賀。”宋理宗閱畢，對文天祥的觀點和才學大加讚賞，將他擢為第一名，並御筆寫下一首《賜狀元文天祥已下詩》：“道久於心化未成，樂聞爾士對延英。誠惟不息斯文著，治豈多端在力行。華國以文由造理，事君務實勿沽名。得賢功用真無敵，能為皇家立太平。”

當時的宋朝，在蒙古強大的軍事壓力下已苦撐多年，朝廷非常渴望能有一批有理想、有抱負、有才幹、肯擔當的青年才俊。文天祥的出現，令當朝者彷彿看到了希望。

二、臨危受命

正當文天祥有機會施展他報國救民的宏大抱負之時，其父親不幸病故。古代中國以孝為先，依禮制，文天祥歸家守喪三年。

南宋開慶元年（1259），文天祥接到朝廷授官的詔旨。此時，南宋和蒙古的戰事相當吃緊，而南宋皇帝嗜慾怠政、不思振作，官場中佞臣當道。同年，蒙古軍隊進攻南宋。宦官董宋臣遊說皇帝遷都，滿朝文武都不敢說他不對。文天祥時任寧海軍節度判官，上書“乞求斬處董宋臣，使民心一致”。文天祥多次上書直言，卻受到不少打擊和誹謗。面對官場失意和歲月蹉跎，文天祥曾有詩云：“修復盡還今宇宙，感傷猶記舊江山。近來又報秋風緊，頗覺憂時鬢欲斑。”從中可見，他始終懷有一腔忠貞報國的赤誠。

南宋咸淳七年（1271），忽必烈結束了蒙古內部

↓文天祥紀念館

爭奪汗位的自相殘殺局面，建立了元朝，繼續攻打南宋。咸淳九年（1273），元軍攻下襄陽、樊城，以此為突破口，順江而下，兩年便兵臨南宋首都臨安。元軍所過之處，屍橫遍野，血流成河，農田荒廢，百業凋敝，這是一場空前殘暴的、野蠻的戰爭，南宋面臨著亡國滅種的嚴重威脅。但南宋朝廷卻長期為投降派所把持。早在 1259 年，南宋丞相賈似道便以稱臣、割江北地區和歲納銀 20 萬兩、絹 20 萬匹為條件，暗中屈膝求和。而忽必烈意在滅宋，卻並未真正停止南征作戰。

南宋德祐元年（1275），賈似道的 13 萬大軍被消滅，朝廷便再無可用之兵。此時宋恭宗在位，年僅 4 歲，太皇太后謝氏臨朝聽政，不得不發出《哀痛詔》，號召天下四方迅速舉兵“勤王”。文天祥當時正擔任贛州知府，他“捧詔涕泣”，並立即變賣家產，招募義士，在兩三個月內便組織了第一支“勤王”隊伍近萬人，費盡千辛萬苦，幾經周折趕赴都城臨安，應詔“勤王”。但是，朝中大臣對文天祥並不信任，命其前往平江府（今江蘇省蘇州市）守衛。後因朝廷部署失策，平江府失守，才不得不讓文天祥回到臨安。

德祐二年（1276）正月，元軍圍困臨安。太皇太后看大勢已去，急忙遣使攜帶傳國玉璽和皇帝降表，向元朝丞相伯顏請降。當晚，右丞相陳宜中逃跑，其他主要官員也率兵撤離。第二天早晨，文天祥臨危受命，出任右丞相，與左丞相吳堅等赴伯顏大營議和。

文天祥在伯顏面前慷慨陳詞，據理力爭。面對伯顏的恐嚇，他面無懼色地回答：“吾乃南朝狀元宰相，但欠一死報國，刀鋸鼎鑊，非所懼也！”文天祥還曾在元營賦《紀事》詩：“三宮九廟事方危，狼子心腸未可知。若使無人折狂虜，東南那個是男兒。”

降元的南宋守將呂文煥為討好伯顏，前來勸說文天祥。文天祥怒不可遏，痛斥其為亂賊。呂文煥以自己苦守襄陽六年而朝廷不予施救為自己辯解，文天祥厲聲喝道：“力窮援絕，死以報國，可也。”

文天祥表現出的大無畏氣概，使得伯顏對他不得不另眼相待，並想利用他的聲望去進一步收拾南方殘局。於是，伯顏派人勸降文天祥：“大元將興學校、立科舉，丞相在大宋為狀元宰相，今為大元宰相無疑。”卻遭到文天祥的斷然拒絕。

三、曠世問答

伯顏見文天祥不肯屈服，便將他扣留在軍營中，其他大臣簽訂降書後於次日返回臨安。之後，文天祥被押往大都（今北京），所幸於途中趁機逃脫。歷盡艱險之後，文天祥泛海南下溫州，輾轉來到宋端宗趙昰的行朝（皇帝臨時駐處）福州。

不料，文天祥依然受到掌政者的排擠，只以同都督軍馬的身份先後在南劍州（今福建省南平市）和汀州（今福建省龍岩市長汀縣）開府，重新組織軍民抗元。文天祥到汀州後不久，福州失陷，小朝廷逃往廣東。他隨之轉戰漳州、梅州一帶。南宋景炎二年（1277）五月，文天祥率兵進入江西，在雩都縣（今江西省贛州市

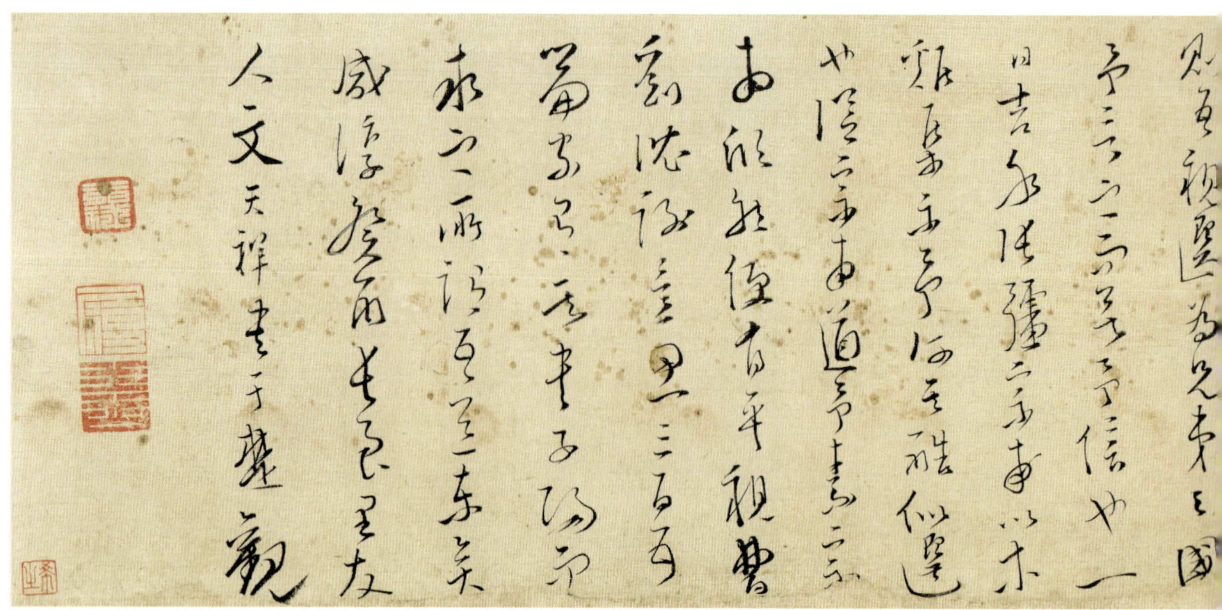

↑謝昌元座右自警辭　文天祥　書

于都縣）大敗元軍，收復興國、吉州等地，一時聲威頗盛。但元軍旋即大舉反攻，文天祥的妻兒和幕僚被俘，他因有義士替身受捕才幸免於難。

景炎三年（1278），文天祥帶領殘部，轉戰廣東南嶺一帶。其時，20萬不甘亡國的南宋軍民在陸秀夫和張世傑的率領下輾轉來到崖山（今廣東省江門市崖門鎮）。南宋軍民伐木建屋，並為小皇帝和楊太后修建了一座名為慈元殿的行宮。一時間，小小的崖山一帶，3000餘座房屋連綿起伏。六月，為擺脫元軍的圍追，文天祥要求赴援崖山行朝，遭到當政者拒絕。十二月，文天祥在今廣東省海豐縣北二里的五坡嶺不幸被俘。元軍主將張弘範下令把他押送到自己駐紮的潮陽。其時，張弘範正準備進攻崖山。當張弘範從潮陽趕往崖山時，特意把文天祥也帶上了。

文天祥既是南宋丞相，又是狀元出身；既是最具人望的知名人士，也是抵抗運動的主要領袖。如果能讓文天祥投降並說服張世傑等人也放棄抵抗，必能起到事半功倍的作用。船隊還航行在廣東珠江口外的零丁洋時，張弘範便逼文天祥寫信勸降。

文天祥的回答卻是一首詩：“辛苦遭逢起一經，干戈寥落四周星。山河破碎風飄絮，身世浮沉雨打萍。惶恐灘頭說惶恐，零丁洋裏歎零丁。人生自古誰無死？留取丹心照汗青！”這首光耀天地的《過零丁洋》，特別是詩中最後一句曠世問答（問：“人生自古誰無死？”答：“留取丹心照汗青！”）以磅礴的氣勢、高亢的激情，表達出文天祥為了國家安寧而願慷慨赴死的民族氣節和捨生取義的生死觀，被稱為千古不朽的愛國主義絕唱。

四、國難臣忠

崖山海戰是南宋亡國的最後一戰，戰鬥無比慘

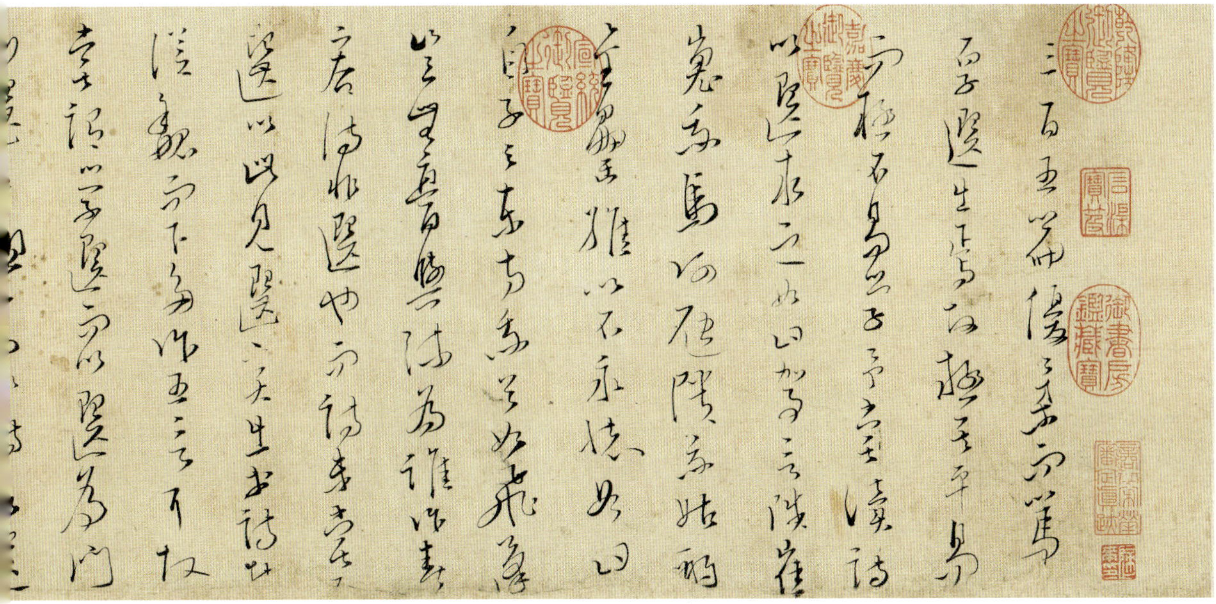

烈。宰相陸秀夫背負 7 歲的小皇帝蹈海自盡，後宮諸臣隨之紛紛投海。楊太后在聽說小皇帝遇難的噩耗後，也大哭著蹈水自盡。張世傑突圍後遭遇颶風，溺水而死。這樣，“宋末三傑”就只剩被俘的文天祥了。

元軍船上的文天祥痛不欲生。他眼睜睜地看著宋軍節節潰敗，親眼看到南宋政權的徹底覆滅：“崖山之敗，親所目擊，痛苦酷罰，無以勝堪。”當時，他也想跳海，但被元軍所阻。崖山戰後，勝利者張弘範大擺宴席，再次勸降。他對文天祥說：“你效忠的大宋已經滅亡了，你作為臣子問心無愧了。你一心求死，可即便死了，又有誰記得你呢？如果你能像事大宋那樣事大元，大元的丞相，非公莫屬。”

文天祥流著眼淚回答說：“國家滅亡卻不能施救，做臣子的簡直死有餘辜，哪還能為了偷生而事二主呢？商朝滅亡了，但伯夷、叔齊義不食周粟，是為了盡到自己的忠義，絕不會因國家的存亡而改變。”張弘範聽後，深為動容。他不僅在生活上優待文天祥，還把文天祥失散的奴僕想方設法找回來，送到文天祥身邊。更重要的是，他向忽必烈上書，詳細說明不能殺文天祥的諸般理由。

得知文天祥不肯受降後，忽必烈感慨道：“誰家無忠臣。”並下令把文天祥押往大都。不過，文天祥卻開始了絕食。他計劃七八天後將行至家鄉吉州時，自己就可以餓死盡節、歸葬故里了。但押送的元軍擔心這個聞名天下的欽犯死在押送途中，便想盡一切辦法要文天祥吃喝，最後給他硬灌流質食物。絕食八天後，文天祥依然未死，而故鄉已過。既然不能死在故鄉，那就只好活著。

從元朝至元十六年（1279）十月至至元十九年（1282）十二月，文天祥在大都度過了三載有餘的囚禁生涯。起初，元朝以上賓之禮對待文天祥，勸降者絡繹不絕：從在京的南宋降元君臣到元朝高官，走馬燈似的充當說客。這中間，值得一提的有三次。

第一個是留夢炎。他也是個狀元宰相，德祐元年（1275）十二月聽到元軍破獨松關，就私自逃跑，不久投降元軍。文天祥對此人無比鄙夷，提筆賦詩“龍首黃扉真一夢，夢回何面見江東”。“龍首”指的是狀元，“黃扉”是宰相的辦公場所。

第二個是已降被封為瀛國公的宋恭宗。此時，他也僅是一個9歲的孩童。宋恭宗來到牢房，還沒開口說話，文天祥已經口稱陛下哭拜於地，宋恭宗只得尷尬地打道回府。

第三個是元朝重臣平章政事（平章政事相當於副丞相，是從一品的高官）阿合馬。他命文天祥下跪，文天祥毫不示弱，作揖就座回答道：“南朝宰相見北朝宰相，豈能下跪？”阿合馬故意問：“你何以至此？”文天祥回答：“南朝早用我為宰相，北人到不了南方，南人也到不了北方。”阿合馬回顧左右說：“此人生死由我定。”面對阿合馬的生死威脅，文天祥直言：“亡國之人，要殺便殺！”一番針鋒相對後，原本趾高氣揚的阿合馬只得默然離去。

勸降不成，文天祥被戴上木枷，關入土牢。元世祖至元十七年（1280）春，他突然接到女兒的來信，才知道三年多杳無音訊的妻子、女兒都在大都。文天祥知道這是元朝打出的感情牌，只要自己投降便可與家人團聚。他強忍著悲痛，拒絕給女兒回信。在給自己妹妹的信中，文天祥談及此事：“人誰無妻兒骨肉之情，但今日事到這裏，於義當死，乃是命也。”

五、浩然正氣

獄中的生活很苦，可是文天祥強忍痛苦，寫出了不少詩篇，氣壯山河的不朽名作《正氣歌》就是在獄中寫就的。

至元十九年（1282）三月，元世祖任命和禮霍孫為右丞相。和禮霍孫提出以儒家思想治國，頗得元世祖贊同。於是，元世祖問群臣：“南方、北方宰相，誰是賢能？”臣答：“北人無如耶律楚材，南人無如文天祥。”於是，元世祖下了一道命令，打算授予文天祥高官顯位。文天祥的一些降元舊友立即向文天祥通報了此事，並勸說文天祥投降，但遭到文天祥的拒絕。

至元十九年（1282）十二月初八，忽必烈親自召見文天祥，他還想作最後的努力。文天祥對元世祖仍然是長揖不跪，元世祖也沒有強迫他下跪，只是說：“你在這裏的日子久了，如能改變想法，用效忠宋朝的忠心對朕，朕可以封你為宰相。”但是，面對忽必烈開出的優越條件，文天祥卻道：“天祥受宋恩，為宰相。安事二姓？”末了，忽必烈無奈地問：“汝何所願？”文天祥對曰：“願賜之一死足矣。”

次日，文天祥被押解到大都城南的柴市刑場。大都的百姓不顧官府的禁令，紛紛趕來為文天祥送行，多達萬餘人，以至道路擁塞。監斬官問：“丞相還有什麼話要說？回奏還能免死。”文天祥喝道：“死就死，還有什麼可說的？”他問監斬官哪邊是南方，有人給他指了方向，文天祥向南方跪拜，說：“我的事情完結了，心中無愧了！”於是引頸就刑，從容就義，年僅47歲。文天祥死後，人們在他的衣帶中發現一篇讚，裏面寫道：“孔曰成仁，孟曰取義，惟其義盡，所以仁至。讀聖賢書，所學何事？而今而後，庶幾無愧。”

“經綸彌天壤，忠義貫日月。”文天祥胸懷忠貞報國之夢，臨危受命，雖未能“挽狂瀾於既倒，扶大廈之將傾”，但他捨生取義的愛國精神和視死如歸的浩然正氣一直為後人所稱頌和敬仰。明朝名臣于謙讚詞曰：“殉國忘身，捨生取義。氣吞寰宇，誠感天地。孤忠大節，萬古攸傳。”清朝乾隆皇帝讚道：“若文天祥，忠誠之心不徒出於一時之激，久而彌勵，浩然之氣，與日月爭光。”

文信國公正氣歌
天地有正氣雜然賦流形
下則為河嶽上則為日星
於人曰浩然沛乎塞蒼冥
皇路當清夷含和吐明庭
時窮節乃見一一垂丹青
在齊太史簡在晉董狐筆
在秦張良椎在漢蘇武節
為嚴將軍頭為嵇侍中血
為張睢陽齒為顏常山舌
或為遼東帽清操厲冰雪
或為出師表鬼神泣壯烈
或為渡江楫慷慨吞胡羯
或為擊賊笏逆豎頭破裂
是氣所磅礴凜烈萬古存
當其貫日月生死安足論
地維賴以立天柱賴以尊
三綱實繫命道義為之根
嗟予遘陽九隸也實不力
楚囚纓其冠傳車送窮北
鼎鑊甘如飴求之不可得
陰房闃鬼火春院閟天黑
牛驥同一皁雞棲鳳凰食
一朝蒙霧露分作溝中瘠
如此再寒暑百沴自辟易
嗟哉沮洳場為我安樂國
豈有他繆巧陰陽不能賊
顧此耿耿在仰視浮雲白
悠悠我心悲蒼天曷有極
哲人日已遠典型在夙昔
風簷展書讀古道照顏色
辛丑二月溥儒敬書

↑《正氣歌》八屏　溥儒　書

智慧敏對解縉

解縉（1369–1415），江西吉水（今江西省吉安市吉水縣）人，明代內閣首輔，著名文學家和書法家，世界有史以來最大的百科全書——《永樂大典》總編纂，為傳承中華文脈作出了不可磨滅的貢獻。解縉在江西及周邊老百姓中有著巨大影響，一個重要的原因，是他創作的對聯家喻戶曉、口口相傳，被公認為中國對聯第一人。

明洪武二年（1369），解縉出生在吉安這片文化沃土之上。吉安古稱廬陵，是中國古代著名的文化中心之一。解家為廬陵書香門第，家學深厚，藏書萬卷，世代苦讀研習聖賢絕傳，從唐至清，共出了 48 位進士。

解縉的父親名解開，因博學多才，人們都尊稱他為“筠澗先生”。解開對儒家經典爛熟於心，但淡泊名利，主要致力於著書、辦學、育才等，著有《書解》《文集》等。解縉的母親高妙瑩是位大家閨秀，對經史、傳記、天文、地理、醫藥、女紅、烹飪皆很有研究，書法也頗為了得。

解縉出身書香門第，他天賦異稟、聰明伶俐，從小就有語言天賦，有超常的記憶力和思維能力，不僅反應快，應答迅捷，而且金句頻出，因此十里八村都稱他“神童”。5 歲時，父親解開挑揀淺顯易懂的文章試著教解縉學習。誰知所教的書目，解縉全能脫口背誦。6 歲時，族叔祖解成我給他出了小題目，題為《小兒何所愛》。解縉脫口吟出四首，其中有兩首說：“小兒何所愛？愛此芝蘭室。更欲附飛龍，上天看紅日。”“人道日在天，我道日在心。不省雞鳴時，泠然鐘磬音。”人們紛紛驚歎這個小娃吟出的詩，其胸襟這樣開闊，氣魄如此雄偉，語言中充滿哲理。

解縉喜歡玩水，7 歲那年，他偷偷到贛江游泳，又怕濕了衣裳被父親責罵，便將自己的衣裳掛在江邊的一棵老樹上。父親找到他後讓他對對聯，過關才能上岸。父親出聯道：“千年古樹為衣架。”他立馬對了一句：“萬里長江作浴盆。”氣勢更超其父，避免了捱打。

解縉在家鄉留下的流傳最廣的一副對聯，是他 15 歲過年時寫的一副春聯：“門對千棵竹，家藏萬卷書。”他將此聯貼在門上後，許多老鄉都跑來看。對面的財主很不高興，覺得解縉在說自己雖有家財萬貫，但不及他家自有書香，於是派人將竹子全部砍倒，這樣對聯就不成立了。解縉看後，微微一笑，給對聯加了兩個字，改為“門對千棵竹短，家藏萬卷書長”。

一“長”一“短”，高下立判。財主更不高興了，馬上派人把竹蔸也挖掉，心想看你這次怎麼改。解縉見狀，揮筆又改成“門對千棵竹短無，家藏萬卷書長有”。一個“無”一個“有”，不僅對仗工整，而且層層遞進。財主雖氣但也無可奈何。這副對聯被解縉從 10 個字加到 14 個字，字字對仗，逐次意深，十分巧妙，令人叫絕。

↑雲陽早行圖　解縉　繪

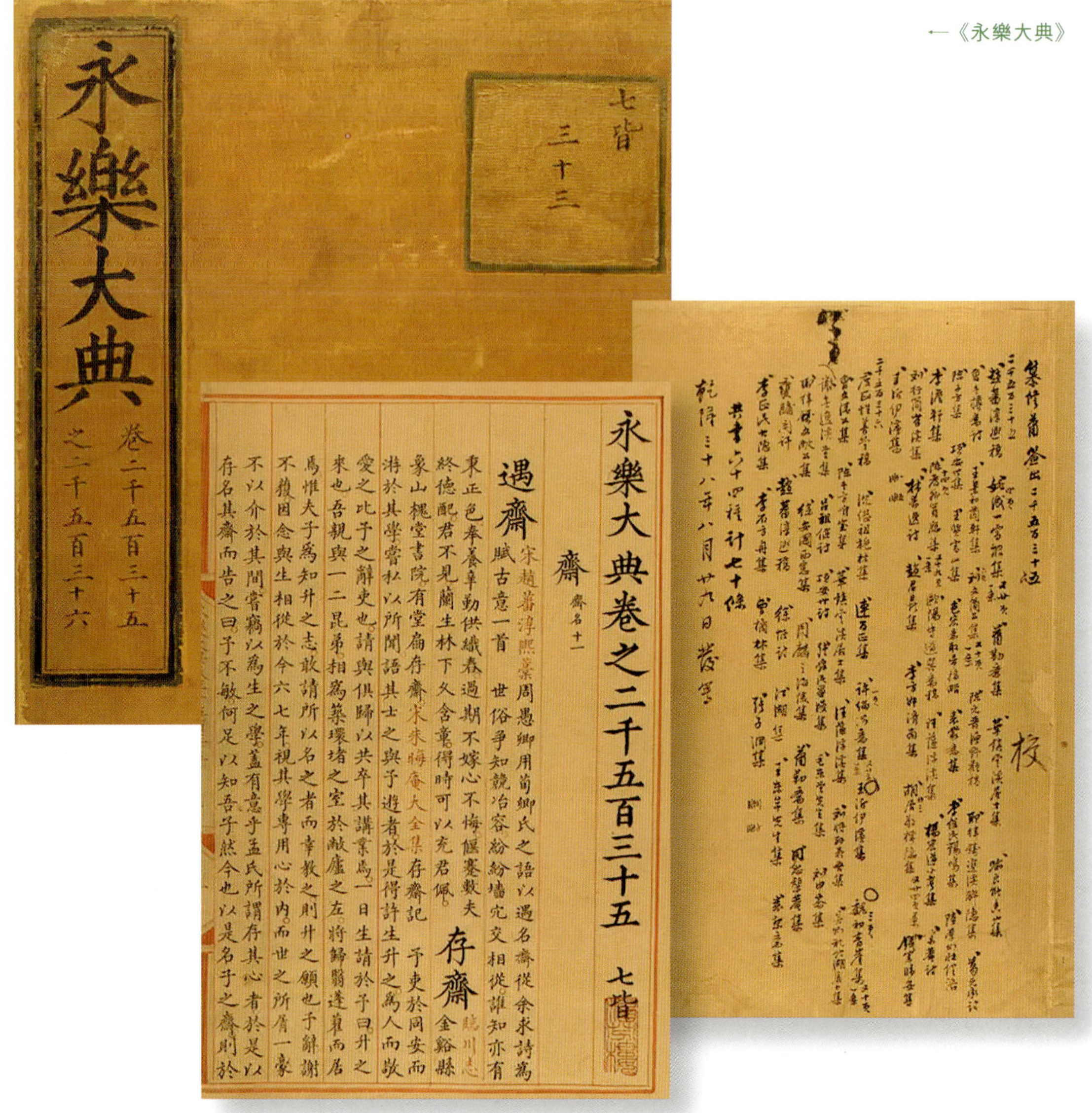
永樂大典 卷二千五百三十五 之二千五百三十六

七皆 三十三

永樂大典卷之二千五百三十五　七皆

齋　齋名十一

遇齋　宋趙蕃淳熙稾　周愚卿用荀卿氏之語以遇名齋從余求詩爲賦古意一首　世俗爭知競冶容紛紛墻宄交相從誰知亦有東正色奉養辛勤供織舂過期不嫁心不悔偃蹇數夫終德配君不見蘭生林下久含章得時可以充君佩。

存齋　金谿縣　臨川志　象山槐堂書院有堂扁存齋　宋朱晦庵大全集　存齋記　予吏於同安而游於其學嘗私以所聞語其士之與予遊者於是得許生升之爲人而敬愛之比予之辭吏也請與俱歸以共卒其講業焉一日生請於予曰升之來也吾親與一二昆弟相爲築環堵之室於敝廬之左將歸翳蓬藋而居焉惟夫子爲知升之志敢請所以名之者而幸教之則升之願也予辭謝不獲因念與生相從於今六七年視其學專用心於內而世之所屑一毫不以介於其間嘗竊以爲生之學蓋有意乎孟氏所謂存其心者於是以存名其齋而告之曰予不敏何足以知吾子然今也以是名子之齋則於

明洪武二十一年（1388）八月，解縉首次參加科舉便取得三甲第十名，賜同進士出身，授中書庶吉士。在翰林院觀政後，解縉先後上書《大庖西封事》《太平十策》，直指明朝社會現存的重要問題，忠肝義膽，受到明太祖朱元璋的重視。

此時的解縉意氣風發，鋒芒畢露，展現出卓越的政治才幹，但也因此引起了一些朝臣的不滿。在遭兵部尚書沈溍污衊後，解縉改任江西道監察御史。解縉還多次被朱元璋賜歸省親，這是朱元璋想要磨煉他，令其讀書修史，以觀後效。自此，解縉回到吉水鑽研學問，長達8年。

靖難之役後，朱棣當上皇帝，殺掉建文帝朱允炆的一大批餘黨。一些大臣降順了他，也有一些朝臣寧死不降。而解縉屬於歸降的那一類，他認為，自己雖然投靠了朱棣，但不算逆臣。一則自己初入京城，建文帝並未重用，反倒將自己發往河州。二則建文帝雖然仁慈孝悌，但是缺少決斷，而燕王聰慧剛毅，有勇有謀，能成大事。三則朱棣也是皇家血脈，換皇帝只是他們的家事。

朱棣奪位登上帝王的寶座之後，最重要的事情就是詔告天下。而這個寫《登極詔》的人選卻需好好篩選，需找一個德高望重、文采斐然的，最好是建文帝的舊臣。最終解縉在大臣姚廣孝的推薦下受命作《登極詔》，燦然成書。朱棣見解縉揮灑自如，援筆立就，頓時大喜，即刻詔告全國。

朱棣遂將解縉從原來的九品待詔提升為六品翰林侍讀，又囑託解縉為他推薦人才，組建內閣。解縉於是將胡廣、楊榮、楊士奇、金幼孜、胡儼等人推薦給朱棣。解縉不久便被任命為內閣大學士，並由此成為大明第一位內閣首輔，開啟了他人生中另一個光輝燦爛的政治巔峰時期。朱棣對解縉給予高度評價，說："天下不可一日無我，我則不可一日無解縉。"

朱棣虛心好學，治國有方，使明朝出現史上著名的永樂盛世。在朱棣統治的時代，國家富裕強盛，百姓安居樂業。他還親率大軍五次伐北，剿滅元朝殘餘勢力，維護國家的安寧穩定，保護國家領土的完整。他變革朝官制度，擴大外交，安排鄭和下西洋，將中華文明傳播到世界各地。他執政期間命解縉等人完成了史上著名的《永樂大典》，並將京都遷往北京。

解縉在朱棣執政時所作的一項特殊貢獻，就是主編《明太祖實錄》。朱棣登基以後，編寫《太祖實錄》，希望略過建文帝，從根本上否定建文帝存在的合法性。為此朱棣又一次想到解縉。作為朱棣的朝中重臣，解縉責無旁貸。解縉一改認真較勁的脾氣，覺得只要朝政穩定，人民安居，這種順人心之舉，也算一件善事。解縉編纂了讓朱棣滿意的《太祖實錄》，書中體現了朱棣提出的所有要義，證明了朱棣作為皇帝的合法性，為朱棣登基之後的政權穩定起到了重要的作用。

朱棣是一個心細的皇帝，《太祖實錄》編纂之後，史料上對自己不利的地方雖然刪減乾淨，但是散落在民間各處的書籍，難免還有遺漏，朱棣決定借搜集古今典籍以編一部類書的機會，清理隱落在各處的文史書籍。不久，朱棣就宣詔以解縉為總纂官，把散載在各種書中的古今中外之事，分門別類，統一輯成一本類書。

解縉召集人馬，量才而用，經過篩選，組成一支百餘人的龐大隊伍，查閱大量的資料，以"刊定凡例，刪述去取，並包古今，搜羅隱括，纖悉靡遺"為宗旨，完成了這部類書，並得到朱棣的肯定，賜名"文獻大成"。

可過了一段時間，朱棣認為此書還可以繼續擴充和完善，於是再次下令修書。他仍然令解縉做總監修，又請來國師姚廣孝以及劉季篪同為總監修，從翰林院和國子監又調來總裁 5 人、副總裁 20 人⋯⋯編纂隊伍最後竟然達到 2000 餘人。其聲勢和規模之大前所未有，但解縉統領有序，按照朱棣提出的"有書必錄"的原則，有條不紊地進行，表現出他廣博的學識和極強的領導組織能力。

明永樂五年（1407）第二次修訂的這部類典定

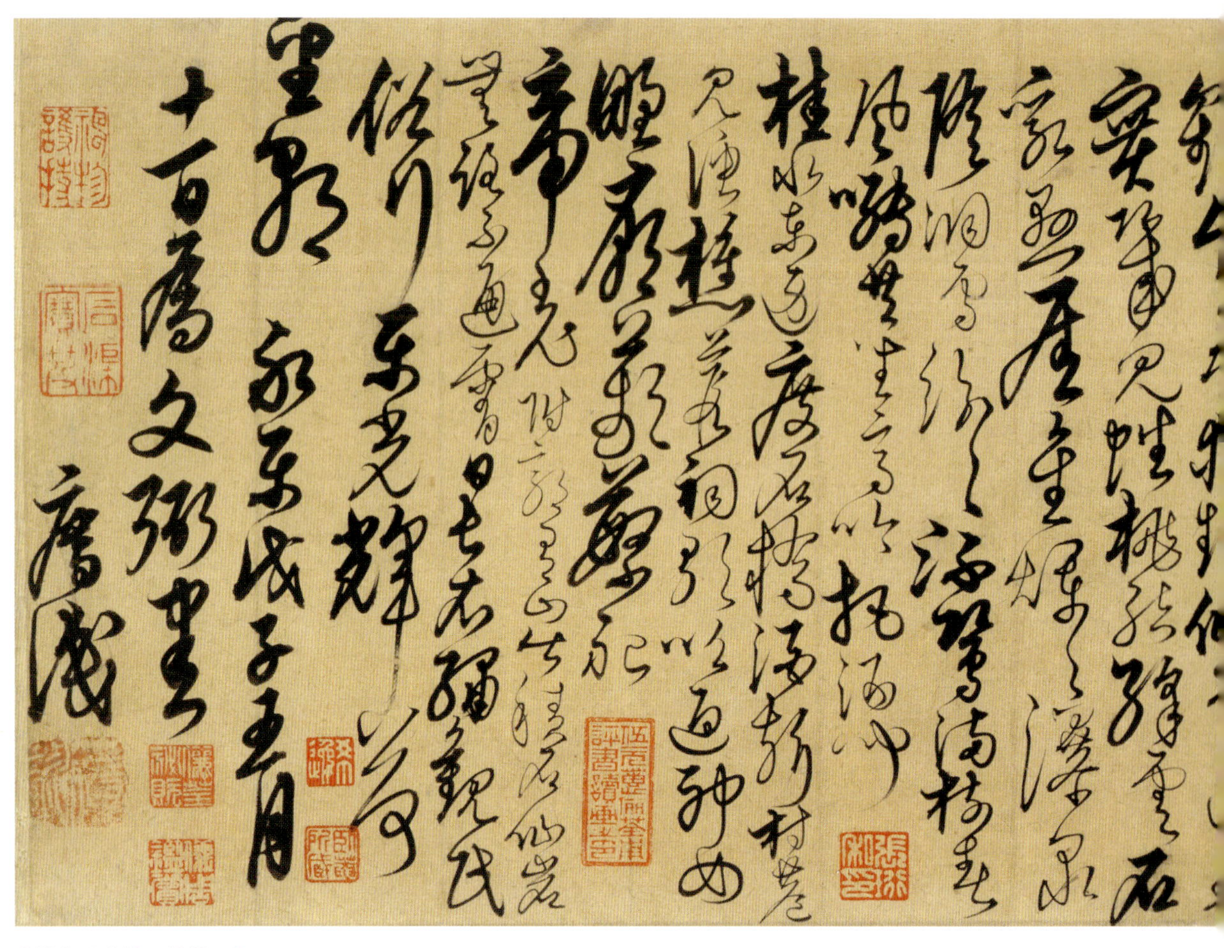

↑遊七星岩詩　解縉　書

稿進呈，這一次真的做到了“網羅無遺，以備考索”。朱棣看後，總算滿意，大筆一揮，將《文獻大成》改為《永樂大典》，並為該書作序。《永樂大典》的編成，體例上沒有更多的變化，只是在數量和範圍上下足功夫。全書共有 22877 卷，共收錄史書圖典 7000 多種，共 11095 冊，約 3.7 億字，規模遠超宋代和元代類似的書典，涉及古代政治、經濟、文學、藝術、科技、醫藥等各個領域，開中國編輯史上之先河，幾乎囊括了明朝之前中華文化的全部精華和科技進步成果，被譽為“世界有史以來最大的百科全書”，成為中國文化的一個經典符號，比《大英百科全書》早了 300 多年。

對於朱棣來說，《永樂大典》編纂的初衷之一是想清理留在民間對自己不利的書，但這部浩大的典書的編纂，搶救了大量遺失在民間的珍本和佚書，真實而及時地保留了中國歷史上大量的重要資料，有力推動了後來的中國古代歷史文化研究。從這個角度來說，朱棣這個皇帝，功不可沒。而解縉，正因這部奇書，奠定了他萬世流芳的歷史地位。

解縉雖才華橫溢，當朝無人能及，但他性格耿直，對不合理的人和事，敢於建言、大膽批評，因而得罪了不少朝臣。如當時的錦衣衛紀綱是皇帝最寵幸的內臣，陰險奸詐、無惡不作，雖小有文墨，但喜歡賣弄，解縉早就看不

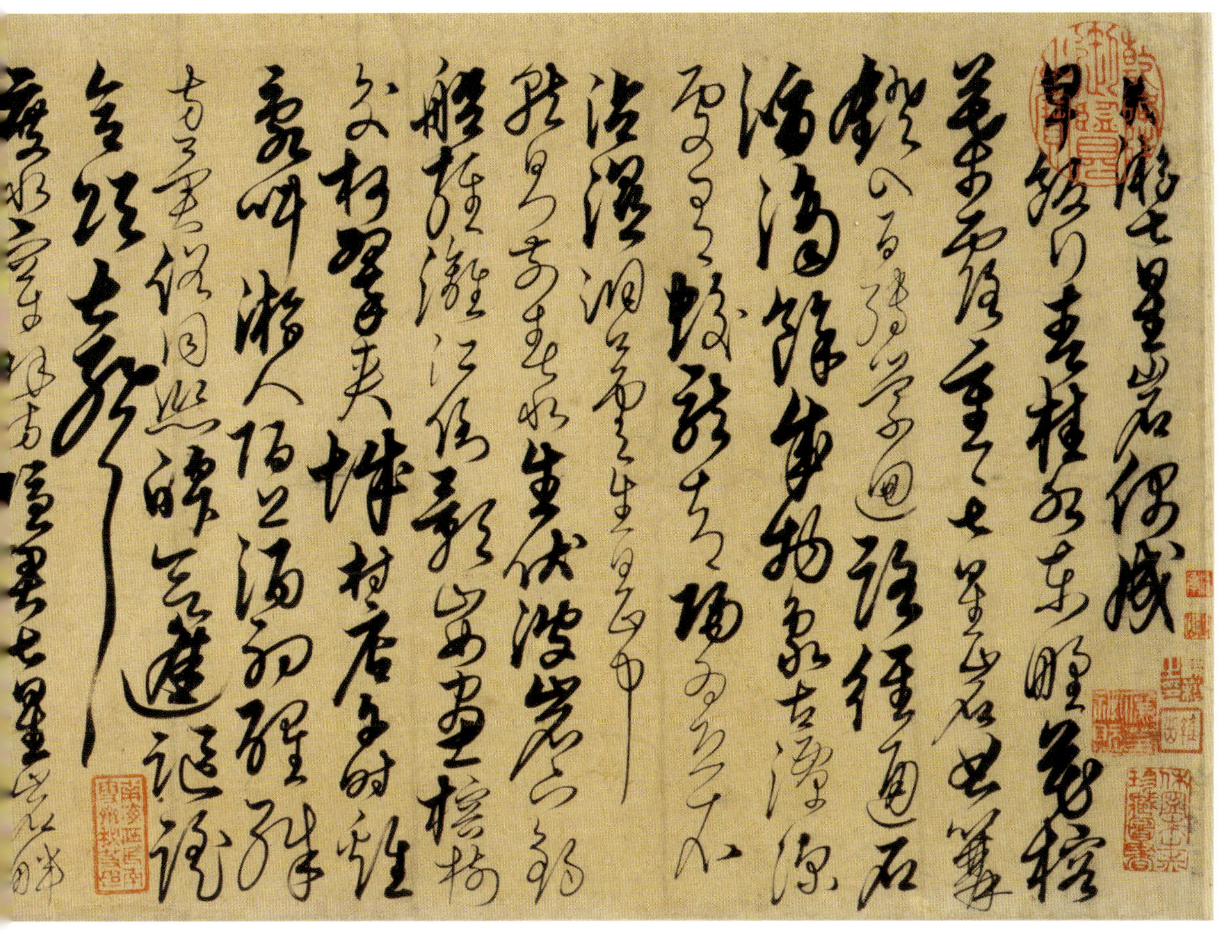

慣他。一次在宴會上，紀綱當著朝中大臣們的面，吟出“塘裏水鴨，嘴扁腳短叫呷呷；洞中烏龜，頸長殼硬矮趴趴”的上聯讓解縉對，諷刺解縉身材矮小、愛發議論。解縉聽出他不懷好意，也沒客氣，就回了個“牆上蘆葦，頭重腳輕根底淺；山間竹筍，嘴尖皮厚腹中空”的對子。在場的大臣們聽了，都知道是諷刺紀綱才學粗陋、為人淺薄。紀綱雖沒有當場發作，但恨意更增。當解縉因對皇室更替發表意見而得罪皇帝被捕入獄時，紀綱趁機拱火，並來到牢房請解縉喝酒吃肉，趁其酒醉不醒，將其拉到監獄外的冰天雪地裏。

年僅 47 歲的大明第一才子解縉，就這樣英年早逝。解縉死後 50 年，憲宗朱見深恢復解縉的官職，修復解縉的墳墓，追贈他為“朝議大夫”，謚號“文毅”，由此，解縉被稱為“文毅公”。明王朝終於給了解縉一個公正的交代。

歷史評說凡人，總是從高處宏括。無論如何，人就是人。解縉既是一個有血有肉有情感的俗世凡胎，又是一個偉大的天才。上天給了他常人沒有的異彩，就一定會給他世人沒有的人生。不管怎麼說，解縉在明初的政治文化舞台上演繹出一台精彩紛呈的活劇，完成了生命和個性的最大張揚。在他的墓前，我們可以看到一副對他一生定評的對聯：“義節千秋壯，文章百代尊。”

戲夢人生湯顯祖

湯顯祖（1550–1616），中國明代戲曲家、文學家，字義仍，號海若、若士、清遠道人。在戲曲方面，他所作《牡丹亭》《邯鄲記》《南柯記》《紫釵記》合稱“臨川四夢”，在中國乃至世界文學史上都有著重要的地位，由此湯顯祖被認為可以比肩莎士比亞，二者被譽為“並世雙星”。

一、求學

明嘉靖二十九年（1550），湯顯祖出生於江西臨川（今江西省撫州市臨川區）文昌里的一個書香世家。臨川自古便是才子之鄉，而文昌里則是臨川城的文脈所在。

湯顯祖祖上四代都是秀才，家中藏書 4 萬多卷。曾祖父湯廷用，嗜藏書，好作文。祖父湯懋昭，博覽群書，精黃老學說，有“詞壇名將”之稱，父親湯尚賢，知識淵博，為明嘉靖年間著名老莊學者、養生學家和藏書家。創建“湯氏家塾”，並邀請江西理學大師羅汝芳講學，課教宗族子弟。伯父湯尚志酷愛戲曲，還從事過戲曲活動。湯顯祖的母親也自幼熟讀詩書。

湯顯祖 5 歲進家塾，12 歲寫詩，21 歲中舉人，列江西省第八名。他的仕途本可以一帆風順，但明代科舉制度腐敗，考試變成了幕後交易。明萬曆五年（1577）、萬曆八年（1580）兩次會試，當朝首輔張居正要安排他的兒子考中進士，為遮掩世人耳目，又想找幾個有真才實學的人做陪襯，以顯示此屆錄取的人才水平之高，體現

湯顯祖紀念館　李勇　攝

是公平選才。他打聽到最有名望的舉人當數湯顯祖和沈懋學等人，就派人去籠絡他們，言明只要肯同首輔合作，就許湯顯祖等中在頭幾名。

湯顯祖憎惡這種腐敗的風氣，先後兩次都嚴正拒絕了首輔的籠絡，說："吾不敢從處女子失身也。"結果湯顯祖名落孫山。沈懋學等出賣了自己，果然得以高中。

萬曆十一年（1583），34 歲的湯顯祖終於以較低的名次中了進士，他佈滿荊棘的仕途從此開始。

二、為官

他先在北京禮部觀政實習，次年以七品官到南京任太常寺博士。他在南京一住就是七年。永樂以後，南京是明朝的留都，雖各部衙門俱全，實際上毫無權力，形同虛設，太常寺尤為其中的閒散衙門。

萬曆十九年（1591），在南京禮部祠祭司主事的任上，官閒志不閒的湯顯祖向皇帝上了一篇《論輔臣科臣疏》，直接抨擊首輔申時行等朝廷大員，同時也間接批評了萬曆皇帝。這引起了神宗與申時行等人的極大憤怒，神宗遂將湯顯祖貶謫到遙遠的雷州半島的徐聞縣（今廣東省湛江市徐聞縣）任小吏典史。

一年後遇赦，湯顯祖被調到偏僻貧窮的浙江遂昌（今浙江省麗水市遂昌縣）擔任知縣。他在遂昌任上滅虎清盜、勸學興教，終於使浙中這塊僻瘠之地大為改觀，桑麻牛畜都興旺起來，成為兩浙縣令中政聲極佳的官員。每逢除夕、元宵，他還允許獄中犯人回家團圓或上街觀燈。他把只有 1 萬多人的遂昌縣當成自己施展政治理想的沃土，可被政敵抓住了把柄，待考核官員的時機一到，他們就出來暗語中傷。

從萬曆二十四年（1596）起，朝廷打著收礦稅的名義在全國各地瘋狂地掠刮民脂民膏，次年，朝廷派稅使來遂昌擾民。湯顯祖不堪忍受，決定離開遂昌，並向吏部遞了辭呈。因長期等不到回文，他未得批准就揚長而去，回到家鄉。到吏部和都察院以"浮躁"為由正式給他一個罷職閒住的處分時，他棄此敝屣已過數年。

三、尋夢

湯顯祖的祖宅本在城東文昌里，但明隆慶六年（1572）發生火災，全家過了"十載居無常"的日子。父親湯尚賢早些年在城內香楠峰山腳下的沙井巷買了幾棟舊宅。湯家人決定把這些舊宅連成一片，改成一座新宅，這樣不但面積增加，還更好規劃用度。建成後的新宅以"玉茗堂"為中心，佔地五畝，院呈矩形格局，每邊長 60 米。這個玉茗堂，成了湯顯祖後半生進行戲曲文學創作和演出活動的主要場所。

萬曆二十六年（1598），湯顯祖從遂昌縣回到故鄉臨川，攜父母入住玉茗堂，並開始了他的戲曲築夢創作。夢很平凡，它不分富貴貧賤，人人都可以擁有；夢又很神秘，它可以超越生死，跨越時空。千百年來，它不知令多少人在顛倒的現實與虛幻中流連忘返，"臨川四夢"的四個夢境，正演繹了紛繁變幻的世間之事。

"臨川四夢"第一夢《紫簫記》，大約創作於 1577 年，卻因被認為影射時政而輟筆。10 年後又改為《紫釵記》。此劇全本共53齣，在保留唐人蔣防傳奇小說《霍小玉傳》主要人物和情節的同時，再造男女主人公的形象，別開生面地演繹李益和霍小玉的愛情故事，熱情謳歌了愛情的真誠與執著，深刻揭露了強權的腐敗與醜惡，體現了湯顯祖的"情至觀"。

《牡丹亭》是"臨川四夢"的代表作。回鄉不久，湯顯祖就開始了《牡丹亭》的寫作。該劇故事跌宕起伏，矛盾衝突尖銳，集中了當時所有吸睛元素，好戲連台，文辭典雅，語言秀麗，是中國戲曲史上的巔峰之作，演出後引發強烈的社會反響。

女主人公杜麗娘天生麗質而又多愁善感，她出生在一個古板的官宦之家，父親對她嚴加看管，而她嚮往自由，渴望愛情。忽一日，杜麗娘夢到一書生拿著柳枝來請她作詩，接著又到牡丹亭成就完美愛情。待她一覺醒來，方知是夢。此後她又為尋夢到牡丹亭，卻未見那書生，漸漸地這思戀成了心頭病，最後竟不治而亡。其父此時升任淮揚安撫使，臨行將女兒葬在後花園梅樹下。杜麗娘死後，遊魂來到地府，判官問明她致死情由，查明婚姻簿上，有她和新科狀元柳夢梅結親之事，便放她回返人間。此時書生柳夢梅赴京應試，在梅花庵中與杜麗娘的遊魂相遇。柳夢梅請人掘開杜麗娘的墳墓，杜麗娘得以重見天日，並且復生如初。兩人隨即做了真夫妻，一起來到京都。柳夢梅參加了進士考試，並高中狀元。皇帝下旨讓杜麗娘父親與杜麗娘相認，並著杜麗娘與柳夢梅歸第成親。一段死而復生的姻緣故事就這樣以大團圓做了結局。

《南柯記》與他稍後完成的《邯鄲記》一起被稱作"二夢"，是湯顯祖在走過了坎坷的仕途，政治抱負和人生理想徹底破滅以後，痛定思痛、冷靜反省的產物。

《南柯記》諷刺了封建朝廷的極端腐敗。淳于棼武藝高強卻因酒失職。在參加盂蘭大會時偶遇螻蟻仙人，仙人見其風姿綽約，邀其入槐安國。淳于棼在國內被封為駙馬，並被派到南柯治理政事。被召回朝後，結交權貴。國王聽人進諫，令他回故里。淳于棼醒來，才知道之前

↓湯顯祖紀念館古戲台

發生的事情皆為夢境。他按夢所述，去到槐樹下查看，導致螻蟻遭受滅頂之災。淳于棼驚覺四大皆空，立地成佛。

《邯鄲記》是湯顯祖人生中完成的最後一部戲劇作品。劇中窮途潦倒的盧生在邯鄲趙州橋北的一個小客店遇到了來世間度化凡人的八仙之呂洞賓，盧生抱怨自己命運不濟，呂洞賓則給他一個瓷枕入夢。盧生在夢中經歷了一連串宦海風波和 50 年人情世故、人我是非。一夢醒來，店中的黃粱米飯尚未蒸熟。

因情成夢，因夢成戲。湯顯祖已然去世 400 多年。400 多年，時代迭變，山谷陵替。滄桑洞的歷史風塵，無情而又公正地銷蝕、暗淡了多少世間物什——尋常如農家的竹籬與茅舍，顯赫如帝王的權杖與冠冕。但令人感歎的是，湯顯祖這位當年多如牛毛的七品縣令中的一位，卻在歷史的大浪淘洗中被後人不斷追懷崇仰，成為與同時代的莎士比亞雙峰並峙、中外輝映的文學巨人，被聯合國教科文組織評定為百名國際名人之一；他業餘創作的“臨川四夢”，他以精美文字構建起的經典愛情世界，卻從狂歡

墮落而又戾氣深重的大明王朝，穿越中國封建時代晚期的幽暗隧道，生發成一縷剛健明亮的人性光芒、一股情深自然的精神力量，歷久而彌新。

一介"清羸故多疾"（湯顯祖《三十七》）而又蹉跎官場、蹭蹬窮老的文弱書生，幾部在暗淡晚明的南方民間庭院裏寫出的戲曲，何以具有如此強大的文化生命力，以至於成為當今東西方世界溝通融合的重要歷史文化資源？早已蕩然無存的臨川玉茗堂，到底凝聚生發出一種怎樣的歷史文化精神，值得我們一再尋蹤朝聖、感懷致敬？

首先值得一再大書特書的，自然是湯顯祖的至情思想。無論是《牡丹亭》中開宗明義"情不知所起，一往而深。生者可以死，死可以生。生而不可與死，死而不可復生者，皆非情之至也"的言說，還是《南柯記》中的題詞"夢了為覺，情了為佛"，又或是《宜黃縣戲神清源師廟記》開頭所強調的"人生而有情"。關注人情、尊重人性，是湯顯祖精神世界最為後人所崇仰認同的文化價值。"後世相知或有緣"，曠世經典《紅樓夢》之《含恥辱情烈死金釧》一回前，錄有湯顯祖詩以待知音："無情無盡卻情多，情到無多得盡麼？解到多情情盡處，月中無樹影無波。"這分明是偉大的曹雪芹在"至情"論譜系上向前輩湯顯祖的隔代致敬。湯顯祖應和於明代中後期王學的興起和思想文化的躍動，將中國文學的抒情傳統推到極致，建構起他的"至情"思想世界。"世總為情"，有情的人生與世界才是健康人本的世界；而"內欺己心，外拂人情"（袁宏道語），則是不值得過的生活。說到底，嘔心瀝血寫出"玉茗堂四夢"，湯顯祖意在以戲曲救世，用至情悟人。他充滿浪漫主義色彩的愛情經典，其魅力絕不僅在於情節結構的離奇、曲詞音律的優美，更在於其對"至情"的追求，以及其對精神自由、個性解放的張揚。借夢抒懷，正是其對至情至真、至善至美的認同，對理想社會的追求，對人的自我價值的肯定，這使得湯顯祖的作品體現出超越時空的思想探索與人文關懷，生發出其當代性意義。

其次是湯顯祖的淑世情懷。文學史家多以單向度的戲劇家、詩人之名來定義湯顯祖。其實像中國大多數文人一樣，湯顯祖的社會身份首先是一位傳統的士大夫。早年努力讀書參加科考，中年宦海沉浮，晚年閒居尋夢，他像中國大多數讀書人一樣，有著由廟堂官場到鄉里民間、從儒家精神入世轉向道家精神出世的人生軌跡。但超世、遊世與玩世，從來都不是中國傳統士大夫的本色，他們的精神底色，永遠是入世與淑世佔據主導，永遠是不可救藥的樂觀主義者。與莎士比亞純粹鍾情於戲劇不同，湯顯祖的早年理想，當然是儒家式的治國平天下的政治抱負。而此後儘管仕途坎坷，他依然不失愛國憂民之熱腸。不管是早年的"俊氣萬人一"，還是中年的理想受挫，湯顯祖從來沒有選擇逃避與解脫，而總是懷抱一個知識分子的使命感，在苦悶逼仄的時代環境中，努力踐行自己的理想，以求心安與理得。即使終其一生，大好年華多有賦閒，最高只做到七品芝麻官，湯顯祖仍然為官清廉，勤政務實，以出色的行政領導和管理才能，治理地方公務，發表政見。當他偶爾放下手中以情織夢的筆，走出庭院，"四面河山歸眼底，萬家憂樂到心頭"，繫之念之者，仍然是無法釋懷的民間疾苦。己飢

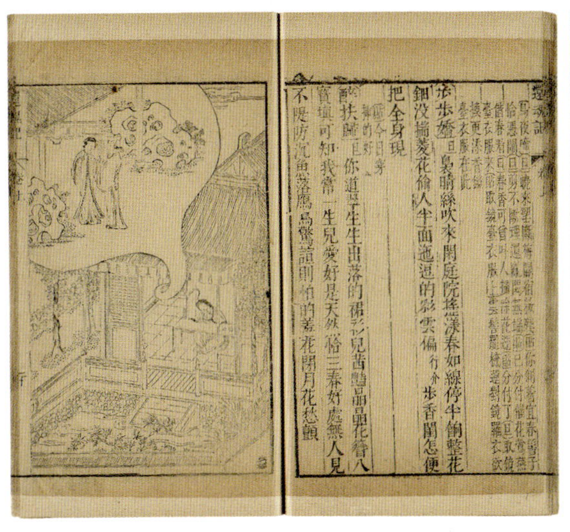
步步嬌 裊晴絲吹來閒庭院搖漾春如線停半晌整花鈿沒揣菱花偷人半面迤逗的彩雲偏 行介 步香閨怎便把全身現

醉扶歸 你道翠生生出落的裙衫兒茜艷晶晶花簪八寶填可知我常一生兒愛好是天然恰三春好處無人見不隄防沉魚落雁鳥驚諠則怕的羞花閉月花愁顫

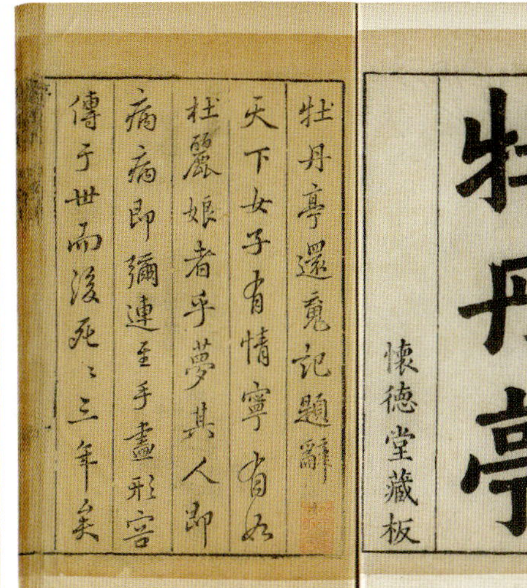
牡丹亭還魂記題辭

天下女子有情寧有如杜麗娘者乎夢其人即病病即彌連至手畫形容傳于世而後死死三年矣

重鐫繡像

牡丹亭

懷德堂藏板

↑ 明刊本《牡丹亭》

己溺，民胞物與；世間冷暖，情裏夢裏，湯顯祖從來就沒有走向縹緲虛無。終其一生，他都是一個摯愛在人間的唯情主義者、一個熱心腸的淑世主義者。他為後人所推崇的“至情”，絕不是沉溺於個體的、小我的“唯情”，而是寄寓著社會性的、大我的人道關懷。率性，憫世，愛民，湯顯祖的“至情”思想，至少包括主張真情、個性解放、關注民生等豐富的社會歷史內容。

還有湯顯祖的俊偉人格。一紙《牡丹亭》，寫盡湯顯祖這個南方書生的溫柔多情；但多情的表面之下，他骨子裏更有著亢直硬氣的士大夫精神、光明俊偉的人格力量。在文學觀上，湯顯祖不願意追隨時流，對當時流行的奉形式主義、復古主義與模仿為圭臬的“後七子”文學進行嚴正批判，而大力發揚現實主義的文學主張，以致惹得當時的文壇大佬惱怒不已。在政治態度上，生逢河決魚爛的晚明，有感於嚴峻迫切的現實問題，湯顯祖不懼權勢，向顢頇多忌的萬曆皇帝呈上《論輔臣科臣疏》，抨擊當朝

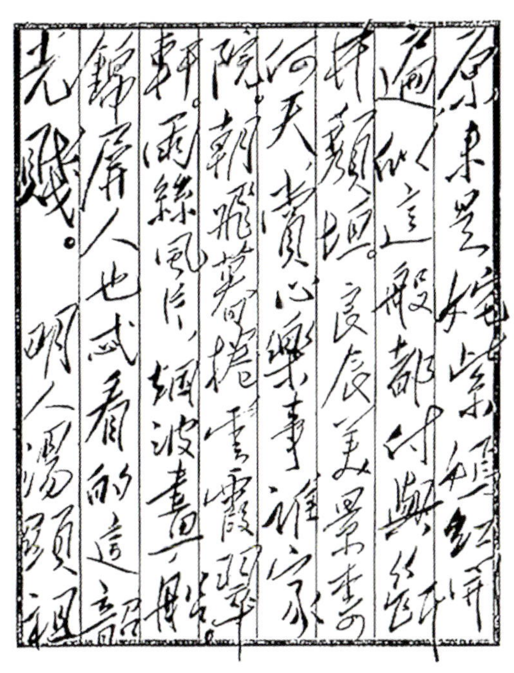
原來姹紫嫣紅開遍，似這般都付與斷井頹垣。良辰美景奈何天，賞心樂事誰家院！朝飛暮捲，雲霞翠軒；雨絲風片，煙波畫船，錦屏人忒看的這韶光賤。

明人湯顯祖

↑ 毛澤東抄錄《牡丹亭》經典曲牌《皂羅袍》

政治腐敗、上下怠荒瀆職的現象，鋒芒直指萬曆本人。書生拍案，以道抗勢，氣貫長虹，但湯顯祖最終被貶官去職，“謫向邊城為小吏”。“一生愛好是天然”，作為性情中人，湯顯祖不願交結權貴；平生師友，多如李贄、徐渭、紫柏禪師等後來以叛逆、落拓、邊緣性文人之

↑鄉音版《牡丹亭》 李勇 攝

名進入歷史的人物。為官之時，湯顯祖兩袖清風，孩子“雖為縣長兒，飢寒在身口”，他勸兒子“遊閒不是兒家業，大好歸來學種田”。

歷經 10 餘年的蹉跎，好不容易邁入仕途，一次“大計”（考察），湯顯祖看穿了在混濁官場難有作為，乾脆退出政治舞台，棄官歸家。從清遠樓到玉茗堂，從“忙處”到“閒處”，從廟堂到家居，他以精神高潔的歸隱，覓得心靈的寧靜。狂者進取，狷者有所不為。固然湯顯祖的批判精神與俊偉人格，表現為有所不為的清高與退處，但面對民間疾苦等，他又細察敢言，從不苟且緘默。大疫之年，面對“江淮西米絕，流餓死無覆”“猶聞吳越間，疊骨與城厚”的人間慘象，他憤而發出“精華豪家取，害氣疲民受”的譴責之聲，不禁讓人想起唐代“詩聖”杜甫的名句“朱門酒肉臭，路有凍死骨”。人道主義情懷，力透紙背。在黨和國家正大力倡導營造風清氣正的政治生態的今天，湯顯祖身上亢直硬氣的士大夫精神、光明俊偉的人格力量，可以說正是一種值得發揚倡導的千古風流。

總之，湯顯祖以情入夢，借夢抒懷，用他的偉大著作描繪了一幅晚明社會的廣闊圖景，他嚴厲批判現實的醜陋，尖銳地揭露官場黑暗，不斷提出救世良方並努力實踐，竭力尋找自己的理想社會：社會公平和人間正道，道德高尚和精神探索，愛情自由和婚姻幸福。他的戲夢人生體現他對至情、至真、至善、至美的追求和嚮往。因為如此，在人類文明的蒼穹下，湯顯祖其人其文，才得以光耀千秋——無論東方還是西方，無論過去、現在還是未來。

科學巨匠宋應星

宋應星（1587－？），字長庚，明代江西奉新人，著名科學家，其代表作《天工開物》被譽為“中國 17 世紀的工藝百科全書”。

屢試屢敗，放棄功名。宋應星自幼聰明，熟讀經史及諸子百家，很得老師及長輩喜愛，後考入奉新縣縣學為庠生。萬曆四十三年（1615），29 歲的宋應星在省城南昌參加乙卯科鄉試考取了舉人，列全省第三名。雖然鄉試的成功使宋應星備受鼓舞，但他在接下來的五次會試中都名落孫山，使他從此徹底斷絕了考取功名的念頭。第五次會試時，宋應星已 45 歲，寶貴的青壯年時間，就這樣消磨在科舉上面。

雖然五次進京會試均告失敗，但這五次水陸兼程的萬里跋涉，卻也向他打開了另外一扇窗。沿途他經過了江西、湖北、安徽、江蘇、山東、河北等省的許多城市和鄉村，在旅途中，

↓宋應星塑像

他有機會在田間、作坊從勞動群眾那裏調查到不少農業和手工業生產技術知識。他把各地的生產技術記錄下來，得到了許多第一手的資料。這為他後來寫作《天工開物》等書作了準備。

潛心研學，創新傑作。宋應星自小對天文學、聲學、農學及工藝製造學興趣濃厚。15歲那年，他聽說《夢溪筆談》是一部價值很高的科學著作，於是很想找來讀一讀。他來到鎮上的文寶齋書舖詢問，店老闆卻告訴他，現在人們都讀四書五經，為的是考取功名，科學方面的書即使進了貨也沒人買。宋應星只好懊喪地離開了文寶齋。在路上，他碰到一個賣米粿的老漢，從老漢那裏得到了用於包米粿的《夢溪筆談》殘本，老漢告訴他這書是向南村紙漿店老闆討來的。宋應星又一路跑著趕到紙漿店，可那後半部書已經被泡入水池，即將被打成紙漿。宋應星向老闆苦苦祈求，希望傾其所有購買這本書。老闆被他這種求學的精神深深打動，趕忙讓工匠把那半部書撈了上來，交給了宋應星。

在科舉這條路走不通後，宋應星便把自己的興趣和時間都用在研究農業和手工業的生產和技術上。他大量翻閱前人留下的史書典籍，並結合自己在實踐中的所見所聞對典籍上的內容加以甄別。崇禎八年（1635），宋應星任江西省袁州府分宜縣（今新餘市分宜縣）縣學教諭，教授生員。宋應星在分宜縣任教的4年，是他一生中的重要階段。授課後他餘暇時間較多，同時又能接觸到一些圖書資料，這為他從事寫作提供了條件。宋應星充分利用了這段時間，根據以前的調查所

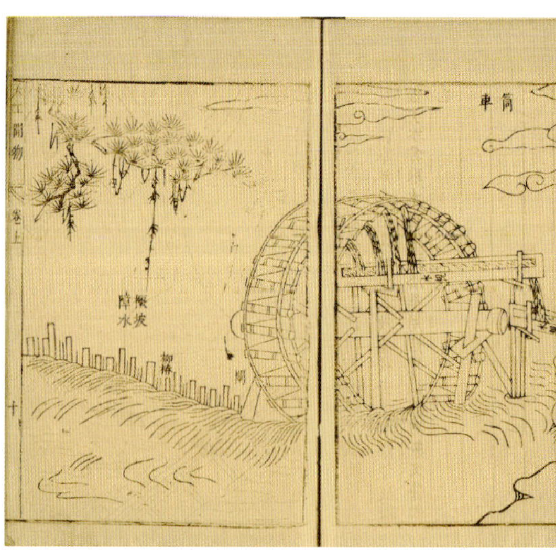

↑《天工開物》中記載的筒車

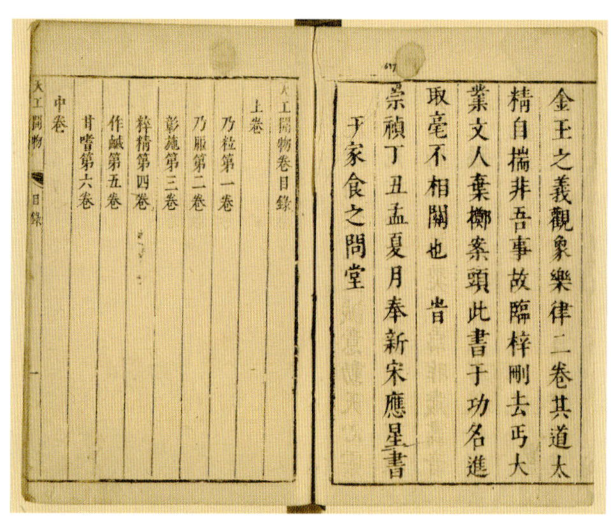
天工開物卷目錄
上卷
乃粒第一卷
乃服第二卷
彰施第三卷
粹精第四卷
作鹹第五卷
甘嗜第六卷
中卷

金玉之義觀象樂律二卷其道太精自揣非吾事故臨梓刪去丐大業文人棄擲案頭此書于功名進取毫不相關也
崇禎丁丑孟夏月奉新宋應星書于家食之問堂

↑明崇禎十年（1637）涂紹煃刊本《天工開物》

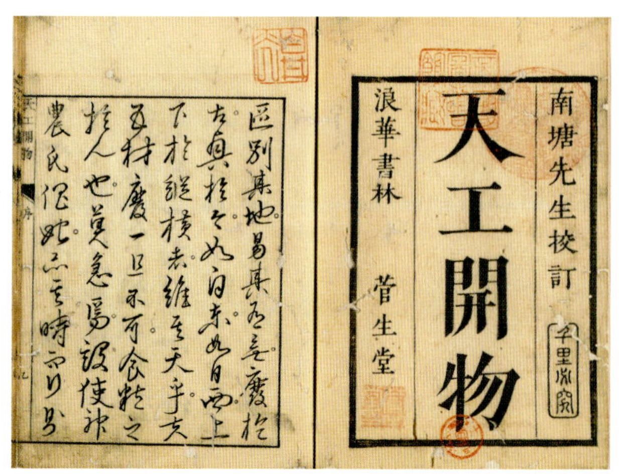
南塘先生校訂
天工開物
浪華書林
菅生堂

↑《天工開物》的最早的國外刊本——日本明和八年（1771）菅生堂刊本

得，再查找必要的參考文獻，從事著極其緊張的著述工作，歷時 4 年完成了他最傑出的作品《天工開物》。

皇皇巨著，彪炳全球。《天工開物》初刊於明崇禎十年（1637），共三卷十八篇。《天工開物》的序言中，寫著一句非常有力量的話——“此書於功名進取毫不相關也”。全書收錄了農業、手工業方面的大量生產技術，涉及機械、磚瓦、陶瓷、硫黃、燭、紙、兵器、火藥、紡織、染色、製鹽、採煤、榨油等。《天工開物》是世界上第一部關於農業和手工業生產的綜合性著作，一些重要論述在當時處於世界領先地位。比如“物種發展變異理論”比德國卡弗・沃爾弗的“種源說”早 100 多年，“動物雜交培育良種”比法國比爾慈比斯雅的理論早 200 多年等。從 17 世紀開始，《天工開物》先後傳入日本、朝鮮和一些歐美國家，轟動一時。英國生物學家達爾文稱之為“權威著作”。日本科學史家三枝博音認為，《天工開物》不僅是中國，而且是整個東亞的一部代表性技術書，其包羅技術門類之廣是歐洲技術書無法比擬的。英國科學史家李約瑟把《天工開物》的作者宋應星稱為“中國的狄德羅”，讚揚《天工開物》是“十七世紀早期的重要工業技術著作”。

2021 年 3 月，中央廣播電視總台大型文化節目《典籍裏的中國》第二期聚焦中國首部關於農業和手工業生產技術的百科全書《天工開物》，致敬“古有《天工開物》，今人繼往開來”的科學精神。節目中，相隔 300 餘年的袁隆平與宋應星透過一粒種子，用跨越時空的一次“握手”，讓觀眾看到中國古代的偉大創造與雜交水稻的有機聯繫。

宋應星是一個有骨氣的仁人志士。明亡後，宋應星一直過著隱居生活，拒不出仕，在貧困中度過晚年。為了紀念這位傑出的科學家，宋應星的家鄉奉新縣建有宋應星公園和宋應星紀念館。宋應星在自然科學、技術乃至哲學思想方面所作出的巨大貢獻，不斷激勵著後人在科技研究上作出新的貢獻。

東方畫魂八大山人

朱耷（1626–1705），明太祖朱元璋第十七子寧獻王朱權九世孫，別號有八大山人、雪個等。朱耷以苦難為靈魂，以自然為寄託，用墨極簡，呈現出個體生命的強悍與獨特，將中國寫意繪畫手法推向巔峰，是 17 世紀中國最傑出的寫意國畫大師。

一、苦難為魂成不朽

痛苦能毀滅人，受苦的人也能將痛苦毀滅。對於朱耷來說，苦難如同命運的殘酷鞭打，抽得他遍體鱗傷，然而，在傷痕處，卻長出了藝術的翅膀，帶來精神的飛翔。朱耷出身於皇親貴胄之家，其父祖皆是畫家，他從小異常聰慧，更有書畫之天賦，8 歲作詩，11 歲畫青山綠水，並能懸腕寫小楷。1644 年，崇禎皇帝自縊於煤山，明王朝覆滅。一轉眼，國亡、族滅、家破，18 歲的朱耷，如同一葉飄零的孤舟，在沉沉暗夜裏駛入了巨浪滔天的茫茫大海。逃亡路上，妻兒離世，他本人若“喪家之犬”。生命該何所去？生命又該何所寄？他遠離塵世，在天地的夾縫裏苟活。22 歲，在江西省奉新縣耕香院，朱耷削髮為僧，開始了為僧為道的漫長人生，“棲隱奉新山，一切塵事冥”。清康熙初年（1662），朱耷來到江西南昌青雲譜道院隱居。62 歲時，他離開青雲譜，在南昌撫河橋附近修築“寤歌草堂”，進行藝術創作，直到約 80 歲病逝。在長達 60 餘年的創作生涯裏，家國之變、身世之苦、現實之困，成為朱耷藝術創作不竭的源泉，他蘸一筆苦難之墨，再蘸一筆滄桑之淚，一筆一畫，那用生命描繪的花、鳥、石、魚躍然紙上。那不是茶餘飯後的妙思，不是閒情雅致的表達，不是現實生活的描畫，那是血、是淚，是不朽！那是中國繪畫史上又一個劃時代的橫空出世，是可遇而不可求的藝術高峰！

二、藝術啼血顯精神

藝術的生命在於獨特和氣質。朱耷的作品不需要討好眾人，他更不需要以作品鋪路，求得功名利祿。他從不為當朝權貴畫一筆一墨，而農民貧士卻容易得到他的作品。他的藝術追求簡單到極致。生命需要畫筆來傾訴、燃燒！他的哪幅畫，不是在彰顯個性、表達自我？你看，那孤鳥、醜魚，那殘山、枯葉，那頑石、怪鳥，描繪出的是不可言說的死寂、倔強、孤寒、決絕、悲憤、憂思，那是靈魂的無數次表白，那是生命的千百種姿態。這天地，這世事，這人心，一切都已看透，一切都已看開，一切都已滿不在乎，這是痛徹心扉之後的大知大覺、大徹大悟。這樣的孤峻之美、脫俗之美，美到直指人心，讓人心中為之一寒。60 歲之後，他開始在書畫作品中署名“八大山人”。這四字寫成連筆像極了“哭之”“笑之”。在藝術的道路上，朱耷已進入無人之境，他以苦難為鑰，無意中打開了通往藝術殿堂的大門。

三、一代畫風爍古今

時代怠慢了他，但歷史卻將他視為寵兒。朱耷

↑墨荷圖　朱耷　繪

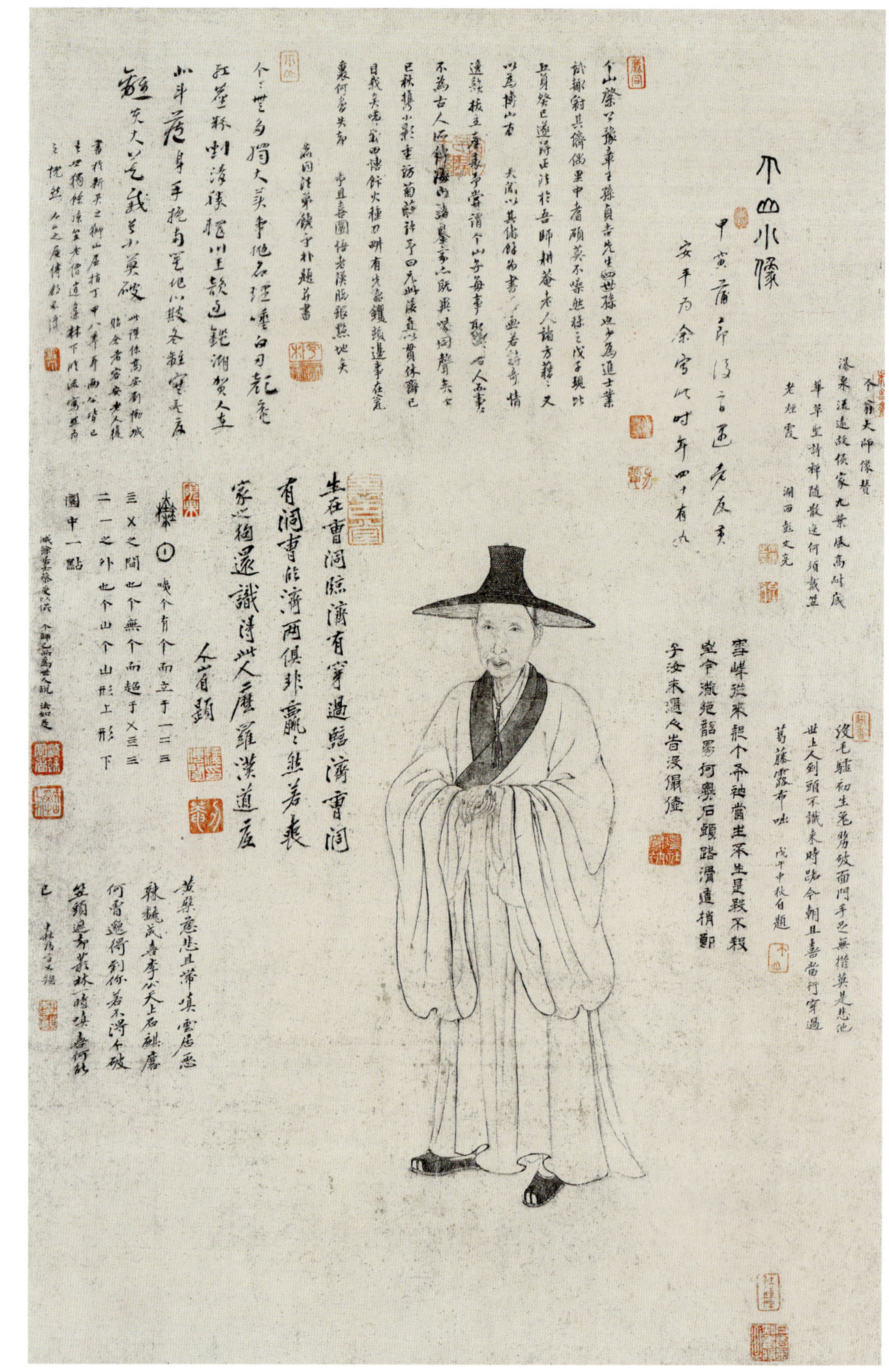

↑个山小像　黃安平　繪

一生潦倒、困窘，得不到當世人的理解。他繪畫的價值，也沒多少人能理解。然而，朱耷在後世，卻圈粉無數。清代書畫家鄭板橋在題八大山人的畫時稱讚說：“橫塗豎抹千千幅，墨點無多淚點多。” 這是發自內心的由衷讚歎！

藝術塑造不朽，苦難鑄就輝煌！藝術的真諦是什麼？藝術是以自然為素材，強烈表達藝術家的思想、氣質、情操與個性。朱耷超越苦難、超越現實，在藝術的世界裏，汪洋恣肆、特立獨行。他的畫，構建了一個全新的世界，塑造了高貴而倔強的靈魂！他的筆墨極簡主義給人以震撼的視覺衝擊，他獨特的藝術形象讓人感受到平靜之下強烈的生命張力！這樣一種鮮明的藝術風格和個性，使他在中國繪畫史上留下了濃墨重彩的一筆，實現了前無古人的超越。

↑安晚冊（選錄）　朱耷　繪

↑河上花圖　朱耷　繪

匠心獨運樣式雷

“樣式雷”是對清代 260 餘年間主持皇家建築的雷姓世家的譽稱。他們是從江西省九江市永修縣梅棠鎮新莊村走出的建築家族。

雷發達是公認的“樣式雷”家族的創始人。他家學淵源，祖父、父親均是當地有名的木工，他從小練就了一身過硬的本領。清廷初立時，因農民起義，皇宮盡毀，向全國徵集工匠。雷發達因藝應召。他多有奇思妙想，技藝超群。為將建築構思送皇帝御覽，他創造了立體模型。因需要熨燙，這種模型被稱為“燙樣”，燙樣裏面的構件可隨意調換。他謙和待人，善於合作，得到了工部長官的信任和工友們的愛戴，被任命為工部營造所長班。

雷發達的長子雷金玉，在系列皇宮建築中作出了突出貢獻。在重修太和殿即將完工的關鍵時刻，一切準備就緒，當大樑升到預定高度時，榫卯卻懸而不合。雷金玉自告奮勇，借梯攀爬上去，“啪啪啪”三斧頭大功告成。康熙帝現場親睹，召見奏對，欽賜內務府總理欽工處掌案，賞七品官。

雷聲澂是雷金玉幼子，父親逝世時出生僅 3 月。其母抱著幼子在工部哭訴，為雷家爭得孩子成年後重掌樣式房資格。這位我們不知姓名的可憐寡母，卻為“樣式雷”傳承作出了特別貢獻。

第 5 代“樣式雷”雷景修，父亡時僅 22 歲。他謹遵父言，將“樣式房”掌案職位交予其父同事。自己甘居其下，兢兢業業奮鬥 24 年，憑藉

↓雷氏祖屋大門前的磚牆

↑故宮窗

精湛的技藝，再任"樣式房"掌案。這種不靠繼承靠自我奮鬥的精神，為今天的青年人作出了榜樣。

第 7 代"樣式雷"雷廷昌，因主持重建天壇祈年殿等重大工程，被賜二品頂戴。雷氏家族的榮耀至此達到了頂峰。

第 8 代"樣式雷"雷獻彩，參與主持過頤和園等工程。因清朝式微，無力投建大工程。他連娶兩房，無出一子。他在失業和斷子的憂愁中，鬱鬱而終，"樣式雷"家族沒落。

"樣式雷"家族傾注畢生智慧和汗水，創造了世界文化遺產的家族之最，為中華民族建築文化作出了巨大貢獻，確可稱為"永修八代'樣式雷'，中國半部古建史"。

"樣式雷"的作品非常多，如紫禁城（故宮）、中南海、北海、承德避暑山莊、圓明園、頤和園、萬春園、暢春園、天壇、清東陵、清西陵、景山等，幾乎涵蓋了清朝所有的皇家宮殿、園林、壇廟、陵寢，此外還有京城大量的衙署、王府、私宅及御道、河堤。中國現已申報成功的世界文化遺產中"樣式雷"參與建造的就有 5 項，可以說無人能比。紫禁城是皇帝生活和工作的場所，金碧輝煌，莊嚴絢麗，是中華文明的歷史見證。天壇是帝王祭祀皇天、祈五穀豐登之所，集古代哲學、歷史、數學、力學、美學、生態學於一體，是古代建築經典的代表作。頤和園是清代皇家行宮御苑，是目前保持最完整的"皇家園林博物館"，是中國山水園林設計中無可替代的傑作。承德避暑山莊是清王朝皇帝夏天的行宮，佔地 584 公頃，建設耗時近 90 年，建築風格各異的廟宇和皇家園林與周圍的湖泊、牧場、森林巧妙地融為一體，構成了一個龐大的皇家建築群。清東陵、西陵分別在河北省遵化市和易縣境內。它們的所在地都山川秀美、氣候溫潤、日照充足、森林覆蓋率高，優美的自然環境與帝后陵寢完美地融為一體。清代皇家陵寢是中國規模最大、埋葬帝后子嗣最多、功能最完備的皇家陵園。整個東、西陵氣勢磅礴，雄偉壯觀，是中國陵寢古建築中的精美之作。

"樣式雷"最為輝煌的貢獻是設計建造了"萬園之園"——圓明園。它集中體現了康乾盛世皇帝的偉大夢想，不僅匯集了江南的名園勝景，還創造性地移植了西方的園林建築。它既收藏了大量的金銀珠寶和稀世文物，又栽種了大量罕見的奇花異木，集古今中外造園藝術之大成，創造了中華民族建築藝術之最，完全可以說無與倫比、舉世無雙。

1860 年 10 月，英法聯軍闖進圓明園，搶掠之後用大火焚毀，這是中國文化史上不可估量的損失，也是世界文化史上不可估量的損失！

2007 年 8 月，聯合國教科文組織公佈"樣式雷"圖檔正式入選《世界記憶名錄》，它是世界文化遺產項目的延續。"樣式雷"圖檔是指雷氏家族製作的建築圖樣、燙樣、工程做法及相關文獻。

"樣式雷"之所以能為中華民族作出如此巨大的貢獻，一個重要原因是他們有著精益求精的工匠精神、世代不墜的"誠德家風"。

按照永修"樣式雷"專家陳前金老先生總結，"樣式雷"家風主要有八條：

一是父慈子孝，兄謙弟恭；
二是尊師重孝，和親睦鄰；
三是刻苦習藝，精益求精；
四是當仁不讓，大膽創新；
五是堅韌不拔，砥礪前行；
六是誠信做人，不貪不吝；
七是眾處守口，獨處守心；
八是貧賤不移，富貴不淫。

今天，當人們來到永修縣新莊村"樣式雷"的祖屋前，回顧"樣式雷"家族的輝煌歷史，會不由得思考：為什麼"樣式雷"能夠發明"燙樣"，成為縱橫建築業百年的建築家族，打造出系列世界文化遺產？或許就是由於"樣式雷"數百年傳承的家風所蘊含的精神。而這也應該成為當下建築業乃至各行各業都學習和發揚的重要精神。

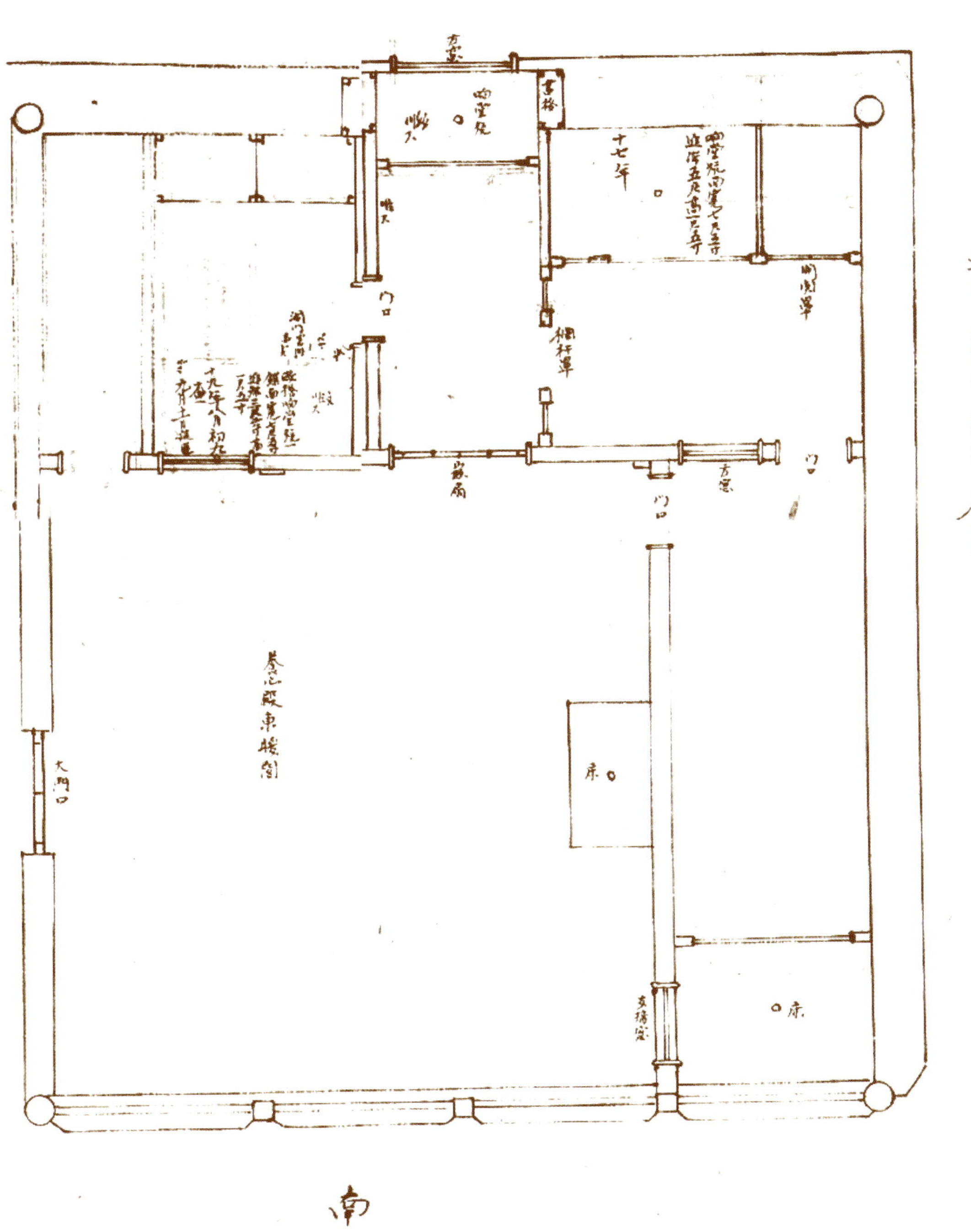

↑養心殿東暖閣樣式雷圖樣

鐵路之父詹天佑

詹天佑（1861–1919），字眷誠，號達朝。祖籍徽州婺源（今屬江西省上饒市），生於廣東省廣州府南海縣（今廣東省佛山市南海區）。12 歲留學美國，1878 年考入耶魯大學土木工程系，主修鐵路工程。他是中國近代鐵路工程專家，被譽為中國首位鐵路總工程師。1905–1909 年他主持修建中國自主設計並建造的第一條鐵路——京張鐵路；他創設“豎井開鑿法”和“人”字形線路，震驚中外，有“中國鐵路之父”“中國近代工程之父”之稱。他是中國近代科學技術的先驅者之一，偉大的愛國主義者，中華鐵路第一人。

↑詹天佑

清同治十一年（1872），一艘載有 30 名統一馬褂著裝的中國幼童的洋輪從上海港起航遠行。在資產階級改良派“自強”的口號下，當時的清政府選送了一批幼童官費出國留學，12 歲的詹天佑也是其中之一，是第一批赴美留學的書童中的一員。

清光緒四年（1878），詹天佑以第二名的優異成績畢業於紐哈芬希爾豪斯中學，並如願考入耶魯大學土木工程系鐵路工程一科。之所以選擇鐵路工程，是因為詹天佑受到中國與西方在鐵路建設上巨大差距的強烈衝擊，感悟到閉塞的中國要振興圖強，必須首先建成四通八達、縱橫交錯，甚至聯通世界的鐵路網，而他願意為此奉獻畢生力量。

在耶魯大學三年勤奮與刻苦的學習，使詹天佑的專業理論與實踐水平有了讓老師和同學讚歎的提升。他大一獲得數學第一名獎金；大二再次獲得數學第一名獎金；大學畢業考試，數學成績名列全校第一。在所有赴美留學的學生中，只有他和歐陽庚順利拿到了大學畢業文憑。詹天佑原計劃在耶魯繼續攻讀三年，但守舊的留學生監督陳蘭彬將留美學生的“西化”視為離經叛道和洪水猛獸，而接連奏報清廷，清政府突然下令提前撤回全部留學生。

剛回國的詹天佑並沒有機會從事自己鍾愛的專業，而是被派往船政局學習。詹天佑聰明刻苦，雖是一切從零開始，但依舊以第一名的成績從水師學堂順利畢業，並被分配到福建水師，任福州船政局學堂教習，後應張之洞之邀在廣東博學館當了4年的外文老師。

光緒十四年（1888），詹天佑受邀到中國鐵路公司工作。當時的中國鐵路公司是清朝的官僚、買辦李鴻章等人依附於帝國主義開辦的，築路資本是向英國借的，由一位名叫金達的英國人擔任總工程師，公司的大權控制在英國人手裏。詹天佑在鐵路公司的第一個工作便是參與唐山到天津的鐵路建設。這是他從耶魯大學畢業7年後與鐵路專業的首次接軌，詹天佑終於有機會一展所長了。

詹天佑是作為外國工程師助手參與唐津鐵路建設的。當時，由於國內技術力量薄弱，工程設計與施工主要依賴歐美專家。唐津鐵路施工的關鍵工程是灤河大橋，由於灤河水深浪急、地質結構複雜，工程技術難度巨大。中鐵公司決定將這一工程承包給世界一流的英國鐵路專家喀克斯，但英國技術卻在灤河段栽了跟頭，英國人打樁屢屢失敗。施工負責人金達又先後請來日本和德國的工程師相助，還帶來德國新研發的空氣打樁法，但他們也一一敗下陣來。

就在外國專家一籌莫展之際，初出茅廬的詹天佑接下了這個燙手山芋。詹天佑穿著工人的服裝深入工棚，向有經驗的老工人請教；走進茅草屋，與當地農民攀談；親自手持儀器，和工人一道測量水深、流速、河床地質……詹天佑夜以繼日地奔波忙碌，使工人很受感動。連外國工程師也用驚疑和嫉妒的目光望著這位中國的工程師。經過大量的調查研究、縝密的考察測量，詹天佑終於掌握了十分系統而確切的資料。他詳盡分析了各國失敗的原因，又對灤河河底的地質土壤進行了周密的測量研究，決定改變樁址，採用中國傳統的方法，由中國的潛水員潛入河底，配合機器進行打樁。在緊張繁忙的施工日子裏，詹天佑從沒離開過工地，他虛心聽取工人的意見，隨時改進工作方法，終於順利地奠定了橋基，完成了灤河大橋的全部工程。在舊中國，中國人依靠自己的工程師，勝利地設計、建成了第一座鐵路大鐵橋，大長了中國人的志氣，使那些自命不凡的外國專家也感到驚奇和恐懼。

詹天佑因此被選入英國土木工程師學會，成為第一位加入此學會的中國工程師。

1903年，清朝政府決定建築一條新鐵路——京張鐵路。消息一傳出，英、俄都搶著要派他們的人當總工程師，兩國互相爭吵，僵持不下，最後提出一個條件：清政府如果用本國的工程師來修築鐵路，他們就不再過問。在這種情況下，清朝政府被迫自築京張鐵路。1905年，清政府任命詹天佑擔任京張鐵路的總工程師。

這是第一條由中國人自己設計建造的鐵路，它全長約200千米，一路高山深澗，懸崖峭壁，工程非常艱巨。很多人都不相信中國能夠自主建成京張鐵路，有外國人還嘲諷說，能在南口以北修築鐵路的中國工程師還沒有出世呢。

詹天佑不畏言、不畏難，他親自率領工程人員，背著標杆、經緯儀，從北京出發，長途跋涉，勘測線路。塞外經常狂風怒號、黃沙滿天，但不管條件怎樣惡劣，詹天佑始終堅持在野外工作。白天，他攀山越嶺，勘測線路；晚上，他就在油燈下繪圖、計算。為了選準線路，在長約 200 千米的路程上，他率領工程人員，先後整整往返勘測了三次，歷時數月。

京張鐵路有兩個最艱巨的隧道工程，分別是居庸關和八達嶺隧道。居庸關山勢高、岩層厚，詹天佑決定採用從兩端同時向中間鑿進的辦法。八達嶺隧道長 1100 多米，是居庸關隧道的三倍長。他跟老工人一起商量，決定採用中部鑿井法，先從山頂往下打兩口豎井，再分別向兩頭開鑿。外面兩端也同時施工，把工期縮短了一半。

鐵路經過青龍橋附近，坡度特別大。為了使火車能順利爬上陡坡，詹天佑順著山勢，設計了一種“人”字形線路。北上的列車到了南口就用兩個火車頭，一個在前邊拉，一個在後邊推。過青龍橋，列車向東北前進，過了“人”字形線路的岔道口就倒過來，原先推的火車頭拉，原先拉的火車頭推，使列車折向西北前進。

京張鐵路不滿四年就全線竣工，比原計劃提前了兩年，節約經費 28 萬兩白銀，工程投資只

↓灤河大橋

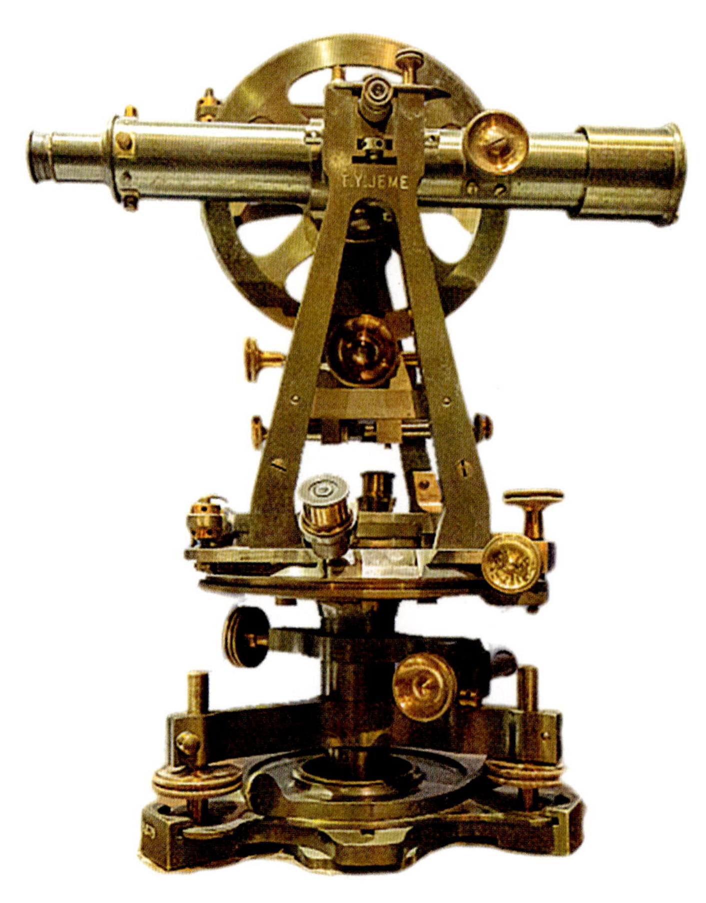

↑詹天佑測繪京張鐵路線時用的儀器

佔外國承包商索價的 20%，可謂投資少、工期短、質量好。京張鐵路高效建成震動了中外，它不僅是中國近代史上的一個壯舉，也是世界鐵路建設史上的一個奇跡。

民國期間，詹天佑被任命為交通部技術總監兼漢粵川鐵路會辦，負責全國鐵路的設計和技術工作。1919 年 4 月 24 日，積勞成疾、心力衰竭的中國鐵路之父詹天佑在武漢仁濟醫院溘然長逝，時年 58 歲。他臨終遺囑語不及私，卻向國家陳述三事：一、振奮發揚工程師學會活動，以興國阜民；二、慎選人才管理俄路，以揚國光；三、就款計工，唯力是視，腳踏實地建成漢粵川全路。並稱“上述三事乃天佑未了之血忱，如得到國家採納，則天佑雖死之日，猶生之年”。

詹天佑逝世後，人們為了紀念他，特意在青龍橋站立起了他的銅像。詹天佑為中國鐵路建設立下了不朽的功勳，永遠受到人民的崇敬，周恩來曾讚譽他為“中國人的光榮”。

後記

彈指一揮間，我在江西已經歷 14 個寒暑了。為了做好文化和旅遊工作，我遍訪江西 100 個縣（市、區），逐漸熟悉和掌握了這裏的省情、市情和縣情，了解了這裏悠久的歷史、璀璨的文化和豐富的旅遊資源，提出並大力宣傳了“江西風景獨好”的旅遊文化口號。我也成為江西人中的一員，被他們親切地稱為“進口老表”。

退出領導崗位以後，我主持成立了江西省文化旅遊研究推廣協會，針對當時江西知名度不高的現實，加大對江西的研究和推廣力度，號召人人都行動起來，實現“我為江西鼓與呼”，為提高江西的美譽度和影響力作貢獻。我們舉辦了“江西是個好地方”全球徵文活動，策劃打造了系列電視節目《了不起的江西名人》，舉行了“江西十大旅遊口號”的評選，前往北京、廣東、海南、安徽、江蘇等地宣傳江西文化和風景，憑著大家的熱情和勇氣，通過走出去、引進來，創新文旅推廣的新樣式，在全面立體、鮮活生動地推廣江西的工作中發揮了積極作用。

今年，我接到江西美術出版社和香港三聯書店邀請，寫作《何以江西》。我認為，從個人的視角，向國內和國際推廣江西是一件很有意義的事情。本書並非全面研究江西，只是著重介紹了江西的秀美山河和人文魅力。書的開篇，簡要介紹江西基本省情，用四個時間節點，展現了江西對人類發展和中華民族的偉大貢獻；用綠色、紅色、古色，展現了江西最大的特色和優勢。本書內容分為三個部分：第一部分寫江西文化，重點分析了江西文化的歷史發展階段，論述了宋明時期是江西文化發展的高峰，介紹了江西的陶瓷文化、書院文化、紅色文化、禪宗文化、道教文化和贛菜文化等，點明了江西十大文化符號；第二部分寫江西旅遊，重點寫了“江西風景獨好”旅遊口號的產生和品牌的打造以及江西旅遊的“密碼”，廬山、三清山、婺源、黃崗山、石鐘山、望仙谷、葛仙村等著